KB154411

인류의 영속

이방인들의 영화 : 한국 독립영화가 세상과 마주하는 방식
Cinema of Strangers : How Korean Independent Films Confront the World

지은이	이도훈
펴낸이	조정환
책임운영	신은주
편집	김정연
디자인	조문영
홍보	김하은
프리뷰	박서연·이다은·최혁진
초판 인쇄	2023년 3월 29일
초판 발행	2023년 3월 31일
종이	타라유통
인쇄	예원프린팅
라미네이팅	금성산업
제본	제이엔디바인텍
ISBN	978-89-6195-316-0 03680
도서분류	1. 영화이론 2. 영화비평 3. 문화이론 4. 미학 5. 예술철학
값	25,000원
펴낸곳	도서출판 갈무리
등록일	1994. 3. 3.
등록번호	제17-0161호
주소	서울 마포구 동교로18길 9-13 2층
전화	02-325-1485
팩스	070-4275-0674
웹사이트	www.galmuri.co.kr
이메일	galmuri94@gmail.com

일러두기

1. 외래어로 굳어진 외국어는 표준 표기대로 하고, 그 밖에 음역하는
   고유명사와 외국어 단어는 발음에 가장 가깝게 표기하였다.
2. 인명, 책 제목, 영화 제목, 사진 제목은 본문에 최초로 언급될 때
   원어를 병기하였다.
3. 지명은 잘 알려지지 않은 경우에만 원어를 병기하였다.
4. 논문, 단행본의 장, 웹페이지 게시글의 제목에는 홑낫표(「」)를,
   단행본, 신문, 온/오프라인 저널 등 정기간행물의 제목에는 겹낫표(『』)를
   사용하였다.
5. 영상, 영화, 전시 제목에는 홑화살괄호(< >)를 사용하였다.

차례

오늘 와서 내일 가는 그러한 방랑자가 아니라 오늘 와서 내일 머무는 그러한 방랑자

— 게오르그 짐멜

나는 이름 없는 영화들을 좋아한다. 이것은 영화의 제목이 '무제'인 경우가 아니라 어떤 영화와의 우연적인 만남이 성사된 경우를 가리킨다. 관객인 우리는 한 편의 영화를 만나기 전에 너무 많은 정보에 노출되고 그로 인해 편향된 지식을 가진 상태로 작품을 감상한다. 죽기 전에 봐야 할 영화, 영화사 걸작, 올해의 영화, 아카데미 수상작 리스트는 정전과 교양이라는 이름으로 영화 보기를 강제한다. 타인이 만들어 놓은 리스트에 종속된 영화 관람은 감상, 해석, 평가의 관계를 뒤집는다. 관객의 감상과 해석이 평가를 낳는 것이 아니라 이미 만들어진 평가가 감상을 유도하고 해석을 결정한다. 또한, 우리는 영화를 보러 가기 전에 이미 그 영화에 대해 너무 많은 것을 알고 있는 상태다. 개봉작을 보러 가기 전에 영화 예매 사이트, 영화 데이터베이스를 참고하고, 영화제에 가기 전에 프로그래머와 기자 들의 추천 사항들을 확인하고, OTT 서비스를 통해 영화를 보기 전에

협업 필터링으로 걸러진 추천 프로그램 목록을 확인한다. 영화 보기는 소프트웨어, 알고리즘, 인공지능에 의해 자동화되고 있다. 결과적으로 우리의 영화 보기는 언제나 타인의 취향과 추천의 굴레 속에 존재한다고 볼 수 있다.

평소 나의 영화 관람 또한 타인의 평가와 추천으로부터 자유롭지 못했지만, 돌이켜 생각해보면 나의 지적인 호기심과 감정적인 동요를 불러일으킨 작품 중 상당수는 우연히 만난 것들이었다. 20대 초반의 나는 학교에 있는 시간이 무료하고 답답할 적이면, 가까운 극장을 찾아 아무 영화나 보곤 했다. 이와 같은 무계획적인 영화 보기는 예술영화관, 시네마테크, 영화제를 찾을 때도 크게 다르지 않았다. 좋은 영화라는 사실을 확인하고 보는 것과 좋은 영화이기를 기대하고 보는 것은 다른 영화 관람을 낳았다. 전자는 시간을 효율적으로 활용할 수 있다는 장점이 있었지만, 영화에 대한 맹목적인 믿음으로 빠질 위험이 있었다. 후자는 시간을 비효율적으로 활용한다는 단점이 있었지만, 영화가 담고 있는 어떤 세계에 대한 믿음을 향해 한 걸음 더 나아갈 수 있는 여지를 남겼다.

그 시절 이름도 몰랐던 영화와의 만남은 모험 그 자체였고, 나는 늘 도박에 빠진 사람이 예측 불가능성에 내기를 거는 것처럼 이름 없는 영화들을 찾아 나섰다. 영화 동아리방 한구석에 먼지 묻은 비디오테이프로 그 존재를 알게 된 김동원 감독의 〈상계동 올림픽〉1988이나 학교 수업을 뒤로하고 한국영상자료원에 들렀다가 본 임철민 감독의 〈프리즈마〉2013 모두 당시 내게는 이름 없는 영화들이었다. 물론 그 영화를 볼 당시에 이미 다른 누군가 그 작품의 가치를 알아봤을 수도 있지만, 타인의 영화 관람이 내 것이 되어야 할 이유는 없었다. 그 당시 정보 수집에 게으르고 유행에 둔감했던 내게 그 영화들은 그저 이름 없는 어느 영화에 지나지 않았다. 이처럼 아직 이름이 없는 영화들은 관객의 영화적 지식이나 경험 바깥에 위치하면서 언젠가 제 이름이 호명되기를 기다린다. 우리가 아직 이름을 알지 못하는 영화는 이방인과 같다. 이 관계를 뒤집어보면, 우리 또한 그런 영화에게는 이방인과 같다. 영화가 우리에게 다가오듯이 우리도 영화에게 다가가고 있기 때문이다. 나와 독립영화는 늘 이방인의 관계였다.

이 책은 한국 독립영화를 다루고 있지만 그것에 관한 일반화된 지식을 제공하는 것을 목표로 하지 않는다. 독립영화에 관한 개론서, 역사서, 보고서는 이 책의 내용이 미치지 못하는 범주에 있는 것들이다. 이 책에 수록된 원고는 2017년 가을부터 2021년 가을 사이에 쓴 것을 수정 및 보완한 것이다. 각 글은 한국 독립영화의 정의와 역사와 같은 거시적인 주제를 다루기보다는 개별 한국 독립영화 작품 사이에서 형성된 경향과 흐름에 주목하고, 나아가 특정 작품이나 작가의 주제 의식과 스타일에 주목한다.

독립영화에 관한 주제로 글을 쓰고 그것을 국내 학술지에 처음 발표한 시기는 2013년이다. 당시 나는 영화제를 통해서 소개되는 독립영화 중 상당수가 공간, 장소, 재개발과 관련된 사회적 이슈를 다루고 있다는 사실에 흥미를 느꼈고, 이를 여러 기사·비평·문헌을 수집하여 담론 분석을 실시한 이후에 본격적인 연구 문제로 설정했다.[1] 이후 한국 독립 다큐멘터리의 주요 작품을 집중적으로 관람하면서, 작품이 도시·민중·역사를 다루는 경우에 관심을 기울였다. 이런 연구를 진행하는 동안 내 자신이 한국 독립영화를 통해서 사회적으로 뿌리 뽑힌 사람들의 삶에 관심이 있음을 확인했다. 독립영화는 사회적으로 안식처가 불분명하거나 그것을 잃어버릴 위기에 처한, 그래서 사회적으로 이방인의 위치에 있는 이들을 위해 만들어진 경우가 많았다. 시간이 지날수록 한국 독립영화의 역사적 가치가 민중의 목소리를 전달하고, 사회적으로 소외되거나 역사적으로 잊힌 이들에게 이름을 부여하는 데 있다는 믿음이 생겼다. 독립영화는 우리 곁을 스쳐 지나가면서도 우리 곁에 머물고 싶어 하는 이방인을 위한 안식처를 제공한다고 생각했다. 그런 작품 중 대다수는 현실을 객관적으로 기록하거나 사회운동으로서의 의제를 제안하는 다큐멘터리나 리얼리즘적인 양식으로 사회적 이슈를 반영한 극영화들이었다.

---

1. 다음의 글을 참고하라. 이도훈, 「한국 독립영화의 '공간적 선회'」, 『문학과 영상』, 14권 4호, 2013 ; 이도훈, 「공간 재생산과 정서상실」, 『영상예술연구』, 24권, 2014.

물론 독립영화의 스펙트럼은 다큐멘터리와 극영화라는 이분법에 갇혀 있지 않다. 한국 독립영화 중 실험영화는 1960년대의 소형영화 운동으로부터 시작되었다고 해도 과언이 아니다. 하지만 아직 이 분야에 대한 진지한 담론이 형성되었다고 말하기는 힘들다. 국내 실험영화에 대한 통사론적 역사 연구와 작품 분석이 시도되었지만, 아직 하나의 체계적인 학술 담론이 형성된 것으로 보기는 힘들다. 나는 이러한 담론의 부재를 염두에 두고서 동시대적인 관점에서 한국 독립영화의 실험적이고 전위적인 부분들에 주목했다. 이를 위해 두 가지 접근 방법을 활용했다. 하나는 한국 독립영화의 전통으로 이해되는 사회 참여 경향을 가진 다큐멘터리 중에서 자기 반영적인 형식을 지향하는 작품들에 주목하는 것이었으며, 다른 하나는 실험영화로 분류될 수 있는 작품들의 도전과 쇄신에 주목하는 것이었다. 특히 나는 이 책의 4~7장을 통해서 2010년대 중후반에 만들어진 일부 한국 독립영화에서 나타난 실험적인 양식을 분석하고자 했다. 그 장들의 분석 대상인 임철민 감독의 〈프리즈마〉, 〈야광〉2018, 문정현, 이원우 감독의 〈붕괴〉2014, 정재훈 감독의 〈호수길〉2009, 〈환호성〉2011, 〈도돌이 언덕에 난기류〉2017를 각각 처음 봤을 때, 나는 그 작품들을 설명할 수 있는 언어를 찾지 못해서 적잖이 당황스러움을 느꼈다. 이후 여러 문헌을 뒤적이면서 그러한 작품들이 에세이영화essay film, 파운드 푸티지found footage, 슬로우 시네마slow cinema, 포스트 시네마postcinema와 같은 개념을 통해서 설명될 수 있다는 확신을 가지게 되었다. 그렇게 비평적 언어의 빈곤을 이론적 언어를 빌려 극복해나가는 글쓰기를 여러 차례 시도했다. 그래서 이 책에 수록된 글에서는 이론적 논의와 작품 분석을 병행하거나, 이론적 작업을 마친 후에 작품 분석을 시도한 흔적이 나타난다. 대다수의 경우는 전자의 방식을 따랐지만, 예외적으로 후자의 방식을 따르면서 두 편의 연속된 글쓰기를 시도한 경우도 있다. 이 책에 부록으로 수록한 에세이영화에 관한 이론적 논의를 끝마친 이후에야 비로소 나는 문정현, 이원우 감독의 〈붕괴〉에 대한 글을 쓸 용기를 얻을 수 있었다.

아쉽게도 이 책은 극영화 장르에 지면을 거의 할애하지 않고 있다. 개인적으로 영화를 볼 때 특정 장르를 편애하거나 차별하지는 않는다고 생각한다. 하지만 한국 독립영화에 관한 학술적인 글을 쓰는 과정에서 내가 쓰는 글이 이름 없는 영화의 존재론적 복권에 충실한 것인지에 대해서 스스로 성찰해보았고, 이러한 자기 검열 과정을 거치면서 자연스럽게 극영화를 우선순위에서 밀어냈다. 이에 관한 자기 변론을 하자면, 나는 한국 독립영화 장 내부에서 영화제를 통해 상징 자본을 획득하고, 극장 개봉을 통해 대중적 인지도를 얻은 작품 중 상당수가 극영화이며, 그러한 작품들에 대한 담론이 대중적인 영화 저널들을 중심으로 어느 정도 형성되어 있다고 생각한다. 물론, 아직 한국 독립영화 중 극영화에 대한 학술연구가 부족하다는 점에서, 이 분야에 대한 연구도 활성화되어야 할 필요가 있다. 나는 다른 책에 수록된 한 글에서 한국 독립영화 중 극영화의 역사적 흐름과 현재의 쟁점에 대해서 밝힌 바 있는데², 그 글에서 나는 한국 독립극영화를 통해서 동시대 한국 독립영화의 밝은 면과 어두운 면을 동시에 바라볼 수 있다고 주장했다. 그것은 한국 독립영화가 과거에 비해 안정적인 법적 테두리 내에서 작품을 제작하고, 유통하고, 상영할 수 있는 단계를 거쳐, 본격적으로 영화 시장에 진입하면서 나타난 장르화·상업화·대중화와 관련된 사안들이다.

한국 독립영화가 그것의 외연을 확장하는 과정에서 새로운 정치적·문화적·사회적 맥락 속에 놓이고 과거의 정체성을 벗고 새로운 정체성을 획득하는 것은 자연스러운 현상이다. 한국 독립영화는 어떤 순수한 정체성을 가진 것이라기보다는 여러 힘이 경합하면서 만들어낸 역사적 구성물에 가깝다. 누가 독립영화를 만들고, 누가 독립영화를 정의하고, 누가 독립영화를 관람하는가에 따라서 한국 독립영화의 정체성은 시기별로 달라질 수 있다. 또한, 한국 독립영화는 개념적 구성물에 가까운 것일 수 있다. 우리가 '독립영화란 무엇인가?'라는 질문을 던졌을 때 다양한 심상을 가질 수 있는 것처럼 말이다. 한국 독립영화

---

2. 이도훈, 「아마추어리즘과 웰메이드 영화」, 한국영상자료원 엮음, 『21세기 한국영화』, 앨피, 2020.

라 불리는 모든 영화는 저마다의 고유한 독립성을 가지고 있거나 그것을 갖기 위해 고군분투한다. 이와 관련해서 아래에서부터는 한국 독립영화라는 이름에 대해서 살펴보고자 한다.[3] 시간이 부족한 독자라면, 아래 내용을 생략하고 바로 책의 본문으로 넘어가도 크게 문제가 되지 않을 것이다.

◇

한국 독립영화의 역사는 이름을 둘러싼 긴장과 갈등의 연속으로 이루어져 있다. 독립영화의 전사라고도 할 수 있는 1970~80년대에는 제도권 바깥에서 만들어진 영화를 가리키기 위해 소형영화, 학생영화, 작은영화, 민중영화 등의 용어가 쓰였다. 이 각각의 이름은 특정 영화적 실천이 발생하는 장소와 그 이름이 보장하는 미래와 연계되어 있었다. 독립영화라는 용어가 공식적으로 통용되기 시작한 것은 1990년 독립영화협의회의 창설과 1998년 한국 독립영화협회의 창립 이후로 볼 수 있다. 혹자는 독립영화라는 용어가 운동권의 두 축을 이루었던 PD(민중민주)와 NL(민족해방) 사이에서 중립적이었기에 비교적 무난하게 수용될 수 있었다고 평가한다.[4] 하지만 갈등은 예

---

3. 아래의 내용은 졸고를 수정한 것이다. 이도훈, 「이름의 부재와 경험의 빈곤」, 『독립영화』, 통권 49호, 2020.

4. Young-a Park, *Unexpected Alliances* (Stanford University Press, Stanford, 2014), p. 50.

기치 않은 곳에서 터져 나왔다. 2000년대 이후 독립영화라는 용어는 시장과 제도와의 관계 속에서 실험영화, 저예산영화, 인디영화, 다양성영화, 예술영화, 독립예술영화 등과 하나의 계열을 이루면서 선택적으로 쓰였다. 이처럼 역사적으로 독립영화는 이명, 본명, 가명, 개명, 오명 사이를 오가면서 그 존재가 성립될 수 있었다. 이는 단순히 독립영화가 이름이 모호했다는 것을 넘어 그것이 자신의 이름에 결부된 속성들과 관련해서 늘 불안정했다는 것을 의미한다.

독립영화의 이름은 관계를 통해서 형성되고 실천을 통해서 달성된다. 이때의 이름은 자신에게 결부된 속성을 취하면서 동시에 자신과 관계된 대상을 지시한다. 비록 이름의 속성은 바뀔 수 있을지언정, 이름이 무언가를 지시한다는 그 기능만큼은 쉽게 변하지 않는다. 그렇다면, 어떤 이름이 무언가를 정확하게 가리킬 수 있음에도 그것이 명시하는 바가 명확하지 않은 상황은 무엇을 의미할까? 이와 관련해서는 하나의 이름을 둘러싼 상황이 달라진 경우를 떠올려 볼 수 있다. 예를 들어, 한 편의 희곡이 무대에서 상연될 때 대본에 적힌 상황이 의도적으로 뒤집히는 경우를 상상해보라. 작품의 내용을 바꾸거나, 캐릭터의 성격을 고치거나, 배우를 교체하거나, 기존의 캐릭터를 아예 없애거나 전에 없던 캐릭터를 새롭게 추가하는 등의 변화가 있을 때 이름과 그것이 지시하는 대상의 관계는 바뀔 수 있다. 대본에 적힌 이름이 바뀌거나 그것이 사라지는 것은 이미 약속되어 있던 상황이 뒤집히고 다른 세계가 구축된다는 것을 뜻한다. 이런 점에 비추어 봤을 때, 현재 독립영화는 대본을 망각한 채로 무대 위에서 온갖 캐릭터가 난립하고 즉흥연기가 난무하는 혼돈의 상황과 비슷하다. 독립영화는 자신의 이름을 고수하면서 역사적으로 누적된 가치와 성과를 보존할 것이냐, 자신의 이름을 바꾸어 기존의 것을 부정하고 다른 가능성을 꿈꿀 것이냐, 그도 아니면 다른 이름을 통해 지배적인 질서와 체제에 편입될 것이냐를 두고 갈팡질팡하고 있는 것처럼 보인다. 독립영화의 이름은 그것을 호명하는 힘들과 그것에 대해 침묵하려는 힘들 사이에서 부유하고 있다.

독립영화의 이름은 늘 모호했지만, 그런 상황 속에서도 제도권으로 진입하기 위해 노력하면서 독립영화의 정체성을 확립하려는 시도들이 2000년대 중후반에 있었다. 이즈음에 독립영화 진영 내외부에서 가장 심혈을 기울인 것은 유통과 배급 분야였고, 구체적인 사업은 독립영화 진영과 영화진흥위원회(이하 '영진위')의 협력을 통해 단계적으로 이루어졌다. 독립예술영화의 유통 구조를 개선하고 상영을 활성화하기 위한 제도적인 차원의 움직임은 2002년 '아트플러스 시네마네트워크' 사업과 함께 시작되었다. 당시 독립영화, 예술영화, 다큐멘터리 등을 다양성 영화의 범주에 넣고 이러한 영화를 전문적으로 상영하는 예술영화관을 지원하는 정책이 도입되었다. 그렇게 시작된 아트플러스 시네마네트워크는 시행 첫해 서울의 하이퍼텍나다와 광주의 광주극장을 시작으로, 2003년에 12개관을 지원하면서 본격적인 시험 운영을 거쳤다. 이를 통해 서울의 경우 시네큐브, 하이퍼텍나다, 스폰지하우스, 서울아트시네마, 필름포럼, 독립영화전용관인 인디스페이스 등이 다양성 영화의 안정적인 상영이 가능한 공간으로 정착할 수 있었다.[5] 이처럼 영진위가 앞장서서 예술영화전용관 네트워크를 구축하자 독립예술영화를 유통, 배급, 상영하는 관계자들이 머리를 맞대고 최소 일 년에 3~4편이라도 동시개봉을 시도해보자는 아이디어를 냈다.[6] 2004년 3월에 개봉한 김동원 감독의 〈송환〉[2004]을 시작으로 〈마이 제너레이션〉[노동석, 2004], 〈우리 학교〉[김명준, 2006], 〈후회하지 않아〉[이송희일, 2006], 〈우리에게 내일은 없다〉[노동석, 2007], 〈택시 블루스〉[최하동하, 2007], 〈저수지에서 건진 치타〉[양해훈, 2007] 등이 아

플러스 시네마네트워크 극장에서 상영되었다. 이러한 작품들

술영화전용관에서 우선적으로 소개된 다음 대중의 호응

멀티플렉스로 상영관을 확장하기도 했다. 한편, 영진위

극장 지원에 국한하지 않고 독립예술영화 개봉배급 지

시 개봉을 위한 프린트 제작 지원 정책도 마련했다.

지나면서 예술영화전용관이 군소도시에 집중되

영화 유통·배급 체계 구축 전략』, 영화진흥위원회, 2019,

19일 전국 5개관 동시개봉」, 『씨네21』, 2004년 3월 5
일 접속, http://www.cine21.com/news/view/?mag_

거나 멀티플렉스도 제도적 지원의 혜택을 얻는 등의 문제점이 드러났다.

2008년 영진위는 '넥스트플러스 시네마네트워크'를 발족했다. 아트플러스 시네마네트워크 사업이 전반적으로 독립예술영화의 유통 배급망을 극장 중심으로 체계화하는 것이었다면, 넥스트플러스 시네마네트워크는 독립예술영화의 상영 저변을 보다 확대하기 위해 공공상영회, 지역상영회, 공공라이브러리 구축을 주요 골자로 하는 사업이었다. 이는 극장이 없는 지역 단위에서 독립예술영화가 상영될 기회가 거의 없는 현실, 그리고 미개봉 독립예술영화가 극장에서 상영될 기회를 좀처럼 잡기 힘든 현실을 고려한 것이었다. 넥스트플러스 시네마네트워크는 각 지역별 상설상영관 혹은 비상설상영관 운영을 유도하고 각 지역의 영화 커뮤니티를 활성화하기 위한 공공상영관을 네트워크 내부로 끌어들이고자 했다.[7] 그리고 이를 통해 당시 영진위가 추진하고 있던 지역 간 영상문화 격차의 해소, 소외계층의 영화관람 증진, 다양한 영화의 상영 기회 확대를 달성하고자 했다. 하지만 독립예술영화의 유통, 배급, 상영 여건을 체계화하기 위한 영진위의 계획은 2009년을 기점으로 급선회했다. 이때부터 아트플러스 시네마네트워크를 포함해서 예술영화전용관 지원 사업에 대한 회의적인 평가가 이루어지고, 그 과정에서

---

7. 박채은, 『독립예술영화 유통·배급 체계 구축 전략』, 23쪽.

장에 대한 직접 지원의 비중을 낮추고 배급사와 개봉 작품을 지원하는 정책에 더 큰 비중을 두었다. 과거 영진위가 독립영화의 시장 생태계를 체계적으로 구축하려고 했다면, 이 당시 영진위는 개별 사업체나 작품에 대한 지원을 통해서 단기적인 성과를 올리는 데 더 역점을 두었다. 이러한 정책 변화에 기존의 예술영화전용관 지원을 받은 극장 관계자들과 배급업자들이 반발하기도 했다. 그리고 이 과정에서 불거진 일련의 잡음을 해소하기 위한 방편으로, 영진위는 독립예술영화의 안정적인 유통·배급·상영을 위해 전용관 운영지원, 개봉지원, 온라인 유통지원, 영화제 지원 사업을 개별적으로 정착시켰다.

위에서 언급한 두 사업에 대한 역사적 평가는 엇갈릴 수 있지만, 최소한 그 두 사업이 민관협력을 통한 독립영화 진흥 정책이었다는 점은 부정하기 힘들다. 하지만 오늘날 독립예술영화 지원 정책은 사실상 기관이 책임을 지지 않고 민간에 아웃소싱한다는 점에서 기관 없는 제도에 가깝다. 영진위의 2019년 독립예술영화 유통 및 배급 관련 지원 사업은 전체 예산이 약 44억 원에 달하며, 크게 전용관 운영지원, 개봉지원, 온라인 유통 지원, 영화제 지원으로 구분된다. 그 각각의 지원 사업은 독립영화를 재정적으로 뒷받침해 준다는 분명한 의의가 있다. 그러나 박채은이 지적하듯이 그 사업들은 통합적 구심점이나 장기적 전망이 부족하다는 한계점을 가지고 있다. "영진위의 현행 유통 지원 사업은 작품, 상영관, 영화제에 대한 개별 지원의 성격이 강하여 '창작-배급-상영 선순환 체계 형성'과 같은 정책 목표는 위와 같은 개별 지원 사업으로는 거의 실현되기 힘든 구조이다."[8] 이외에도 영진위의 독립예술영화 지원정책은 한 작품의 생애주기를 영화제 상영 후 극장 개봉으로 이어지는 순서로 사고한다는 분명한 한계점을 드러낸다. 과거 아트플러스 시네마네트워크와 넥스트플러스 시네마네트워크가 위로부터의 변화와 아래로부터의 변화, 즉 독립영화를 위한 제도적 기반을 마련하고 그와 동시에 관객 개발을 추구했던 것을 다시 생각해볼 필요가 있다. 이와 관련된 문제의식은 현재 진행형이다. 일부 독립예술영화 생산자와 관계자 사이에서 멀티 플랫폼 시대에 영화제 상영, 극장 개봉만이 유일한 생존전략은 아니라는 인식이 나타나고 있다.[9] 결정적으로 기관 없는 제도는 단기적인 사업 목표를 정하고, 그것을 시행할 대행 기관을 공모로 선정하는 과정에서 모두를 위한 모두의 경쟁을 유발한다는 한계를 가지고 있다.

제작, 상영, 소비 분야의 상황도 크게 다르지 않다. 제작자, 배급업자, 극장주, 연출가, 관객은 저마다의 이해관계에 따라서 독립영화라는 이름 대신에 다른 용어를 사용한다. 이런 생태계는 하나의 이름을 허용하지 않는다. 오로지 개별 이름들만이

8. 같은 글, 19쪽.
9. 이선필, 「CGV로 달려가고 … "안타까운 현실에 대한 쓴소리"」, 『오마이스타』, 2019년 10월 29일 입력, 2023년 3월 16일 접속, http://bit.ly/3yFLdRZ.

통용될 수 있다. 이를테면, 어느 제작업체의 이름, 어느 배급업체의 이름, 어느 홍보사의 이름, 어느 극장의 이름, 어느 연출가의 이름, 어느 작품의 이름은 그것이 독립영화라는 상위의 집합에 포함되는 동시에 그것으로부터 분리될 수 있어야만 비로소 제도적 지원과 시장 진출의 기회를 얻을 수 있다. 독립영화 진영 내부에서 냉소적으로 제기된 "각자도생"[10]은 경쟁만이 유효한 독립영화의 시장을 안정시키거나 그러한 냉혹한 현실에 대한 우산이 되어 주지 못하는 제도적 무능, 즉 기관 없는 제도가 초래한 이름 없는 독립영화의 현재를 압축적으로 드러내고 있다.

흥미롭게도 이 각자도생의 시대를 통과하고 있는 독립영화는 자신의 이름을 완성하기 위해 관객을 호명한다. 상대적으로 과거 독립영화는 이름에 결부된 추상성을 걷어내기 위해 특정 제작 단체, 작가, 작품을 호명했지만, 오늘날 독립영화는 그 자신의 결과물을 감상하고, 소비하고, 평가하는 관객을 호명하는 데 더 집중하고 있는 것처럼 보인다. 실제로 독립영화의 역사 속에서 관객은 '좌석보장'sure seaters을 위해 제작, 유통, 배급에 관여하는 사람들이 가장 염두에 두는 대상이었다. 독립영화를 완성하기 위한 마지막 퍼즐로 관객이 존재했던 것이다. 달라진 점이 있다면, 독립영화가 상정하는 관객의 범위가 전에 비해 더 확장되고 더 세분화되었다는 것이다.

---

10. 박아녜스, 『"각자도생의 시대"를 살다』, 영화진흥위원회, 2017.

미국 아트하우스art house의 출현과 그것의 전성기에 대한 역사서를 쓴 바버라 윌린스키Barbara Wilinsky는 좌석보장이라는 표현을 중의적인 의미로 사용한다.[11] 좌석보장은 미국의 예술영화 붐과 아트하우스의 성장을 설명하기 위해 미국 저널리즘 내에서 수사적으로 쓰였던 표현으로 그 의미는 시기마다 달랐다. 역사적으로 미국 예술영화 시장은 1920~30년대에 수직계열화를 달성한 할리우드 영화 시스템에 대한 대항 또는 대안의 성격을 가지고 등장했다. 당시 미국 예술영화 시장은 외국영화, 실험영화, 다큐멘터리, 예술영화 등과 같이 작은영화를 제작·유통·배급·상영하려는 실천들 속에서 등장했다. 이후 전 세계적인 경기 침체, 유럽 영화의 제작 둔화, 사운드의 도입으로 인한 대중 영화의 인기 상승 등으로 인해서 미국 내 작은 영화 운동은 주춤한다. 그러나 2차 세계대전 종전 이후, 상황은 다시 역전된다. 이탈리아 네오리얼리즘 영화 같은 외국 예술영화가 대중적인 인기를 얻고, 시네클럽이 형성되고, 중산층이 선호하는 지적이고 고급스러운 문화가 인기를 끌면서 본격적으로 아트하우스가 급성장한다. 이러한 역사적 과정 속에서 좌석보장이라는 말은 경우에 따라서 아트하우스에 관객이 없다는 것을 비꼬기 위해서 쓰이거나 반대로 아트하우스에 언제나 자리가 꽉 차 있

---

11. 다음 책을 참고하라. Barbara Wilinsky, *Sure Seaters* (University of Minnesota Press, Minneapolis, 2001).

다는 것을 가리키기 위해 쓰였다. 이는 아트하우스에서 상영되는 영화의 흥행 성적과 무관하게 늘 객석을 지키는 소수의 관객이 있었음을 의미한다. 다시 말해, 예술영화에 대한 대중적 관심과 무관하게 자기 자리를 지키는 성실한 관객이 있었다는 것을 함의한다.

독립영화에 충실한 관객이 존재한다고 확언하기는 힘들겠지만, 최소한 현재 독립영화 진영 내부에서 관객은 크게 두 가지 경우로 구분되어 호명된다는 식의 설명은 가능할 것 같다. 하나는 대중적인 좌석보장과 관련이 있으며, 다른 하나는 전문적인 좌석보장과 관련이 있다. 우선, 독립영화 진영 내에서 대중적인 관객 유치에 대한 논의는 꾸준히 있었다. 상업영화 중심의 영화 시장에 반기를 들면서 독립영화의 유통, 배급, 상영의 조건을 확보하기 위한 일련의 실천들은 독립예술영화 상영관의 확보로 이어졌다. 이를 통해 최소한의 물리적 기반이 마련되었지만, 대기업이 영화 산업을 수직계열화한 상황에서 영화 시장 자체 내에서 예술영화, 독립영화의 상영 기회를 보장하기는 여전히 힘든 실정이다. 간헐적으로 〈우리들〉윤가은, 2015, 〈소공녀〉전고운, 2018, 〈메기〉이옥섭, 2019, 〈벌새〉김보라, 2019와 같은 작품이 대중적인 관심을 받았지만, 이 작품들의 개별적인 성과만을 놓고 독립영화 일반에 대한 대중적인 관심이 고취되었다고 보기는 어렵다. 독립영화 '작품'에 대한 관심에 비해 '독립영화'에 대한 관심은 여전히 적은 것이 현실이다.

이러한 상황을 돌파하기 위해 대안적인 배급과 상영에 대한 논의가 독립영화에 충실한 관객이 어딘가에 존재한다는 전제를 한 상태로 이루어지고 있다. 예를 들어, 영화제나 극장으로부터 소외받은 작품들이 관객과 만날 수 있도록 공동체 상영회를 조직하거나, 관객 중심의 커뮤니티를 중심으로 독립영화 상영회를 열거나, 극장 개봉이 아닌 IPTV, 온라인 다운로드, 온라인 스트리밍을 통해서 작품을 상영하는 경우 등이 그러하다. 일종의 풀뿌리 운동이라고 할 수 있는 이러한 상영 운동은 관객에게 다양한 영화에 접근할 기회를 보장하는 수준을 넘어 관객이 직접 자신의 취향에 맞는 영화를 선택해서 볼 수 있는 수준으로까지 확장되고 있다. 관객이 능동적인 주체가 되는 극장 문화 또는 관람 문화를 형성하는 것이다. 이러한 아래로부터의 상영 운동이 전적으로 독립영화 관객만을 목표로 하는 것은 아니지만, 최소한 그러한 실천들을 통해서 변화하는 독립영화의 조건을 진단하고 이를 기반으로 관객 개발의 청사진을 그릴 수 있다는 의의가 있다. 그러한 상영 운동은 한편으로는 이미 영화 시장 내에 정착된 독립영화 유통·배급·상영 조건과 그것을 보조하기 위한 정책이 한계를 지니고 있다는 것을 가리키면서, 다른 한편으로는 독립영화가 시장, 제도, 미디어 환경의 변화에 기민하게 반응하면서 다른 것에 의존하지 않는 생태계를 구축하려는 시도가 관객을 중심으로 발생하고 있다는 것을 의미한다.

독립영화의 좌석보장을 위한 두 개의 서로 다른 접근 방식은 관객이라는 공통분모를 통해서 만날 수 있다. 대중적인 좌석보장은 양적인 차원의 접근이며, 전문적인 좌석보장은 질적인 차원의 접근이다. 전자는 시장 내에서 독립영화의 자리를 확보하기 위한 노력으로 그것은 위로부터의 운동이며, 후자는 시장 바깥에서 독립영화의 자리를 확보하기 위한 노력으로 그것은 아래로부터의 운동으로 볼 수 있다. 하지만 이러한 여러 차원의 좌석보장을 위한 운동이 성과를 내는 데 급급한 정책으로 인해서 기형적으로 변하기도 한다. 예컨대, 정부 기관이나 지자체의 재정적인 후원 속에서 이루어지고 있는 일부 상영회 중에는 비슷한 포맷과 프로그래밍으로 독립영화를 상영하면서, 텅 빈 좌석을 채우기 위해 소모적인 부대행사, 이벤트, 선물 증정을 강화하는 경우가 있다. 관객의 요구와는 무관하게 의례적으로 열리는 GV, 대담, 강연은 메시지 없는 담론을 만들어내고, 불필요하게 증여되는 선물은 관객의 관심을 영화가 아닌 부차적인 것으로 돌리는 상영 문화를 만들어낸다. 이러한 관람 문화는 단기적으로는 관객을 수동적으로 만들고 장기적으로는 독립영화의 경제적, 문화적, 예술적 가치 모두를 퇴보시키는 결과를 낳을 수도 있다. 다시 말해, 양적인 지표와 성과를 중시하는 관객운동은 지속 가능한 경험으로서의 독립영화 상영이 아닌 일시적인 체험으로서의 독립영화 상영을 낳을지 모른다.

독립영화의 관객운동은 독립영화에 대한 관객의 경험과 불가분의 관계에 있다. 따라서 관객의 경험을 질적인 차원에서 고양시키는 것이 장기적인 관점에서 좌석보장을 위한 밑거름이 될 수 있다. 이와 관련해서 텔레비전의 과거 기능과 그것의 사회적 위상이 변화하는 과정을 떠올려볼 수 있다. 텔레비전 콘텐츠는 교육적, 사회적, 문화적 가치를 퍼뜨림으로써 공적인 이익에 봉사할 수 있지만, 시청률과 광고 수익의 영향을 받아 사적인 이익을 추구하는 것으로 변질될 수도 있다. 텔레비전이 공적이익을 포기하고 사적 이익만을 추구하게 될 때, 그것은 선정적이고 자극적인 이미지를 생산하는 기계 장치 그 이상도 이하도 아니게 된다. 그런 텔레비전 앞에서 시청자는 텔레비전 콘텐츠를 향유할 수 있는 주도권을 잃어버리게 된다. 이처럼 텔레비전은 장기적·연속적·통합적 경험을 단기적이고, 일시적이며, 분산적인 것으로 바꾸어 놓았다. 경험의 파괴라고 할 수 있는 이러한 분산된 관객성은 오늘날 영화제, 극장, IPTV, 온라인 동영상 플랫폼 등에서도 비슷한 양상으로 나타나고 있다. 한 달, 일주일, 하루에 걸쳐서 지속되던 관객의 경험은 점차 시간 단위를 넘어 분, 초 단위로 쪼개지고 있다. 빠르게 축적되고, 교환되는 스펙터클의 시대는 모든 영상을 단순 소비와 체험의 대상으로 전락시킨다. 그런 미디어 환경에 포함된 독립영화 또한 관객의 분산적 경험으로부터 자유롭지 못할 것이다.

분산된 관객의 경험은 독립영화가 상영되는 장소에서조차도 일반적인 것이 되었다. 각기 다른 이해관계에 의해서 우후죽

순 생겨나는 영화제들은 구색을 갖추기 위해 독립영화를 상영한다. 프리미어 상영을 우선시하는 일부 영화제는 신작을 소개하는 데 급급한 나머지 프로그래밍의 특색을 놓치는 경우가 있다. 독립영화관은 대기업이 주도한 스크린 독과점 체제로 인해 특정 작품이 개봉하더라도 그 작품이 일정 기간 동안 안정적으로 상영될 수 있는 환경을 보장하지 못한다. 그리고 관객은 독립영화가 주변에 넘쳐나고 있음에도 그 존재를 망각하고 있다. 과거 텔레비전 시청자들이 채널을 돌리다가 정작 무엇을 봐야 하는지를 잊어버린 것처럼 언젠가는 독립영화 또한 대중에게 유령과 같은 존재로 전락할 수도 있다. 어쩌면 이미 그런 단계에 접어들었는지도 모른다. 따라서 독립영화가 양적으로 넘쳐나는 상황에서 독립영화와 관련된 경험은 어찌하여 점점 더 빈곤해지고 있는가에 대한 질문이 제기되어야 한다. 우리는 분명 독립영화의 이름이 사라지고, 독립영화의 경험이 점점 더 빈곤해지는 시대를 살고 있다. 비록 시대착오적인 것처럼 보일지라도 독립영화의 이름과 그것에 결부된 경험의 복원이 이루어져야 하는 이유가 여기에 있다.

◇

이 책은 서문과 부록을 포함해 한국 독립영화에 관한 총 9편의 글을 담고 있다. 서문은 이 책이 만들어진 대략의 과정과 이 책에서 주요하게 다루는 한국 독립영화의 정체성에 대해서 이야기한다. 본문에 속하는 7편의 글은 한국 독립영화가 도시, 민중, 역사와 같은 테마를 중심으로 사회적 의제를 제시하면서 새로운 양식과 장르를 시도했다는 사실을 강조한다. 마지막으로 부록은 이 책에서 중요하게 다루고 있는 에세이영화에 대한 이론적인 논의를 다룬다. 각 글은 동료들의 진심 어린 조언, 질타, 격려가 있었기에 비로소 세상 밖으로 나올 수 있었다. 글쓰기를 하면서 주변 사람들에게 진 마음의 빚이 아직도 남아 있기에 이 지면을 빌려서 감사의 말을 전하고 싶다.

1장 「혼돈의 사회와 도시의 리듬」은 한국연구재단의 연구 과제로 수행된 것으로, 그 결과물은 『영화연구』 88호에 수록되었다. 이 장에서 다루고 있는 〈아침과 저녁사이〉^{이익태, 1970}, 〈서울 7000〉^{김홍준·황주호, 1976}, 〈국풍〉^{얄라셩, 1981}은 한국영상자료원이 디지털 복원하고 서울독립영화제에서 상영된 작품들이다. 구전으로 전해지거나 오래된 문헌을 통해서만 확인할 수 있었던 작품들이 여러 사람의 수고와 노력을 거쳐 복원되지 않았더라면, 이 연구는 시작조차 못 했을 것이다. 2장 「영화의 도시에 대한 권리」는 한국연구재단의 과제로 수행된 것으로, 이 연구의 최종 결과물은 『현대영화연구』 38호에 수록되었다. 3장 「한국 독립 다큐멘터리가 역사와 벌이는 한판 내기」의 초고는 2020년 인디다큐페스티발에서 열린 포럼 '진행형의 사건 앞에서: 영화가 취하는 기록의 세 가지 방법'의 발표문으로부터 시작된 것으로, 이후 수정 및 보완하여 『현대영화연구』 39호에 게재되었다.

영화제 포럼을 함께 준비한 정지혜 영화평론가, 포럼에 참여해 함께 이야기를 나눈 장윤미 감독, 김성민 감독, 주현숙 감독에게 여러모로 신세를 졌다. 4장 「현장을 전유하는 다큐멘터리」는 2021년 DMZ국제다큐멘터리 영화제와 한국영상학회가 공동 주관한 다큐멘터리 포럼 '다큐멘터리 지금 여기 : 사회적 의제, 공론장, 플랫폼, 산업'에서 발표한 글을 수정한 것이다. 원고를 읽고 건설적인 토론과 제언을 해준 성결대학교 정민아 교수, 이창재 감독, 노광우 영화 칼럼니스트에게 감사드린다.

5장 「불안에 관한 에세이적 성찰」은 『현대영화연구』 32호에 게재된 바 있다. 부록에 수록된 「사유하는 영화, 에세이영화」의 후속 연구로 진행된 것으로, 이 장을 쓰는 과정에서 문정현 감독과 이원우 감독으로부터 많은 도움을 받았다. 바쁜 시간을 쪼개어 인터뷰에 응해 준 두 감독에게 감사의 말을 전한다. 6장 「포스트 시네마적 상상」은 2018년 12월, 한양대학교 현대영화연구소와 부산대학교 영화연구소가 공동주최하는 '제3회 영화와 테크노컬처리즘 학술대회'를 위해 준비한 발표문으로부터 출발한 글이며, 이 발표문은 이후 수정 및 보완하여 『현대영화연구』 34호에 게재되었다. 글을 쓰는 과정에서 임철민 감독으로부터 스크리너를 제공받았고, 그와 함께 두서없이 나눈 이야기에 힘입어 글쓰기 과정에서 부닥쳤던 여러 막막한 상황을 돌파할 수 있었다. 그리고 당시 학술대회에서 발표를 할 수 있는 기회를 준 부경대 미디어커뮤니케이션학부 정찬철 교수와 발표문을 읽고 건설적인 제안을 해준 서울과학기술대학교 강경래 교수에게 감사의 말을 전한다. 7장 「이 지루함을 어떻게 견딜 것인가」는 2017년 10월 영상비평전문지 『오큘로』 웹사이트에 발표한 글이다. 잠들어 있던 감각을 일깨워주는 작품을 만들어준 정재훈 감독과 영화를 개념적으로 다시 생각해볼 수 있도록 항상 좋은 자극을 주는 유운성 영화평론가에게 감사의 말을 전하고 싶다. 끝으로 부록에 수록된 「사유하는 영화, 에세이영화」는 2018년 4월 연세대학교 미디어문화센터, 비교문학협동과정 및 연계과정, 한국문화연구학회가 공동으로 주최하는 '미디어문화연구 포럼'에서 발표한 원고를 수정 및 보완하여 『현대영화연구』 31호에 게재한 것이다. 발표의 기회를 준 연세대학교 커뮤니케이션대학원 이상길 교수와 발표문을 읽고 다양한 의견을 제시해준 신은실 영화평론가 덕분에 완성할 수 있었다. 본문의 여러 글에서 자주 에세이영화가 언급되기 때문에 독자의 이해를 돕기 위해 이 글을 부록에 실었다.

졸고의 출간을 지지하고 독려해준 도서출판 갈무리의 조정환 대표님과 활동가 여러분, 그리고 인쇄와 제본을 위해 땀 흘리신 노동자들께 감사드린다. 좋은 책을 세상에 내놓으려는 그들의 소명에 내가 어떤 보탬이 되었는지는 독자들이 냉철하게 판단해줄 것이며, 나는 그 평가를 겸허하게 받아들일 준비가 되어 있다. 그리고 이 책의 초고를 세심하게 읽고 아낌없는 조언과 지적을 해준 프리뷰어 최혁진, 박서연, 이다은 님에게 감사드린다. 마지막으로 나의 삶의 동반자이자 정신적 버팀목인 소정, 재이, 달래에게 사랑과 존경의 뜻을 표한다. 그리고 미처 이름을 적지 못한 나의 친구들과 제목을 언급하지 않은 무수히 많은 독립영화를 위해 이 책을 바친다.

1장

혼돈의 사회와
도시의 리듬

2018년을 기점으로 한국 독립영화의 고전으로 회자되는 작품을 역사적으로 기념하는 행사나 디지털 복원해서 상영하는 행사가 열리기 시작했다.[1] 이 일련의 상영 행사를 통해서 집중 조명된 작품의 상당수는 1980년대에 제작되었다. 그래서 이 행사들은 한국 독립영화의 역사에서 1980년대가 차지하는 상징적인 의미를 확인하는 것처럼 보이기도 했다. 그간 한국 독립영화의 기원을 1980년대로 간주하는 것은 관련 연구자 사이에서 암묵적인 합의와 같은 것이었는데, 비슷한 관점은 비교적 최근에 진행된 연구들에서도 나타나고 있다. 김정민과 송낙원은 1980년대 초반에서부터 후반에 이르는 시기에 독립적으로 제작해오던 영화인들이 이른바 진영을 갖추기 시작하면서, 서서히 "사회참여의 방안을 모색"[2]했던 것으로 평가한다. 전우형은

---

1. 한국영상자료원은 2007년 양주남 감독의 〈미몽〉(1936), 신상옥 감독의 〈열녀문〉(1962), 이병일 감독의 〈시집가는 날〉(1956)을 디지털 복원한 이후 현재까지 한국 고전영화 디지털 심화복원 사업을 진행하고 있다. 2018년부터는 1970~90년대에 제작된 일부 한국 독립영화가 디지털 복원 사업 대상에 포함되었다. 이 과정에서 복원된 작품은 서울독립영화제 기간 동안 '독립영화 아카이브전'이라는 이름의 특별전을 통해서 관객에게 공개되었다. 서울독립영화제는 2018년부터 2020년까지 총 21편의 디지털 복원된 작품을 공개했다. 이를 통해 장산곶매, 서울대 얄라셩, 서울영화집단, 바리터와 같은 제작 집단의 작품이 소개되었다. 그리고 이익태, 변영주, 김소영, 한옥희, 봉준호 등의 감독이 만든 작품이 다시 조명을 받았다. 이외에도 2020년 DMZ국제다큐멘터리영화제는 노동자뉴스제작단의 일부 작품을 그리고 같은 해 국립아시아문화전당 ACC시네마테크는 온라인 특별 기획전으로 서울대 얄라셩과 서울영화집단의 작품을 선보였다. 이러한 행사들은 그간 구전의 형태로 회자되던 혹은 문헌 속에서만 그 존재감을 드러내던 작품들을 볼 수 있는 기회를 제공했다.

한국 노동다큐멘터리의 역사를 다루는 글에서 "한국 다큐멘터리 영화의 역사는 그리 길지 않을뿐더러 그 본격적 기원은 1980년대 독립영화로부터 비롯되었다"[3]고 주장한다.

하지만 이러한 논의는 한국 독립영화의 기원을 1980년대로 규정하고, 한국 독립영화의 정체성을 사회변혁으로서의 영화운동으로 한정한다는 한계가 있다. 한국 독립영화의 정체성이 정치적·사회적·문화적·예술적 요인들의 복합적인 관계 속에서 형성되는 것이라고 본다면, 독립영화의 기원과 그것의 장르적 범위는 재설정될 필요가 있다. 이와 관련해서 오준호의 연구에 주목할 필요가 있다. 그는 1960년대 소형영화 운동을 주도한 인물로 평가받는 유현목 감독이 제작한 〈손〉1966과 그가 이끌었던 시네포엠의 활동을 북미 실험영화와 비교함으로써, 한국 독립영화의 기원과 그것의 정체성을 규정하는 기존의 담론에 균열을 낸다.[4] 이처럼 한국 독립영화를 바라보는 다른 시선을 포용한다면, 최근 진행된 한국 독립영화의 오래된 작품을 기념하는 행사들을 독립영화의 지평을 확장하는 기회로 삼을 수 있다.

---

2. 김정민·송낙원, 「1980년대 한국 독립영화사 연구」, 『디지털영상학술지』, 12권, 2015, 17쪽.
3. 전우형, 「한국 노동 다큐멘터리 영화의 역사적 기원 연구」, 『민족문학사연구』, 64권, 2017, 502쪽.
4. 다음 글들을 참고하라. 오준호, 「이색적인 문화영화」, 『영화연구』, 71호, 2017 ; 오준호, 「종합적 이미지의 예술과 영상주의」, 『영화연구』, 76호, 2018.

이를 위해 2018년 이후에 디지털 복원된 이익태의 〈아침과 저녁사이〉, 김홍준과 황주호의 〈서울 7000〉1976, 서울대 얄라성에서 제작한 〈국풍〉1981을 통해 한국 독립영화의 역사적 범위와 미학적 범주를 확장해보고자 한다. 이 작품들 모두 도시 교향곡city symphony 영화의 장르적 특징을 갖고 있으며, 한국 독립영화의 정체성 형성에 중대한 영향을 미친 것으로 평가받는 민족·민중운동이 본격화되기 전에 제작되었다. 후술하겠지만, 도시 교향곡은 기록 영화의 한 유형으로, 1920년대 일부 아방가르드 영화인들이 몽타주 기법을 중심으로 도시의 삶을 구체적이거나 추상적으로, 서정적이거나 역동적으로, 낙관적이거나 비관적으로 그려낸 작품을 의미한다.

도시 교향곡 영화라는 프레임을 통해서 초기 한국 독립영화에 관해 서술하기 위해서는 다음의 두 가지 역사적 사실을 확인해야 한다. 첫째로 초기 한국 독립영화가 도시의 삶을 재구성할 때 도시 교향곡 영화의 장르적 관습을 따라 시각적인 요소와 이미지의 운동성을 주로 활용하였는지를 확인해야 한다. 둘째로 초창기 한국 독립영화에서 도시적 삶에 대한 도시 교향곡 영화 특유의 비판적 성찰이 나타나는지를 확인하고, 더 나아가 당시 한국 독립영화가 도시적 삶의 어떤 부분에 주목했는지를 살펴보아야 한다.

이 장은 다음의 논의 전개를 따른다. 우선, 1920년대 유럽과 미국 일대에서 유행한 도시 교향곡 영화의 장르적 성격을 정의하고 그러한 실험적인 영화 만들기의 영화사적 가치를 비교적 최근의 다큐멘터리, 에세이영화, 뉴미디어 연구 등을 경유해서 재평가해 본다. 다음으로 〈아침과 저녁사이〉, 〈서울 7000〉, 〈국풍〉이 고유의 영화적 양식으로 도시의 삶을 시각적으로 재현하거나, 감각적으로 구현하고 있음에 주목한다. 그리고 이를 근거로 한국 독립영화가 1970~80년대에 도시 교향곡 영화의 장르적 성격을 전유해서 실험적인 양식을 시도했다는 사실을 확인한다. 이러한 과정을 거쳐 1970~1980년대 독립영화의 실험적인 영화 제작과 도시 비판에 대해 고찰할 것이다.

1. 도시 교향곡 영화를 바라보는 두 개의 시선

도시 교향곡 영화는 1920년대 영화사의 흐름을 설명할 때 중요하게 거론되는 장르이지만, 지금까지 그것의 분류학적 정의는 모호했다. 크리스틴 톰슨Kristen Thomson과 데이비드 보드웰David Bordwell은 공저 『세계영화사』에서, 1920년대에 주류 영화산업 외부에서 진행된 여러 실험적인 시도를 언급하면서 도시 교향곡 영화에 관해 설명한다. 그들은 1920년대에 등장한 이 새로운 장르는 "카메라를 문밖으로 들고 나가 도시 풍경의 시적인 측면들을 포착하는 실험"이었고, "이런 작품들은 기록영화에 속하기도 하지만 동시에 실험영화에 포함시킬 수 있다"[5]고 말한다.

장르적으로 모호한 성격을 가지고 있었던 탓에 도시 교향
곡 영화는 다큐멘터리 연구에서도, 아방가르드 연구에서도 소
홀하게 다루어졌다. 다큐멘터리로 분류하기에는 지나치게 추상
적이거나 실험적인 것으로 보였으며, 반대로 아방가르드 영화로
분류하기에는 지나치게 구체적이고 관습적인 것처럼 보였기 때
문일지 모른다. 예를 들어, 다큐멘터리 영화를 개념적으로 정립
한 인물로 알려진 존 그리어슨John Grierson은 발터 루트만Walter
Ruttmann의 〈베를린 : 대도시의 교향곡〉Berlin : Symphony of a Great
City, 1927을 분석하면서, 이와 비슷한 부류의 작품이 현실을 삽
화적으로 설명하는 시적인 접근법을 취하고 있기에 "영화 교향
곡의 전통은 위험하며, 〈베를린 : 대도시의 교향곡〉은 모든 유형
의 영화가 주의해야 할 가장 위험한 경우"[6]라고 썼다. 그가 보기
에 도시 교향곡 영화는 다큐멘터리를 포함하여 영화의 장르적
규범을 위협하는 불순분자와 같은 것이었다.

도시 교향곡 영화는 1920년대 유럽과 미국에서 일부 영화
감독들이 내러티브 중심의 극영화에 대항하기 위해 만든 실험
적인 작품으로 이해되고 있다. 이 장르는 도시에서 벌어지는 하
루의 삶 또는 황혼에서 새벽으로 이어지는 도시의 순환적이고

---

5. 데이비드 보드웰·크리스틴 톰슨, 『세계 영화사』, 주진숙 외 옮김, 시각과 언어,
   2000, 288쪽.
6. John Grierson and Forsyth Hardy (ed.), *Grierson on Documentary* (Faber
   and Faber Ltd, London, 1971), p. 152.

반복적인 시간을 몽타주 기법으로 형상화한 작품을 포함한다.[7] 알렉산더 그라프Alexander Graf에 따르면, 도시 교향곡 영화는 간자막·서사·플롯의 사용을 최소화하고, 전통적인 의미에서의 다큐멘터리 형식을 지양하고, 리드미컬한 몽타주 혹은 연상의 몽타주를 활용한다.[8] 도시 교향곡 영화 특유의 형식적 특징은 이 장르가 소재로 삼는 도시적인 삶의 양식을 반영한다. 이 장르는 고층빌딩 기념비적인 건물, 거리, 교통수단, 대중, 노동, 여가, 밤 문화, 빈곤과 같은 도시적인 삶을 소재로 삼는다. 또한, 도시 교향곡 영화는 다큐멘터리, 극영화, 실험영화로 구분되는 장르적 경계를 넘나든다는 특징이 있다. 다큐멘터리적인 촬영과 몽타주 기법에 충실하면서도 때때로 연출자의 의도

---

7. 대표적인 도시 교향곡 영화 작품으로는 〈맨하타〉(Mannahatta, Charles Sheeler & Paun Strand, 1921), 〈막간〉(Entr'acte, René Clair, 1924), 〈오직 시간만이〉(Nothing But Time, Alberto Cavalcanti, 1926), 〈모스크바〉(Moscow, Mikhail Kaufman & Ilya Kopalin, 1926), 〈24달러의 섬〉(Twenty-four Dollar Island, Robert Flaherty, 1927), 〈다리〉(The Bridge, Joris Ivens, 1928), 〈구역 : 넝마주이의 땅〉(The Zone : In the Land of the Rag-Pickers, Georges Lacombe, 1928), 〈레알〉(Les Halles, Boris Kaufman & André Glitzine, 1927), 〈베를린 : 대도시의 교향곡〉, 〈카메라를 든 사나이〉(Man With A Movie Camera, Dziga Vertov, 1929), 〈노장, 일요일의 엘도라도〉(Nogent : Sunday El Dorado, Marcel Carné, 1929), 〈스트라밀라노〉(Stramilano, Corrado D'Errico, 1929), 〈니스에 관하여〉(A Propos De Nice, Jean Vigo, 1930), 〈일요일의 사람들〉(People on Sunday, Robert Siodmak & Edgar G. Ulmer, 1930) 등이 있다.

8. Alexander Graf, "Paris-Berlin-Moscow" in *Avant Garde Critical Studies*, 2007, p. 79.

에 따라서 극영화적인 플롯을 삽입하거나 아방가르드적인 기법 ― 극단적인 하이/로우 앵글, 기울어진 앵글, 이중인화, 화면분할 등 ― 을 활용한다.

　도시 교향곡 영화는 1920년대에 나타난 두 개의 영화사적 흐름 속에서 형성되었다. 첫 번째 영화사적 흐름은 1920년대의 아방가르드 영화운동이다. 이 당시 프랑스의 순수영화나 독일의 절대영화와 같이 실험적인 경향이 강한 작품들은 영화의 매체적인 특성이 움직임을 시각적으로 형상화하는 것에 있다고 믿었으며, 실제로 그중 일부 작품은 속도전이 지배하는 도시의 삶을 기록한 영상을 주요하게 활용했다. 이와 관련해서 대표적인 인물로 발터 루트만을 거론할 수 있다. 그는 〈작품 1~4〉Opus I-IV, 1921-1925를 통해 기하학적 요소의 움직임으로 음악적 리듬을 구현한 실험영화를 만들었으며, 이후 카메라가 포착한 현실의 이미지를 몽타주하는 도시 교향곡 영화를 만들었다. 그의 〈베를린: 대도시의 교향곡〉은 추상적인 예술에 대한 감독 자신의 열망이 도시를 구성하는 물질의 이미지들을 통해서 구현된 것으로 볼 수 있다. 실제로 그는 다음과 같은 말을 남기기도 했다. "나는 수년간 추상적인 수단들로 움직이는 이미지를 구성하는 동안 도시라는 유기체 내에 존재하는 무수한 동역학적 에너지로부터 한 편의 영화 교향곡을 만들고 싶은 열망, 생명력 있는 재료로 작업하고 싶다는 그런 열망으로부터 한시도 자유로운 적이 없었다."9

도시 교향곡 영화의 등장 배경이 되는 두 번째 영화사적 흐름은 1920년대에 도시의 삶을 소재로 활용한 영화가 대거 만들어지고 그것이 하나의 경향 내지는 장르를 형성한 것과 관련이 있다. 이 시기에 만들어진 도시의 삶을 다룬 영화는 크게 논픽션과 픽션으로 구분할 수 있다. 전자는 이 장에서 다루고 있는 도시 교향곡 영화이며, 후자는 바이마르공화국의 거리영화 street film이다. 거리영화는 1920년대 바이마르공화국에서 한시적으로 유행했던 장르로 주로 대도시 중간계급의 몰락을 사실주의적인 양식으로 다루었다. 나는 거리영화를 장르적으로 그리고 영화사적으로 확장해보려는 한 연구에서 거리영화와 도시 교향곡 영화 모두 "근대 대도시의 경험에서 영화적 개념을 끌어냈다"[10]고 주장한 바 있다. 도시 교향곡 영화가 도시로부터 영화 만들기의 아이디어를 얻는다고 보는 관점, 즉 도시 교향곡 영화는 도시의 삶을 영화 속 삶의 내용으로 삼으면서 그와 동시에 도시의 삶의 양식을 영화의 주요 형식으로 승화한다고 보는 관점은 『도시 교향곡 현상』The City Symphony Phenomenon에서도 확인할 수 있다. 이 책은 1920~1940년대에 만들어진 도시 교향곡 영화의 역사를 개괄하면서, 이 장르의 주요 특징 중 하나가

---

9. Walter Ruttmann, "How I Made My Berlin Film" in Anton Kaes et al.(eds), *The Promise of Cinema* (University of California Press, Berkeley, 2016), p. 463.

10. 이도훈, 『거리영화의 발전과 분화』, 연세대학교 커뮤니케이션대학원 박사학위논문, 2018, 147쪽.

자기 반영적으로 도시의 리듬을 영화의 리듬으로 옮겨 놓은 것이라고 설명한다. "도시 교향곡은 영화가 도시를 묘사하는 데 있어서 궁극의 미디어라는 것을 암시하거나 반대로 도시가 카메라–눈을 위한 궁극의 주제임을 가리킨다."[11] 윤학로 또한 비슷한 입장을 취한다. 그에 따르면, 도시 교향곡 영화는 그것이 만들어질 당시의 영화인들이 "대도시의 다양한 모티브, 역동적인 움직임, 지속적인 발전에 매료"되어 있었고, 이와 더불어 "카메라의 새로운 언어를 이용하여 도시 곳곳에서 발생하는 사건을 시각적으로 재구성할 수 있다고 가정"[12]했기 때문에 등장한 것으로 볼 수 있다.

　도시 교향곡 영화를 정의하는 두 가지 방식, 즉 아방가르드 영화 운동과 관련된 일련의 실천을 중심으로 서술하는 방식과 근대 대도시의 삶과 관련지어 설명하는 방식은 오늘날 도시 교향곡 영화를 역사적으로 재평가하는 일련의 연구들에서도 분명하게 나타난다. 먼저, 도시 교향곡 영화를 아방가르드 영화와 결합한 다큐멘터리로 간주하는 관점을 계승하여 도시 교향곡 영화의 장르적 확장 가능성에 대해서 살펴보는 연구들이 있다. 빌 니콜스Bill Nichols는 다큐멘터리의 기원은 1930년대에 정부의

---

11. Steven Jacobs, Eva Hielscher & Anthony Kinik, "Introduction" in Steven Jacobs et al.(eds), *The City Symphony Phenomenon* (Routledge, New York, 2018), p. 29.

12. 윤학로, 「장 비고와 도시 교향곡」, 『인문언어』, 11권 2호, 2009, 211쪽.

지원을 받으면서 제작된 사회 참여적인 경향의 영상물이라고 보는 해석에 반대하면서, 다큐멘터리의 기원과 아방가르드 실천의 관계를 재고해볼 필요가 있다고 제안한다. 그는 수정주의적인 관점에 기초하여 다큐멘터리의 역사적 형성 요인으로 다음의 네 가지를 제시한다. 그것은 사진적 리얼리즘, 서사 구조, 모더니즘적 실천, 수사적 전략이다. 이 중 모더니즘적 실천과 관련하여, 아방가르드 영화인들이 소재로 활용한 대도시의 거리는 낯선 즐거움과 기상천외한 것들을 발견하는 장소이며, 그러한 거리를 기록한 이미지는 현실 속 사물에 깃든 역사적 흔적을 드러내고, 심지어 세계에 대한 일반적인 감각을 바꾸어 놓았다고 평가한다. 빌 니콜스에 따르면, 대도시의 거리는 "아방가르드 예술가뿐만 아니라 다큐멘터리 영화인들에게도 레디메이드ready-made 주제를 제공한다."[13]

도시의 거리를 영화적인 아이디어와 혁신이 이루어질 수 있는 장소로 바라보는 관점은 미국 실험영화에 대한 스콧 맥도날드Scott MacDonald의 연구에서도 나타난다. 그는 로버트 가드너Robert Gardner의 인류학적인 작품, 로스 맥엘위Ross McElwee의 사적 다큐멘터리, 미카엘 글라보거Michael Glawogger의 글로벌 삼부작, 루시엥 캐스팅-테일러Lucien Castaing-Taylor의 감각 민속지sen-

---

13. Bill Nichols, "Documentary Film and the Modernist Avant-garde", *Critical Inquiry*, vol. 27, no. 4(2001), p. 596.

sory ethnography와 같이 다큐멘터리의 속성과 아방가르드 영화의 속성을 동시에 가지고 있는 작품을 '아방–독'avant-doc이라고 명명하면서, 그 계보가 뤼미에르 형제의 액추얼리티 필름[14]으로부터 시작해서 1920년대의 도시 교향곡 영화, 1960년대 미국의 실험영화, 1970년대의 사적 다큐멘터리, 그리고 오늘날의 민속지학 다큐멘터리, 환경영화 등으로 이어지고 있다고 주장한다. 스콧 맥도날드는 아방–독의 계보는 다큐멘터리의 역사와 아방가르드 영화의 역사 모두에 영향을 준 도시 교향곡 영화로부터 시작된 것이라며 다음과 같이 말한다. "도시 교향곡 장르는 두 역사의 일부분으로서 80년이 넘는 시간 동안 계속해서 발전해왔다."[15]

도시 교향곡 영화는 도시의 삶을 기록한 여러 푸티지 중 일부를 선별의 논리에 따라서 몽타주한 결과물로 볼 수 있다. 여기서 말하는 선별의 논리는 아방가르드 영화 제작에서 핵심 요소 중 하나로 꼽히는 것이다. 레프 마노비치Lev Manovich는 뉴미디어의 문화적 양식에 대해 말하면서, 지가 베르토프Dziga Vertov

---

14. 초창기 무성영화 시절 논픽션 영화를 지칭하기 위해 쓰이던 용어였다. 영화사에서 다큐멘터리라는 용어는 로버트 플래허티의 〈북극의 나누크〉, 〈모아나〉 같은 작품이 등장하면서부터 본격적으로 쓰였다. 다큐멘터리라는 용어가 등장하기 이전에 현실 기반의 작품, 즉 환영적이거나 마술적인 영화와 다른 사실주의적인 성격을 가지고 있는 작품은 액추얼리티 필름으로 불렸다.

15. Scott MacDonald, *Avant-Doc* (Oxford University Press, New York, 2014), p. 5.

로 대표되는 1920년대 아방가르드 영화가 시도한 몽타주, 콜라주, 합성, 스톱 모션, 가상 카메라 등이 뉴미디어의 언어를 선취했다고 본다. 이어서 그는 CD-ROM, 웹페이지 등에서 수집, 검색, 항해의 형식으로 나타나는 데이터베이스의 원리에 대한 상상력이 지가 베르토프의 〈카메라를 든 사나이〉에서 "기록된 자료의 데이터베이스"[16]의 형태로 구현된 바 있다고 평가한다. 선별의 논리는 파운드 푸티지[17] 또는 컴필레이션 영화compilation film에 관한 연구에서도 중요하게 다루어진다. 몽타주를 원칙으로 하는 그러한 영화들은 모두 수집, 저장, 보관, 선별의 과정을 거쳐서 이질적인 이미지의 조합을 만들어내며, 그 결과 시간적인 불일치, 의도적인 불일치, 아이러니와 같은 효과를 달성한다.[18]

도시 교향곡 영화의 아방가르드적 성격에 대한 재평가는

---

16. 레프 마노비치, 『뉴미디어의 언어』, 서정신 옮김, 커뮤니케이션북스, 2014, 325쪽.

17. 파운드 푸티지는 기존의 여러 영상을 전유하여 새로운 결과물을 만드는 영화 제작 방식을 의미한다. 통상적으로 영화 제작이 촬영에서 편집으로 이어지는 것과는 달리, 파운드 푸티지는 누군가가 찍어 놓은 영상을 활용하기 때문에 촬영 과정이 생략될 수 있다. 이러한 파운드 푸티지는 서로 다른 맥락에서 가지고 온 이질적인 영상의 몽타주를 통해서 새로운 맥락과 의미를 만든다는 특징이 있다.

18. 파운드 푸티지가 이미지를 전유함으로써 얻게 되는 일련의 효과에 대해서는 다음 책을 참고하라. William C. Wees, *Recycled Images* (Anthology Film Archives, New York, 1993) ; Jaimie Baron, *The Archive Effect* (Routledge, New York, 2014) ; Catherine Russell, *Archiveology* (Duke University Press Books, Durham, 2018).

1990년대 말부터 본격화된 에세이영화 연구에서도 진행되었다. 에세이영화는 영화적 실천이 사유의 형상화를 위해 적용된 경우를 지칭하는데, 장르적 성격이 모호하여 유사-장르로 구분된다. 에세이영화는 극영화, 다큐멘터리, 실험영화로 구분되는 영화적 장르의 경계를 가로지르면서, 연출자의 주관과 사유를 표현하고, 공적인 이슈와 사건을 주로 다룬다. 노라 M. 알터Nora M. Alter는 1920년대에 논픽션 영화가 기존 극영화를 중심으로 편성되어 있던 영화의 범주를 비판하고 그것을 파열시키려고 했던 시도와 에세이영화의 출현이 관련이 있다고 말한다. "에세이영화는 단순히 극영화에 대한 반응만이 아니라 논픽션 다큐멘터리 필름과 아방가르드 영화에 대한 반응으로 출현한 것이다."[19] 이와 더불어 한 가지 덧붙여야 할 것은 에세이영화가 1920년대의 도시 교향곡 영화 같은 논픽션 영화로부터 공적 문제에 대한 개입과 표현의 중요성을 계승했다는 점이다. 티머시 코리건은 에세이영화가 "리얼리즘의 범주와 형식적 실험의 범주 사이에 놓이며, '공적 표현'의 가능성을 지향"[20]했다고 설명한다. 이것은 에세이영화의 기원으로서의 1920년대 논픽션 영화의 실험은 예술 그 자체를 위한 예술이기보다

---

19. Nora M. Alter, *The Essay Film After Fact and Fiction* (Columbia University Press, New York, 2018), p. 42.

20. Timothy Corrigan, *The Essay Film* (Oxford University Press, New York, 2011), p. 51.

는 사회적 삶에 관여하는 예술이 되기를 원했다는 것을 의미한다.

다음으로 도시 교향곡 영화가 근대 대도시의 삶을 반영한다고 보는 관점이 있다. 이러한 관점은 도시 교향곡 영화의 핵심 주제 중 하나인 근대성을 분석하는 글에서 쉽게 찾아볼 수 있다. 도시 교향곡 영화의 효시로 평가받는 〈맨하타〉는 대도시의 고층빌딩을 극단적인 하이앵글과 로우앵글로 담은 장면을 교차시켜 보여준다. 그리고 마천루, 다리, 증기선과 같은 기계 문명의 요소들이 대자연의 풍경과 조화를 이룬 모습을 강조한다. 이를 통해 "'맨해튼'을 마치 살아 숨 쉬는 생명체로 그려내고 있다."[21] 이외에도 도시 교향곡 영화는 산업화, 도시화, 기계화에 의한 시공간의 압축과 그것에 대한 감각적 경험을 다양한 앵글에 의한 촬영, 리드미컬한 편집, 복합적인 화면 구성을 통해서 표현하고 있다. 오리 레빈Ori Levin은 알베르토 카발칸티의 〈오직 시간만이〉 같은 작품에서 반복적으로 등장하는 시계가 근대 사회의 시간 개념이 추상적이었음을 관객이 몸소 체험할 수 있도록 돕는 장치라고 주장한다.[22] 근대화 과정에서 국제적인 표준시가 등장하고, 노동자들이 일터에서 시간에 따른 규제를

---

21. 심진호, 「찰스 실러와 폴 스트랜드의 『맨하타』(Manhatta)에 나타난 월트 휘트먼의 매나하타(Mannahatta) 비전」, 『새한영어영문학』, 54권, 4호, 2012, 33쪽.
22. 다음 글을 참고하라. Ori Levin, "The Cinematic Time of the City Symphony Films", *Studies in Documentary Film*, vol. 12, no. 3(2018).

받고, 교통통신 수단의 발달로 물리적인 시간 감각이 무너지는 등의 변화가 도시 교향곡 영화에서는 아침·점심·저녁으로 이어지는 자연적 주기 또는 휴식·노동·여가로 이어지는 사회적 주기를 세분화하고 각각을 다시 통합하는 방식으로 표현되었다.

도시 교향곡 영화가 다루는 근대 대도시 시공간의 감각적 변화는 그 자체로 세계의 변화를 의미했다. 일부 학자는 이러한 도시 교향곡 영화에서 문명에 대한 진단이 이루어졌음에 주목한다. 기계문명을 예찬하거나 기계와 자연의 조화를 그린 작품이 대부분이지만, 이탈리아 밀라노에서 나타난 "불균등 혹은 저개발의 근대성"[23]을 다룬 〈스트라밀라노〉나 "도시 가장자리의 비참한 구역에서 도시의 중심지로 여행하는 넝마주이의 경로"[24]를 따르는 〈구역 : 넝마주이의 땅〉처럼 도시의 불평등을 폭로하는 작품도 있다. 함충범은 도시 교향곡 영화에서 주요하게 다루어지는 기술적 요소들이 도시 공간 자체를 하나의 거대한 기계처럼 보이게 만든다고 설명한다. 이어서 그는 도시와 기계문명에 투영된 연출자들의 비전이 대체로 유토피아와 관련이 있지만, 경우에 따라서 〈오직 시간만이〉나 〈니스에 관하여〉처럼 부르주아 중심적인 도시 사회에 대해 비판적이거나 의도

23. John David Rhodes, "D'errico's Stramilano" in Steven Jacobs et al.(eds), *The City Symphony Phenomenon* (Routledge, New York, 2018), p. 96.

24. Christa Blümlinger, "Minor Paris City Symphonies" in Steven Jacobs et al.(eds), *The City Symphony Phenomenon* (Routledge, New York, 2018), p. 70.

적으로 기술 유토피아적인 요소를 탈색한 것처럼 보이는 작품도 있다고 평가한다.[25] 중요한 것은 도시 교향곡 영화가 도시의 미래를 유토피아로 바라보거나 디스토피아로 바라보기에 앞서, 다큐멘터리적인 촬영이 보장하는 관찰과 경험에 입각해서 도시적인 삶의 현재를 진단했다는 점이다. 도시 교향곡 영화에서 나타난 희망과 절망 모두 도시의 현재에 대한 객관적이고 주관적인 분석을 전제로 했다. 그런 점에서 도시 교향곡 영화는 냉철한 분석과 시적 표현을 결합해 도시의 삶과 문화를 비판적으로 담아낸 시각적인 보고서와 같다.

도시 교향곡 영화의 주요 특징과 그것을 바라보는 두 가지 관점에 대해서 살펴보았다. 도시 교향곡 영화는 1920년대 다큐멘터리와 실험영화의 장르적 결합을 시도한 아방가르드 영화 운동을 통해 등장했으며, 이러한 시도 자체는 영화사의 지배적인 패러다임을 교란하기 위한 것이었다. 또한, 도시 교향곡 영화는 도시화를 추동한 근대성의 원리를 해부함으로써 도시의 삶에 대한 비판적 사유와 성찰을 가능케 했다. 도시 교향곡 영화에서 영화를 바라보는 시선과 도시를 바라보는 시선은 본질적으로 다르지 않다. 전자는 도시의 삶 속에서 영화적 형식을 쇄신할 수 있는 아이디어를 떠올린 것과 관련이 있으며, 후자는

---

25. 다음 글을 참고하라. 함충범, 「1920년대 '도시교향곡 영화'에 나타난 테크놀로지의 유토피아적 표상」, 『사회과학연구』, 26권, 1호, 2018.

영화를 통해 도시적 삶의 이면을 폭로하거나 비판한 것과 관련이 있다. 둘 다 도시에서 영화를 만들기 위한 실천을 전개하면서 나온 것이라는 공통점이 있다. 이런 맥락에서 보자면, 도시 교향곡 영화는 영화에 대한 고민과 도시에 대한 고민을 각각 전개하면서 그것을 하나로 결합하려고 했던 시도로 볼 수 있다.

2. 장르적 실험과 불안의 반복 : 〈아침과 저녁사이〉

이익태 감독의 〈아침과 저녁사이〉는 잠에서 깬 한 남자가 서울 도심을 배회하는 과정을 따라가는 도시 교향곡 영화의 장르적 특징을 보이는 작품이다. 한때 '최초의 한국 독립영화'라는 다소 오해의 소지가 다분한 수식어와 함께 회자되었던 이 영화는, 2004년 서울독립영화제 '한국단편영화 회고전'을 통해서 한옥희 감독의 〈색동〉[1976], 이공희 감독의 〈또 다른 방〉[1979] 등과 함께 대중에게 공개되었다. 이후 2018년 한국영상자료원에서 디지털 복원한 버전이 서울독립영화제에서 상영되기도 했다.

이익태 감독은 영화뿐만 아니라 공연, 회화, 퍼포먼스 등과 같은 다양한 분야에서 활동한 예술가로 알려져 있다. 그는 과거 서울예술전문대학교를 다니던 중에 자퇴를 한 이후 "1970년대를 향해서, 미래를 위해서 영화를 만들자는 생각에"[26] 지인들

---

26. 서울독립영화제 편저, 『다시 만난 독립영화』, 서울독립영화제, 2018, 15쪽.

과 '필름70'이라는 단체를 만들었다. 그리고 약 300만 원 정도의 제작비를 들여 16mm 필름으로 〈아침과 저녁사이〉를 연출했다. 당시에는 좀처럼 보기 드물었던 실험영화이고, 영화 중간에 남녀의 정사 장면이 있다는 이유로 세간의 주목을 받았다. 이외에도 이익태 감독은 정찬승, 김구림, 방태수, 손일광 등이 속해 있던 전위예술 단체인 '제4집단', 그리고 서강대학교 졸업생들을 중심으로 대안적인 영화에 대해 고민했던 '영상연구회'에서 활동하기도 했다.

〈아침과 저녁사이〉는 1960년대부터 간헐적으로 이어진 실험영화 제작 활동들 이후에 만들어졌기 때문에 최초의 독립영화라고 보기 힘들다. 이미 많은 연구자가 지적했듯이, 유현목 감독은 단편영화 제작그룹 '시네포엠'을 결성해서 〈선〉[1964], 〈춘몽〉[1965], 〈손〉과 같은 실험영화를 제작했다. 이 중 50초 분량의 초단편 영화인 〈손〉은 1967년 캐나다에서 개최된 몬트리올 만국박람회 행사 중 '국제 실험 및 문화영화' 부문에 출품된 것으로, "음식을 위한 도구인 인간의 손이 죽음의 무기를 개발하여, 인간을 파괴하는 손으로 변하는 모습을, 대담한 손 클로즈업 등의 방식을 통해 표현"[27]한 작품으로 평가받고 있다. 한편, 하길종 감독은 초현실주의적인 경향이 드러난 〈병사의 제전〉[1969]

27. 최종한, 『초기(1919~1979) 한국 실험영화의 특성』, 서강대학교 신문방송학과 박사학위논문, 2019, 73쪽.

을 연출했고, 그는 이장호, 하길종, 홍파 이원세와 함께 '영상시대'를 조직하여 유럽 모더니즘에서 나타나는 비서사적인 영화 제작을 위한 영화운동을 주도했다.[28] 이처럼 1960년대부터 간헐적이지만 실험영화를 논의하거나 제작하기 위한 소모임이 조직되었고, 이는 1970년대에 등장한 여러 영화 단체에 직간접적인 영향을 주었을 것으로 미루어 짐작해볼 수 있다.

〈아침과 저녁사이〉는 최초의 독립영화가 아닐 뿐만 아니라, 도시 교향곡 영화의 장르적 형식을 선취한 최초의 한국영화도 아니다. 실제로 이 작품보다 약 1년 정도 앞서 김구림 작가가 16mm 필름으로 〈1/24초의 의미〉[1969]라는 작품을 제작한 바 있다. 김구림 작가의 작품은 그동안 무빙 이미지 작업 또는 필름을 활용한 퍼포먼스 작업으로 이해되었다. 하지만 그의 작품은 1초에 24장의 사진 이미지로 이루어진 필름이라는 매체의 특성을 탐구하고 있고, 1969년 당시 서울이라는 도시에서의 삶을 기록한 영상을 바탕으로 한 몽타주 작업이기 때문에, 실험영화로 분류할 수 있다. 결정적으로 이 작품은 도시 교향곡 영화의 장르적 속성을 따르고 있다. 고가도로를 달리는 차 안에서 바라본 도시의 풍경, 어딘가를 응시하는 한 남자의 모습, 샤워기의 물줄기, 피어오르는 연기, 하품하는 남자의 모습이 역

---

28. 1960~70년대 한국 실험영화의 태동과 그것의 발전 과정에 대해서는 서원태의 다음 연구를 참고하라. 서원태, 『한국 실험영화의 제도화 과정 연구』, 한양대학교 연극영화학과 박사학위논문, 2013.

동적인 움직임과 반복적인 시간 구조 속에서 제시된다. 이처럼 이 작품은 영화라는 매체의 특성을 탐구하기 위한 시도이자 "1969년 당시 급박하게 변화하던 서울의 도시화에 대한 논평이자 언젠가는 해체될 것에 대한 아카이브"[29]를 구성하기 위한 시도였다.

실험영화를 제작하려는 시도와 도시에서 영화적 아이디어를 획득하려는 시도가 1970년대 전후에 이루어지고 있었다는 사실을 고려했을 때, 이익태 감독의 작품 또한 그러한 시대적 흐름의 한 지류라고 볼 수 있다. 그 일련의 시도들은 아마추어리즘을 추구한다는 점에서 주류 영화와 구별된다. 이익태 감독은 자신이 조직한 '필름70'과 그곳에서 만든 〈아침과 저녁사이〉가 "가까운 사람들끼리 모여서 뭔가를 해보자고 해서 만든 일종의 동네 영화"[30]에 가까운 것이라고 자평한 바 있다. 그가 말하는 '동네 영화'란 아마추어리즘을 앞세운 영화로 이해할 수 있는데, 실제로 그의 작품은 야외촬영, 즉흥적인 연기, 그리고 여분의 NG 컷 등을 활용하는 방식으로 상업적인 영화의 도식을 벗어나려고 했다. 이익태 감독은 제작, 연출, 각본, 편집 외에도 영화 속 남자 주인공을 직접 연기함으로써, 사실상 1인 제작 시스템에 가까운 방식으로 영화를 만들었다. 또한, 그의 작품에

---

29. 김미정, 「SeMa Green 김구림」, 『더아트로』, 2021년 4월 16일 접속, http://www.koreanart21.com/review/antiques/view?id=3377.

30. 서울독립영화제 편저, 『다시 만난 독립영화』, 17쪽.

는 이중인화, 솔라리제이션, 버티컬 롤, 플리커 효과 등과 같은 실험영화에서 자주 볼 수 있는 기법들이 쓰였다.[31] 비록 도시 교향곡 영화로부터 직접적인 영향을 받았다고 단언하기는 힘들지만, 이 작품에서 자기 반영적인 방식으로 도시의 리듬을 영화의 리듬으로, 다시 말하자면, 도시의 시공간적인 질서를 영화적인 질서로 옮겨 놓고 있음을 확인하는 것은 그리 어렵지 않다.

〈아침과 저녁사이〉는 제목에서 드러나듯이 아침에서부터 저녁으로 이어지는 선형적인 시간의 흐름을 따르면서, 그러한 구조화된 시간 질서에 부합하는 이미지의 배열 방식에 대한 연출자의 고민을 투영하고 있다. 영화는 아침과 저녁, 내부와 외부, 도심과 교외, 여성과 남성, 꿈과 현실 같은 이분법적인 도식에 따라서 영화의 시간과 공간을 배열한다. 특히 교차편집의 방식을 활용해서 대립적인 요소들을 충돌시키고 있다. 영화가 시작하면, 자명종 소리와 함께 한 남자가 침대에서 일어나 외출 준비를 한다. 그는 함께 동침했던 여자를 방 안에 내버려 두고

---

31. 이와 같이 우리가 통상적으로 실험영화라고 부르는 작품들과 유사한 점이 있다고 해서, 이를 근거로 이익태의 작품이 유럽 아방가르드 영화 또는 미국 구조주의 영화로부터 직접적으로 영향을 받았다고 단언하기는 힘들다. 실제로 이익태 감독은 자신의 영화에 나타나는 실험영화 또는 아방가르드 영화의 흔적이 영화잡지를 통해서 간접적으로 영향을 받은 것이라고 말한 바 있다. "그 당시에 『영화예술』이라는 잡지가 있었어요. 돌아가신 이영일 선생님께서 창간하고 내가 거기서 기자를 했거든. 일본영화 잡지에 있는 걸 번역한 기사를 주로 실었는데, 그런 잡지를 통해서 미국 아방가르드 영화에 대한 정보를 접할 수 있었어요." 같은 책, 15쪽.

혼자 거리를 배회한다. 영화는 명동, 남산, 교외로 이어지는 남자의 이동 경로를 따라가면서 도시의 풍경, 사물, 사람의 모습을 보여준다. 그리고 간간이 방 안에 홀로 남아 있는 여성의 고립된 모습을 교차편집해서 보여준다. 이러한 구성 방식에 따라서 이 영화는 아침에서부터 저녁, 내부에서부터 외부, 중심부에서 주변부로 이어지는 시공간적인 질서를 구축한다.

하지만 이 영화는 특정 이미지, 사건, 상황의 반복을 통해서 작품 전체를 느슨하게 지탱하는 선형적인 시간과 물리적인 공간의 법칙을 무너뜨린다. 이 영화에는 여러 도시 교향곡 영화에서 상징적 장치로 쓰였던 시계가 반복적으로 등장한다. 도시를 배회하는 남자의 모습과 방 안에 갇혀 있는 여자의 모습을 보여줄 때, 방 한구석에 있는 시계의 모습이 여러 번 클로즈업된다. 그러나 그 시계들이 정확히 몇 시 몇 분을 가리키는지는 알 수 없다. 남자가 거리를 배회할 때 두 개의 연속된 쇼트에서 각기 다른 시계가 클로즈업되는데, 두 시계는 서로 다른 시간을 가리키고 있다. 결정적으로 영화 후반부에는 방 안에 있던 여자가 시계를 어항 속에 넣는 모습이 등장한다. 이처럼 이 영화에서 시계는 오작동하거나 작동을 멈춘 경우가 많다. 이러한 점에 미루어봤을 때, 이 영화의 시간은 흐름과 정지의 두 가지 속성을 가지고 있는 것으로 볼 수 있다. 실내에서 실외로 이동하면서 아침과 저녁을 감각적으로 경험하는 남자의 시간은 흐르는 것처럼 보이지만, 그와 반대로 실내에 갇혀 있는 여자의 시간은 고여 있는 것처럼 보인다. 결과적으로 이 영화는 시간의 흐름을 따르면서도 그것을 교란시킴으로써 현실과 꿈 또는 의식과 무의식의 경계를 무너뜨린다.

남자의 이동을 따라서 배열되는 이미지들 또한 모순적이다. 영화는 고층 빌딩, 타워크레인, 자동차, 군중 같은 도시적인 이미지들을 몽타주하면서, 남자가 도시의 급박한 삶의 리듬 속으로 휩쓸리는 모습을 보여준다. 하지만 남자는 이성적, 효율적, 기계적으로 움직이는 세상의 법칙에 구속받지 않는 것처럼 보인다. 그의 모습은 일찍이 게오르그 짐멜Georg Simmel이 근대 도시화 과정에서 나타나는 변화된 삶의 방식을 설명하기 위해 제시한 이방인의 형상과 닮았다. 이방인은 "오는 것과 가는 것의 분리 상태를 완전히 극복하지 못한 방랑자"[32]를 가리킨다. 이 영화에 등장하는 남자 또한 규범화된 삶에 적응하지 못하거나 그것으로부터 도피와 일탈을 시도하고 있다는 점에서, 이방인의 형상을 하고 있다.

명동 일대를 하릴없이 배회하던 남자의 일탈은 한 여자와의 만남으로 이어진다. 남자는 명동에 있는 한 공원에서 만난 어떤 여자에게 다가가는데, 이후 남자는 여자와 함께 남산에서 시간을 보낸다. 여기서 영화는 야외 촬영에 기초한 논픽션적인 상황

---

32. 게오르그 짐멜, 「이방인」, 『짐멜의 모더니티 읽기』, 김덕영 옮김, 새물결, 2005, 79쪽.

과 남자와 여자의 만남을 다룬 픽션적인 상황을 결합하여 장르 혼성적인 성격을 획득한다. 즉, 다큐멘터리에 가까운 우연적인 상황과 극영화에 가까운 연출된 상황이 한 작품 안에서 어우러진 것이다. 이러한 연출 방식은 길거리에서 우연히 만난 젊은 남녀가 노동이 지배하는 단조로운 일상에서 벗어나 교외에서 자유롭게 여가를 즐기는 이야기를 다큐멘터리와 극영화를 혼합하는 방식으로 만든 도시 교향곡 영화 〈일요일의 사람들〉을 떠올리게 한다.

이방인으로서의 남자의 모습, 즉 그가 시공간적으로 그 어떤 곳에도 귀속되지 않는 중간자임을 암시하는 여러 장면이 있다. 한 장면을 예로 들어보자. 남자는 명동의 어느 극장 앞을 계속해서 서성이지만, 그는 결코 그 극장 안으로 들어가지는 않는다. 일찍이 지그프리트 크라카우어Siegfried Kracauer는 노동자와 중간계급이 극장이라는 공간을 찾아서 삶의 피로를 잊고 스크린의 환영에 빠져든다고 말하면서, 극장을 "집 없는 자들을 위한 안식처"[33]라고 부른 바 있다. 이러한 관점에 따르면, 영화는 현실의 도피처이면서 꿈의 공장이다. 남자가 극장 앞을 서성이면서 정작 극장 안으로 들어가지 못한다는 것은 그가 극장이라는 공간을 중심으로 안과 밖 또는 현실과 꿈 사이의 중간 지대

33. Siegfried Kracauer, Quintin Hoare (trans.), *The Salaried Masses* (Verso, London, 1998), p. 91.

에 속해 있다는 것을 암시한다. 또 다른 장면을 예로 들어보자. 영화 속에서 남자는 자동차, 전투기, 열차와 같은 운송수단들 앞을 서성이면서도 그 운송수단 중 어떤 것도 타지 못한다. 흥미롭게도 그 운송수단 대부분은 실제 작동하는 것이 아닌 전시용이거나 버려진 것이다. 운송수단의 목적이 사람과 물자를 이동시키는 것이라면, 이 영화에서 운송수단은 이동에 대한 인간의 욕망을 충족시켜주지 못하는 것으로 볼 수 있다. 이와 관련해서 한 장면을 주의 깊게 볼 필요가 있다. 남산을 배회하던 남자가 벤치에 누워 눈을 붙이고, 이어지는 장면에서 일방통행 도로 표지판이 보인다. 곧이어 화면이 바뀌고 바닷가 모래사장에 폐차된 자동차 한 대와 그것을 허망한 눈빛으로 쳐다보는 남자의 모습이 등장한다. 도시에서 바닷가로의 급격한 화면 전환과 버려진 자동차는 이 영화가 다루고 있는 이동에 대한 욕망과 그것에 대한 좌절을 동시적으로 상징한다. 남자는 도시에 살면서 어딘가로 떠나기를 원하는 것처럼 보이지만, 정작 그는 원하는 곳으로 갈 수도 없고 또한 왔던 곳으로 돌아갈 수도 없다. 그는 어디든 갈 수 있는 것처럼 보이지만 정작 그 어디로도 가지 못한다. 이익태 감독의 말을 빌리자면, 남자의 처지는 '자유의 부자유'에 가까운 상태이다. "자유의 부자유라고 할까. 자유로운 것 같은데 실제로 갈 수 있는 곳은 없고, 그렇다고 도시를 완전히 빠져나갈 수 있는 것도 아니잖아."[34]

따라서 이 영화는 도시에서 살아가는 한 젊은 청년의 실존적인 불안을 표현한 것으로 볼 수 있다. 이익태 감독이 스스로 연기한 남자의 일탈 혹은 몽상은 그가 도시를 벗어나 교외에 있는 어느 철길을 걸으면서부터 절정에 달한다. 남자는 철길 위를 걷다가 반대편에서 걸어오는 어떤 여자를 만난다. 두 사람이 철길 위를 걷는 모습은 상하로 격렬하게 흔들리는 상태로 보이는데, 그 불안정한 이미지는 기울어진 앵글로 찍은 열차의 이미지로 이어진다. 이후 영화는 남자와 여자가 철길 위를 걸으면서 데이트를 즐긴 이후 철로 변에서 정사를 나누는 모습을 보여주면서 태양, 탱크, 포르노그래피, 첨탑, 전투기, 열차, 고층 빌딩 등의 이미지를 몽타주한다. 두 사람이 정사를 끝내고 나면 비로소 열차가 그들 앞을 지나간다. 이 부분에서 반복적으로 등장하는 열차는 언제 닥칠지 모르는 혹은 점진적으로 다가오는 위험을 암시한다. 그리고 그것은 가속화된 근대화 과정에서 나타나는 지각의 혼란 및 그로 인한 불안과 깊은 연관을 가지고 있다. 문화사적 관점에서 열차에 관해 연구한 볼프강 쉬벨부쉬 Wolfgang Schivelbusch에 따르면, 열차는 기계문명이 자연을 정복할 것이라는 확신을 주면서도 기술적인 결함과 탈선이라는 충격 체험에 의한 불안과 경악을 초래한다.[35] 그와 같은 근대적 경험에 의한 불안과 공포는 해소되지 않고 일상생활 속에서 반복된

---

34. 서울독립영화제 편저, 『다시 만난 독립영화』, 25쪽.
35. 다음 글을 참고하라. 볼프강 쉬벨부쉬, 『철도여행의 역사』, 박진희 옮김, 궁리, 2010, 203~216쪽.

다. 〈아침과 저녁사이〉의 마지막은 불안과 공포가 일상화된 도시적 삶에 대한 우울한 예고로 이루어져 있다. 기진맥진한 상태로 집으로 돌아와 홀로 남겨져 있던 여자의 품에 안긴 남자의 모습에서 내일도 그의 권태로운 일상이 반복될 것임을 짐작할 수 있다.

지금까지 이익태 감독의 〈아침과 저녁사이〉가 만들어진 배경을 비롯해서 이 작품이 담고 있는 도시 교향곡 영화의 장르적 특징에 대해 살펴보았다. 이 작품은 다큐멘터리, 극영화, 실험영화의 양식을 부분적으로 혼합하는 가운데, 한 남자가 아침부터 저녁 사이에 겪는 기묘한 일과를 따라가면서 과도기적 발전 상태를 통과하고 있던 서울의 복잡다단한 면모를 다양한 도시 이미지의 몽타주를 통해서 시각화했다. 이와 같이 도시 교향곡 영화의 실험적 양식과 사회 비판적인 탐구의식이 이익태 감독의 작품에서 나타났다는 것은, 한국 독립영화의 역사를 사회적인 맥락에서뿐만이 아니라 미학적인 맥락에서도 서술할 수 있다는 것을 시사한다.

3. 장르적 확장과 도시의 변화 : 〈서울 7000〉, 〈국풍〉

도시 교향곡 영화의 양식적 특징을 가지고 있는 작품을 만들려는 시도들은 일부 아마추어 영화 제작자에 의해서 1980년대 초반까지도 그 명맥을 유지할 수 있었다. 앞서 언급한 김구림의 〈1/24초의 의미〉와 이익태의 〈아침과 저녁사이〉 이외에도 한옥희의 〈구멍〉[1974], 김홍준과 황주호의 〈서울 7000〉, 서울대 얄라셩의 〈국풍〉을 도시 교향곡 영화의 양식적 특징을 가진 작품으로 묶을 수 있다. 이 중 〈서울 7000〉과 〈국풍〉의 연출자들은 서울대학교 영화연구회 얄라셩 소속으로 활동했다는 공통된 이력이 있다. 전자가 도시 교향곡 영화의 장르적 관습에 충실하다면, 후자는 그 장르적 관습을 확장한 사례에 가깝다. 이 절에서는 〈서울 7000〉과 〈국풍〉 두 편의 관계를 중심으로, 초창기 한국 독립영화가 도시 교향곡 영화의 양식을 장르적으로 정착시키고 더 나아가 그것을 확장하는 일련의 과정을 살펴보고자 한다.

1976년 김홍준과 황주호가 공동으로 연출한 〈서울 7000〉은 도시 교향곡 장르를 의식하면서 만들어진 아마추어 경향의 영화이다. 작품 제작 당시 김홍준과 황주호는 서울대학교 2학년에 재학 중이었다. 평소 프랑스문화원과 독일문화원을 드나들면서 취미로 영화를 즐겼던 그들은 우연히 친구 집에서 보게 된 8mm 영화에 자극을 받아서 영화를 만들기로 결심했다고 한다. 두 사람은 1976년 〈짓〉을 시작으로 그해에만 총 7편의 작품을 만들었다. 영화사적으로 아마추어 영화의 전통은 전문적인 장비에 비해 가격이 저렴하고, 조작이 편리한 8mm, 16mm 필름 카메라와 같은 장비가 대중적으로 보급되면서부터 시작된 것으로 이야기된다.[36] 김홍준과 황주호의 영화 만들기는 아마추어 영화 제작에서 나타나는 자작DIY, do-it-yourself의 관행에 따르면서, 기존의 영화적 관습을 모방하거나 실험적인 영화 제작을 실천했던 것으로 볼 수 있다. 이 중 〈서울 7000〉은 김홍준 감독이 프랑스문화원에서 봤던 "프랑스 각지의 풍광을 싱글 프레임으로 촬영"[37]한 어느 작품으로부터 영감을 받아서 만든 것이다. 이들이 참고한 영화에 대한 정확한 정보는 확인하기 힘들지만, 최소한 두 사람이 어느 도시 교향곡 영화로부터 영향을 받아 서울의 하루를 싱글 프레임으로 촬영한 이미지들을 몽타주로 재구성했다는 것은 분명해 보인다.[38]

본격적인 논의에 앞서 〈서울 7000〉이 서울대학교 영화연구회 얄라셩과 어떤 관련이 있는지를 확인할 필요가 있다. 1976

---

36. 아마추어 영화 제작의 역사와 관련해서는 다음 글을 참고하라. Patricia R. *Zimmermann, Reel Families* (Indiana University Press, Bloomington, 1995).

37. 서울독립영화제 편저, 『다시 만난 독립영화』, 15쪽.

38. 국립아시아문화전당 ACC시네마테크가 주최한 온라인 특별 기획전 〈여럿 그리고 하나 : 얄라셩에서 서울영화집단까지〉를 위해 진행된 인터뷰에서 김홍준은 〈서울 7000〉이 도시 교향곡 영화를 염두에 둔 것이라면서 다음과 같이 말했다. "도시를 소재로 한 시티심포니(도시 교향곡) 계열의 영화들이 있다는 건 알았지만 그걸 우리가 본 적은 없으니까 상상만 하고 있었는데, 프랑스문화원에서 그때 영화를 보면 영화 상영 전에 단편영화를 하나씩 해줬어요. 근데 그중에 하나가 '프랑스의 이 주일' 그래 가지고 프랑스의 유명 명소들을 보여주면서 싱글 프레임으로 찍은 영화가 있었거든요. 뭐 별건 없죠. 바닷가도 나오고. 아, 서울을 한번 저렇게 찍어볼까. 다음 건 저걸로 하자. 그래서 그 테크닉을 갖다가 카메라를 구해가지고 찍었어요." 이와 관련한 내용은 ACC시네마테크 온라인 특별 기획전 〈여럿 그리고 하나 : 얄라셩에서 서울영화집단까지〉의 온라인 홈페이지에 업로드된 인터뷰 영상을 통해 확인할 수 있다. 2021년 4월 12일 접속, http://www.yalashung-sfc.com/

년 제작된 〈서울 7000〉은 얄라셩이 1979년 공대 내 서클을 거쳐 1980년 본부 서클로 정식 등록한 그해 11월에 개최한 〈첫번째 영화마당〉에서 공식적으로 상영되었다. 이 행사는 당시 얄라셩이 처음으로 공동 제작한 〈여섯 그리고 하나〉[1979]라는 작품과 동아리 구성원들이 개별적으로 제작했던 작품들을 함께 상영했다. 그 작품 목록에는 〈서울 7000〉과 함께 김홍준의 〈짚신〉[1977], 황주호의 〈웃음소리〉[1977], 김동빈과 문원립의 〈겨울의 문턱〉[1979] 등이 있었다. 그 당시 얄라셩은 워크숍과 영화 제작을 본격적으로 준비하고 있었지만, 구성원 대부분이 영화를 만들어 본 경험이 없었다. 이로 인해 일부 구성원이 동아리 가입 전에 개별적으로 영화를 제작했던 경험은, 아직 영화 제작 경험이 전무한 구성원들에게 하나의 참조점이 되었을 가능성이 크다. 실제로 얄라셩의 구성원이었던 김인수는 〈서울 7000〉을 반드시 봐야 하는 영화 중 하나로 기억한다고 말한 바 있다.[39] 이러한 몇 가지 사실을 놓고 본다면, 〈서울 7000〉의 제작 방식이 그와 비슷한 방식을 따른 〈국풍〉에 영향을 미쳤을 것이라는 추측 또한 가능하다.

〈서울 7000〉은 아침부터 저녁으로 이어지는 서울의 하루를

---

39. "(동아리에서) 처음 만난 형들이 '김홍준이라는 선배가 있는데 곧 제대하고 돌아올 거'라고 하는 거예요. 그때 〈서울 7000〉 얘기를 처음 들었어요. 영화를 하려면 이런저런 작품을 봐야 하는데, 문화원 영화뿐만 아니라 자체적으로 찍은 영화 중에 〈서울 7000〉을 꼭 빌려다가 봐야 한다는 거죠." 서울독립영화제 편저, 『다시 만난 독립영화』, 20쪽.

스톱 모션의 기법으로 보여주는 작품이다. 김홍준과 황주호는 1976년 11월, 엘모 108$^{\text{Elmo Super 108}}$이라는 8mm 카메라를 활용해 대도시로 변모해가는 서울의 역동적인 모습을 총 3일에 걸쳐 촬영했다. 주요 촬영지는 당시 서울의 번화가였던 시청, 동대문 버스터미널, 명동 등이었다. 미리 지정된 장소에서 미리 계획한 지속 시간에 맞추어서 한 프레임씩 촬영했다. 제목에 명시되어 있는 7000이라는 숫자는 작품 전체의 프레임 수를 가리킨다. 이 작품에서 프레임 단위로 찍은 이미지들은 도시의 찰나적인 순간을 그려내며, 그러한 이미지의 연쇄는 도시적인 삶의 리듬을 만들어낸다. 영화평론가 유운성은 이 영화가 1970년 전후의 일부 실험적인 작품에서 나타나는 도회지적인 감수성을 공유하고 있지만, 유독 이 작품은 권태에 빠지거나 소외된 주체의 형상을 다루지 않았다고 지적한다. 그리고 바로 그러한 이유로 인해 이 작품이 "서울의 풍경을 담은 생생한 스케치"[40]로 남을 수 있었다고 평가한다.

〈서울 7000〉이 담고 있는 서울의 풍경은 1960년대 이후 서울에서 나타난 인구와 물자의 이동성과 관련이 있다. 작품의 배경이 되는 1976년의 서울은 이촌향도의 열풍 속에서 외부로부터 몰려온 인구가 서울에 밀집되는 현상이 나타났고, 내부로부터는 물자를 운반하거나 인구를 분산시키기 위해 고가도로를

---

40. 같은 책, 45쪽.

놓거나 지하철을 개통하는 등의 변화가 진행되고 있었다. 영화는 일출 장면으로 시작해서 서울의 공간을 가로질러 이동하는 여러 움직임을 보여주고 일몰 장면으로 끝을 맺는다. 플랫폼으로 들어오는 열차, 도로를 가로지르는 자동차, 터미널을 오가는 버스, 계단이나 육교를 오르내리는 행인들, 호수에서 배를 타고 노를 젓는 사람들이 등장한다. 흥미로운 것은 이 영화 속의 교통수단과 군중이 하나의 덩어리를 이루어서 일정한 방향으로 이동하는 것처럼 보인다는 점이다. 이것은 한편으로는 대도시의 밀집된 환경을 보여주면서 다른 한편으로는 그러한 도시가 규격화되고 표준화된 삶의 양식을 가지고 있음을 드러낸다.

이 영화에서 강조하는 서울의 이동성은 통합과 분리의 이중 논리를 따르는 것으로 보인다. 출퇴근하는 사람들의 이동이나 교통수단의 이동을 보여주는 장면은 모두 같은 부류로 묶일 수 있는 사물이 하나의 거대한 무리를 이루어 움직이는 것처럼 묘사되고 있다. 이러한 이동성은 개별적인 것들이 하나의 거대한 전체로 환원될 수 있다는 착각을 낳는다. 인구와 물자를 인위적으로 빠르게 움직이게 만드는 어떤 힘, 즉 사회적 이동성을 초래하는 어떤 힘의 작용이 개별적인 것들 사이에 분리, 간극, 차이가 존재한다는 것을 은폐하고 있는 것이다. 예를 들어, 매일 같이 직장으로 출퇴근하는 노동자들의 모습은 그들의 집과 일터가 분리되어 있음을 암시하며, 고속 터미널을 오가는 버스의 모습은 서울과 그 주변이 분리되어 있음을 암시한다. 사회학적으로 이동성에 대해서 연구한 존 어리^{John Ury}에 따르면, 자동차의 모빌리티는 사회적 분리의 원인이자 결과이다. "자동차 시스템은 시간과 공간을 재조직하며, 역사적으로 밀접히 통합되어 있던 집, 직장, 사업, 여가의 영토를 '분리'시킨다."[41] 그리고 이와 같은 근대화는 시간과 공간의 분리, 해체, 파편화를 자연스러운 것으로 보이게 만든다. 이처럼 〈서울 7000〉은 대도시가 발전하는 과정에서 나타나는 시공간의 파편화를 싱글 프레임 촬영과 몽타주 기법으로 구체화한 것으로 볼 수 있다.

한편, 얄라셩이 공동 연출의 방식으로 만든 〈국풍〉은 1981년 '전국대학생민속국학큰잔치'라는 슬로건하에 열린 〈국풍81〉이라는 관제적인 행사의 다양한 모습을 8mm 필름으로 기록한 작품이다. 〈국풍81〉은 한국신문협회가 주최하고 한국방송공사가 주관하며, 고려대학교 부설 민족문화연구소가 후원한 행사로 1981년 5월 28일부터 6월 1일까지 서울 여의도 광장에서 열렸다. 광주민주화운동이 끝난 지 약 1년, 그리고 제5공화국이 정식 출범한 지 약 3개월이 지난 시점에 행사가 열렸다. 당시 신문 기사에 따르면, 전국 194개 대학 244개 서클에서 6천여 명의 대학생과 일반인 7천 5백여 명이 참가했을 정도로 규모가 컸다.[42] 이 행사의 표면적인 취지는 일반 시민들이 민족문화를 주

---

41. 존 어리, 『모빌리티』, 강현수·이희상 옮김, 아카넷, 2014, 223쪽.
42. 저자 미상, 「전통과 젊음의 한마당 … 여의도 대축제 국풍81 개막」, 『경향신문』, 1981년 5월 28일 기사, 2021년 4월 13일 접속, https://bit.ly/3n7cr15.

체적이고 진취적으로 계승할 수 있도록 그리고 대학생들이 국학 연구 열풍에 동참할 수 있도록 독려하기 위함이었지만, 그 이면에는 대학생들의 민주화에 대한 열망을 잠재우고 그들의 관심을 다른 곳으로 돌리기 위한 정치적인 목적이 있었다. 한양명의 표현을 빌리자면, 〈국풍81〉은 "정통성이 없는 정권의 출범을 기념하기 위해"[43] 기획된 것이었다.

〈국풍〉은 장르적으로 그 위치가 다소 애매모호한 작품이다. 이 작품은 지표적 기록을 통해서 실제 역사적 사건을 제시하고 있다는 점에서 다큐멘터리로 분류할 수 있다. 다른 한편으로 이 작품은 〈국풍81〉이라는 역사적인 행사를 반복되는 시간 구조에 따라서 보여주면서 특정 이미지 사이에서 발생하는 반복과 충돌을 활용하고 있다는 점에서 도시 교향곡 영화로 분류할 수 있다. 하지만 이 작품은 다큐멘터리와 도시 교향곡 영화의 장르적 특징으로 설명할 수 없는 요소들을 포함하고 있다. 상술한 것처럼 도시 교향곡 영화는 간자막, 내레이션, 서사를 지양하는 것으로 이해되는데, 〈국풍〉은 현장에서 녹음한 사운드, 미리 녹음해둔 방송 내용, 그리고 인터뷰 내용을 활용했다. 눈여겨볼 지점은 이 영화에서 사운드가 설명적인 방식으로 전달되거나 정치적 선동을 목적으로 사용되지 않는다는 것이다. 이 작품에서 사운드는 이미지와 독립적으로 쓰이거나 이미

---

43. 한양명, 「축제 정치의 두 풍경」, 『비교민속학』, 26권, 2004, 474쪽.

지와 경합해서 새로운 감각과 의미를 만들어내는 데 쓰인다. 예를 들어, 이 영화에서 시민들과의 인터뷰 내용은 〈국풍81〉 행사를 논평하는 데 주로 쓰이고 있으며, 이를 통해서 영화는 〈국풍81〉에 관한 익명의 개인들의 생각, 사고, 감정 등을 표현하고 있다. 이처럼 특정 사건과 사안에 대한 사유의 형상화를 시도하고 있다는 점에서, 이 영화는 오히려 에세이영화의 특징을 부분적으로 갖고 있는 것으로 평가해볼 수 있다.

〈국풍〉은 축제의 개막을 알리는 일련의 스펙터클한 풍경 이미지를 전시하는 것으로 시작해서, 그러한 스펙터클의 논리가 이 행사 자체를 지배하고 있음을 드러내는 방식으로 전개된다. 이 영화의 제작 주체가 서울대학교 영화연구회 얄라셩이라는 사실을 알리는 오프닝 타이틀이 지나가고 나면, 〈국풍81〉 행사장 곳곳의 풍경이 등장한다. 곧이어 불꽃놀이를 보여주는 장면이 지나간다. 〈국풍81〉 행사장의 여러 풍경과 불꽃놀이를 연쇄적으로 보여주는 이러한 몽타주 도식은 이후로도 몇 차례 더 반복된다. 이와 같은 방식으로 시각화되고 전시된 〈국풍81〉은 난장에 가까워 보인다. 행사장 한쪽에서는 팔도의 명물을 소개하고 각 지역의 먹거리를 판매하는 행상과 노점이 줄지어 있고, 그곳을 중심으로 사람들이 장사진을 이루고 있다. 행사장 다른 쪽에서는 씨름과 같은 스포츠 경기나 탈춤, 연극, 가요와 같은 공연이 열리고 있고, 모든 사람은 경기와 공연이 펼쳐지는 무대를 향해 고개를 돌린 채 넋을 잃은 듯이 그곳을 쳐다보고 있다.

이 영화가 재구성하고 있는 〈국풍81〉의 시공간은 무질서하다는 특징을 갖고 있다. 영화는 〈국풍81〉의 현장을 기록한 다양한 이미지를 몽타주한다. 전국 각지에서 올라온 사람과 사물이 한 장소에서 뒤섞이면서 공간적인 통일성은 사라진다. 록 밴드의 공연 같은 현대적인 것과 탈춤 같은 전통적인 것이 어우러지면서 시간적인 통일성도 사라진다. 이 작품은 형식적으로는 단순하지만 내용적으로는 복잡하다. 도시 교향곡 영화의 관습을 따라 하루 동안 특정한 도시적 공간 내에서 나타나는 시간의 흐름을 구축하는 비교적 단순한 방식을 따르지만, 의미론적으로 대립하는 시청각적 이미지의 병치를 통해서 불온한 시대적 분위기를 나타내고 있기 때문이다. 결정적으로 이 영화가 묘사하는 〈국풍81〉은 일상의 감각이 휘발된 상태로 묘사되고 있다. 통상적으로 축제는 성스러운 날을 기념하기 위해 모여든 사람들이 즐거움을 얻기 위해 벌이는 놀이와 같은 다양한 행위를 포함한다. 놀이 문화에 대해 연구한 요한 하위징아Johan Huizinga에 따르면, 축제와 놀이는 공통적으로 "일상생활의 정지를 요구한다."[44] 비슷한 관점에서, 〈국풍〉이 재구성한 〈국풍81〉 또한 정치적, 사회적, 경제적 맥락이 제거된 상태에서 소비적이고, 유희적이고, 일탈적인 행위만이 남아 있는 것처럼 보인다.

영화 후반부에 이르면, 외화면의 사운드로 〈국풍81〉의 관

---

44. 요한 하위징아, 『호모 루덴스』, 이종인 옮김, 연암서가, 2010, 66쪽.

제적인 성격에 대한 비판적인 논평이 반복적으로 등장한다. 영화에 쓰인 이미지는 두 대의 카메라를 활용해서 현장을 기록한 것이며, 영화에 쓰인 사운드는 당시 방송 내용과 현장에서 만난 시민들과의 인터뷰를 카세트로 녹음한 것이다. 하지만 현장에서 담은 시민의 목소리 중에서 "심하게 나쁜 부분은 진짜 시민의 목소리가 아니라 그걸 녹취해서 회원들이 재연"[45]한 것으로 대체했다고 한다. 시민 인터뷰 내용 중 상당 부분은 〈국풍81〉에 대한 직간접적인 비판과 관련이 있다. 한 시민은 광장에 모인 사람들이 시민의식이 부족하다는 식으로 말하고, 또 다른 시민은 대학생을 위한 축제임에도 나이 많은 사람이 너무 많다고 말한다. 또 다른 시민은 '국풍'國風이라는 행사 이름을 비꼬아서 "나라에 바람이 든 것" 같다고 말한다. 이와 같은 시민들의 목소리는 〈국풍81〉 행사가 끝날 무렵을 보여주는 영화 후반부의 이미지와 결합하는데, 그 결과 영화 전체적으로 체제 비판적인 성격이 강해진다. 그 이미지는 행사가 끝나고 쓰레기 더미가 어지러이 나뒹구는 여의도 광장의 모습을 담고 있다. 무질서한 광장의 모습은 뒤이어 등장하는 불꽃놀이와 어우러져 〈국풍81〉 행사가 과잉과 낭비의 축제였다는 것을 암시한다. 영화 시작 부분의 불꽃놀이가 과시의 의미를 내포했다면, 영화 후반부의 불꽃놀이는 낭비의 의미를 내포한 것으로 볼 수 있다. 이처럼 〈국

45. 서울독립영화제 편저, 『다시 만난 독립영화』, 30쪽.

풍〉은 동일한 모티브의 반복, 이질적인 이미지들의 몽타주, 사운드와 이미지의 병치 등의 기법을 활용해서 〈국풍81〉의 관제적인 성격을 비판적으로 해부했다.

〈서울 7000〉과 〈국풍〉을 중심으로 살펴본 것처럼, 1980년대를 전후로 한국 독립영화에서 시도된 도시 교향곡 영화는 장르적 외연을 확장한 사례로 볼 수 있다. 김홍준과 황주호가 공동 연출한 〈서울 7000〉의 경우 스톱 모션의 기법으로 서울의 하루를 재구성했다. 얄라셩에서 공동 제작한 〈국풍〉은 서울 여의도 광장이라는 한정된 공간에서 열린 관제적인 행사를 동일한 모티브의 반복과 이질적인 이미지와 사운드의 몽타주를 통해서 재구성했다. 전자는 도시 교향곡 장르의 형식적인 측면이 잘 드러난 경우이며, 후자는 일부 도시 교향곡 영화에서 나타나는 사회 비판적인 경향이 잘 드러난 경우이다. 특히 이 두 작품은 얄라셩을 중심으로 하나의 계보를 이루기 때문에, 이를 통해 우리는 초창기 한국 독립영화에서 간헐적으로 이루어졌던 도시 교향곡 영화 제작 시도가 계승 및 발전되었다는 결론에 이르게 된다.

4. 소결

지금까지 한국 독립영화사에 대한 대안적 역사 서술을 지향하면서 1970~1980년대에 만들어진 일부 실험적인 작품들에서 도시 교향곡 영화의 장르적 특징이 나타난다는 점을 살펴보았다. 도시 교향곡 영화는 하루 동안 도시에서 벌어지는 삶을 시적인 이미지 혹은 실험적인 이미지들의 몽타주로 표현하는 장르이다. 그것은 극영화적인 관습에 반대하면서 다큐멘터리와 실험영화의 특징을 혼합하고, 근대화 과정에서 나타나는 여러 사회 변화를 긍정하거나 비판하는 등의 성찰적인 내용을 담는다. 따라서 도시 교향곡 영화의 프레임으로 초창기 한국 독립영화의 주요 작품들을 살펴본다는 것은, 이 시기 한국 독립영화의 미학적 가능성과 정치적 비전을 함께 고찰한다는 것을 의미한다.

이를 바탕으로 초창기 한국 독립영화는 도시에 관한 영화를 찍으면서 영화적인 실험을 시도했던 것으로 평가해볼 수 있다. 이익태 감독의 〈아침과 저녁사이〉는 아침부터 저녁까지 도시를 배회하는 한 청년의 모습을 따라가면서, 급격한 도시화 과정에서 소외된 인간의 형상을 비개연적 서사와 초현실적 이미지를 통해서 표현한다. 김홍준과 황주호가 공동으로 연출한 〈서울 7000〉은 스톱 모션 기법으로 자동차, 버스, 열차, 군중의 움직임을 역동적으로 그려낸다. 〈국풍〉은 관제적인 행사로 기획된 〈국풍81〉의 이면을 드러내고 그것을 비판하기 위해 이질적인 이미지와 사운드의 배치를 효과적으로 활용하고 있다. 이러한 작품을 만든 이들에게 도시는 영화를 실험하는 장소였으며, 영화는 도시를 성찰하는 장소였을 것이다. 이처럼 각기 다른 스타일을 가지고 있는 이 세 작품을 시계열적으로 놓고 보면, 우리는 한국 독립영화가 도시 교향곡이라는 장르를 시도하고, 정립하고 발전시켰다는 사실을 알 수 있다.

현재까지도 독립영화의 도시 교향곡 장르 실험과 도전은 일부 작가에 의해서 진행되고 있다. 비록 도시 교향곡 영화는 영화사의 한 페이지를 장식하는 낡은 장르로 기억되고 있지만, 그러한 전통은 일부 실험영화 감독이나 사회 비판적인 다큐멘터리 영화감독에 의해서 되살아나고 있다. 이 계보에 포함할 수 있는 작품으로는 서원태의 〈당인리 발전소〉2004, 〈타워 크레인〉2006, 정재훈의 〈호수길〉, 백종관의 〈출근〉, 임철민의 〈빙빙〉2016, 정현정의 〈어쩌면 더 아름다웠을〉2016, 장윤미의 〈콘크리트의 불안〉2017, 김정근의 〈언더그라운드〉2019, 김태양의 〈달팽이〉2020 등이 있다. 이러한 작품들은 다큐멘터리적인 촬영에 기초하면서도 이질적인 이미지와 사운드의 몽타주를 통해 도시에 대한 시적이고, 추상적이고, 관념적인 접근을 한다. 그리고 도시적인 삶의 표면과 이면을 들여다보면서 도시에 대한 비판적인 성찰을 제시한다. 한편, 도시 교향곡 영화에 속하는 작품 중에서 영화적 형식에 대한 고민과 도시적 삶의 고민을 결합하는 경우가 있다. 도시 고유의 시공간적 감각을 영화적 리듬과 동기화시키는 방식을 통해서 도시에 대한 사유와 영화에 대한 사유를 접속시키는 것이다. 그런 경우 지극히 도시적인 것이 지극히 영화적인 것이라는 다소 거친 도식의 성립이 가능하다. 이처럼 도시 교향곡이라는 렌즈를 통해서 한국 독립영화사를 기존과 다른 방식으로 서술할 수 있다. 한국 독립영화는 도시와 함께 호흡하면서 대안적인 영화의 가능성과 도시에서의 대안적인 삶의 가능성을 함께 모색했다.

2장

영화의 도시에 대한 권리

최근 몇 년간 젠트리피케이션gentrification은 사회적으로 뜨거운 감자 중 하나였다. 낙후된 구舊도심에 새로운 사람들이 유입되면서 원주민이 쫓겨나는 현상을 의미하는 젠트리피케이션이 대중적으로 널리 알려진 것은 오늘날 한국 주요 도시의 상업적인 변화와 관련이 있다. 서울의 경우, 강남구 신사동의 가로수길, 종로구의 북촌과 서촌, 용산구의 이태원, 마포구의 연남동이나 망원동처럼 사회적 명소로 급부상한 지역이 젠트리피케이션의 사례로 지목되었다. 세간에서 말하는 '핫플레이스'로 소개된 이 지역들은, 임대료 상승으로 인한 건물주와 세입자의 갈등, 도시 재개발을 주도하는 정부와 주민의 대립, 재개발을 반대하는 주민과 그들을 가로막는 공권력 간의 물리적 충돌이 벌어지는 장소로 알려졌다.

한국 독립 다큐멘터리 진영에서 젠트리피케이션에 주목하고 그것을 하나의 담론으로 만들려는 시도는 영화제를 통해서 이루어졌다. 한 예로, 국내 독립 다큐멘터리를 전문적으로 소개하는 인디다큐페스티발은 "다큐, 재개발"이라는 슬로건하에 개최된 2011년 영화제에서 다큐멘터리가 기록한 도시의 삶 속에 재개발 논리가 만연하다는 점을 지적했다. 그리고 젠트리피케이션, 재개발, 철거와 관련된 다큐멘터리가 양적으로 증가하는 것을 일종의 사회적 위기의 징후로 읽어낸 바 있다.[1] 한편, 2018년

---

1. 2011년 인디다큐페스티발 슬로건인 "다큐, 재개발"에 대한 영화제 집행위원 측

인디다큐페스티발 예심위원으로 참여한 박문칠 감독은 그해 재개발을 다룬 작품이 유독 많았다면서 다음과 같이 썼다. "옛 것이 사라지고, 새것이 올라가는 공간들이 우리 사회의 변화상 을 보여주는 무척 중요한 이미지임에는 틀림이 없습니다."[2]

비록 젠트리피케이션과 한국 독립 다큐멘터리의 상관관계 를 직접적으로 다룬 국내 연구는 아직 없지만, 한국 독립 다 큐멘터리가 공간·장소·도시 등과 연관이 있다는 지적이 최 근 여러 연구에서 제기되었다. 나의 경우 4대강 사업, 밀양 송 전탑, 제주 강정 해군기지 같은 사안을 둘러싼 재개발이 한국 독립 다큐멘터리에서 다루어지고 있음에 주목하면서, 그러한 작품들이 사회적 공간이 생산되는 과정에서 억압된 인간적인 가치를 복원하기 위해 노력하고 있다고 주장했다.[3] 이승민은 '공간 다큐멘터리'라는 조어로써 사회적 공간을 다루는 다큐 멘터리를 양식적으로 분류하고자 했다.[4] 그러나 두 연구 모두

의 설명에 따르면 재개발의 논리는 일상을 지배하는 죽음과 파괴의 논리로 요 약된다. "우리는 '재개발 시대'를 살아가고 있습니다. 소수의 '토건복합체'의 이 익을 보장하기 위해 많은 사람들의 삶의 터전을 파헤치는 '재개발 논리', 결국 그것은 '건설'을 위한 논리가 아니라 '파괴'를 위한 논리이며, '삶'을 위한 논리가 아니라 '죽음'을 위한 논리입니다. 그 광폭한 속도전은, 청계천에서 문화재를, 용산에서 철거민을, 4대강에서 수많은 생명을 죽음으로 몰아갔습니다." 인디 다큐페스티발, 『인디다큐페스티발2011』, 인디다큐페스티발, 2011, 6쪽.

2. 인디다큐페스티발, 『인디다큐페스티발2018』, 인디다큐페스티발, 2018, 38쪽.

3. 다음을 참고하라. 이도훈, 「공간 재생산과 정서상실」, 『영상예술연구』 24권, 2014.

4. 다음을 참고하라. 이승민, 『영화와 공간』, 갈무리, 2017.

공간 또는 장소라는 단어를 지나치게 추상적인 개념으로 설정함으로써 개별 작품이 대상으로 하는 실제의 사회적 관계와 실천을 엄밀하게 다루지 못하는 한계를 드러냈다. 앞서 언급한 두 연구를 선행연구로 지목한 이형관의 연구 또한 공간을 기억, 정서, 감정, 정체성이 깃들어 있는 추상적인 공간으로 정의했다.[5]

선행 연구가 간과한 구체적인 사회적 현상에 초점을 맞추면서 젠트리피케이션을 사회적 또는 도시적 문제로 사유하기 위해 이 장은 다음과 같은 논의의 순서를 따른다. 우선, 젠트리피케이션에 대한 학문적 논의와 해석을 정리한다. 그리고 이를 바탕으로 젠트리피케이션이 도시의 질서가 고착화되는 과정에서 도시에 대한 권리(도시권the right to the city)를 둘러싼 대립과 갈등으로 이어질 수 있다는 점을 살펴본다. 이어서 한국 독립 다큐멘터리가 도시의 젠트리피케이션으로 주거 지역에서 추방당하는 사람들의 모습을 기록하고 그들과 연대하여 권력과 자본에 대항하려고 했음에 주목한다. 또한, 역사적으로 젠트리피케이션이 복잡해지면서 그것을 다루는 한국 독립 다큐멘터리의 내용과 형식이 어떻게 바뀌었는지를 살펴본다. 이러한 과정을 거치면서 오늘날 한국 독립 다큐멘터리는 단순히 주거의 문제만

---

5. 다음을 참고하라. 이형관, 『다큐멘터리를 통해 본 도시 장소 상실과 기억의 재생산』, 서울대학교 대학원 석사학위논문, 2017.

이 아니라 소상공인의 생존권 문제, 삶의 질 개선의 문제, 그리고 그 모든 것을 포함하는 도시에서의 삶 그 자체에 대한 사유의 기회를 제공하고 있음을 확인하고자 한다.

1. 젠트리피케이션과 도시권

일반적으로 젠트리피케이션은 1964년 루스 글래스^{Ruth Glass}가 영국의 오래된 도심에 위치한 노동계급의 주거 지역이 개선되고 그 과정에서 중간계급이 새로이 이주해오는 현상, 즉 중간계급이 구도심으로 유입되면서 그 결과로 노동계급이 밀려나는 현상을 설명하기 위해 사용한 용어였다. 노동계급의 거주 지역 대부분은 중간계급의 침입을 받으며, 이 과정은 노동계급이 완전히 전치될^{dispaced} 때까지 계속된다.[6] 루스 글래스는 훗날 젠트

---

6. 런던에 있는 노동자 계급 구역 대부분은 순차적으로 상위의 그리고 하위의 중간계급에 의한 침입을 받고 있다. 방 두 개 정도의 추레하고 낡은 마구간과 오두막은 임대가 끝났을 때 인수되어 우아하고, 비싼 주택으로 바뀌었다. 이 전부터 혹은 최근에 품질이 떨어진 빅토리안 풍의 큰 집들, 주로 하숙집으로 쓰이거나 그렇지 않으면 공동 주거지로 쓰였던 그런 집들은 다시 한번 새롭게 태어났다. 오늘날 이러한 집들 대부분은 값비싼 연립주택 혹은 (새롭게 쓰이고 있는 속물적인 부동산 용어에 따르면) '임대주택'(houselets)으로 세분화된다. 그 집들의 최근 사회적 지위와 가치는 크기에 따라서 즉각적으로 완전히 뒤바뀌는데, 대부분 해당 지역 내에서 이전 수준과 비교했을 때 엄청나게 부풀려진다. 일단 한 구역에서 이와 같은 '젠트리피케이션'의 과정이 시작되면, 그것은 최초 노동 계급 거주자들이 거의 혹은 모두 전치될(displaced) 때까지 빠르게 이루어진다. 다시 말해, 젠트리피케이션은 기존에 거주하던 사람들이 새로이 유입된 사람들에 의해서 쫓겨나는 현상, 즉 전치되는 것을 가리킨다.

리피케이션의 결과로 나타나는 도시의 변화를 개괄적으로 설명한다. 그것은 오래된 도심이 새로운 모습으로 단장하고, 중간계급이 한때 스스로 떠났던 구도심으로 되돌아오고, 중간계급의 이주로 인해 기존의 원주민이 밀려나는 일련의 현상과 관련이 있다. 이처럼 젠트리피케이션을 인과적으로 서술하는 방식을 통해서 도시의 재구조화, 계급적 갈등, 사회적 공간의 생산과 소비의 변화 등이 설명될 수 있었다. 실제로 젠트리피케이션은 지역적 특수성, 역사적 맥락, 행위자들의 실천, 자본의 흐름을 파악해야 하기에 다소 복잡한 개념이지만, 루스 글래스의 이론적 정의 이후로 학계 내에서는 크게 생산 이론과 소비 이론을 중심으로 설명되거나 그 각각에 대한 보완, 변형, 절충이 이루어졌다.

생산 이론의 관점에서 젠트리피케이션은 토지 또는 주택 시장의 구조적 산물로 파악된다. 이 분야의 대표적 이론가인 닐 스미스Neil Smith에 따르면, 젠트리피케이션은 미국 프런티어 신화를 흡수하여 도시화 과정에서 불거지는 폭력과 전치를 정당화한다[7] 그는 건물주, 개발자, 집주인, 대부업자, 정부 기관, 부동산 업자가 참여하는 가운데 벌어지는 도시 재구조화의 주요 원인으로 임대료 격차rent gap를 꼽는다. 임대료 격차는 도심에

Ruth Glass, "London" in Loretta Lees, Tom Slater & Elvin Wyly (eds.), *The Gentrification* (Routledge, New York, 2008), p. 7.

7. Neil Smith, *The New Urban Frontier*, (Routledge, New York, 1996), p. 23.

서 자본의 가치파괴devalorization가 이루어지고, 이를 통해 재투자의 가능성이 발생하는 일종의 순환 과정을 설명하는 데 쓰인다. 예를 들면, 외관상 낡고 물리적으로 파손된 집의 가격이 떨어지면 그것을 누군가가 매입해서 시세 차익을 남기고 비싸게 되파는 경우가 그러하다. 임대료 격차는 "잠재적인 지대의 측면과 현재 토지 사용에 의해 자본화되는 실제 지대 사이의 불일치"[8]를 통해서 발생한다. 이처럼 젠트리피케이션을 생산의 측면에서 접근할 경우 도시 공간이 상품화되는 과정을 파악할 수 있다는 장점이 있다. 하지만 그 과정에서 특정 공간을 사용하는 사람들 그리고 특정 공간의 생산에 참여하는 사람들의 실천을 간과할 여지가 있다.

소비 이론의 관점에서 젠트리피케이션은 경제적인 측면보다는 사회적이고 문화적인 측면에 초점을 두고 설명된다. 이 분야의 학자들은 젠트리피케이션이 계급 갈등을 강조하는 고전적인 이론 논의의 틀로 환원할 수 없는 "혼란스러운 개념"chaotic concept[9]이라는 입장을 견지한다. 그리고 소비 이론은 산업 구조

---

8. 같은 책, p. 70.

9. 다마리스 로즈(Damaris Rose)는 젠트리피케이션에 대한 학문적 논의가 크게 맑스주의와 실증주의로 구분되는 양상이 있었음을 지적하면서, 이러한 이론적 대립으로부터 실제 현실에 적용하기 힘든 '혼란스러운 개념'이 만들어지고 있음을 비판한다. 그는 경제적인 측면에서 나타나는 지리적 불균등 발전과 함께 도시 공간이 상품화되는 현상에 주목하는 맑스주의적인 관점과 사회적인 측면에서 나타나는 생활양식의 변화, 성 역할의 변화, 노동력의 재생산에 주목하는 실증주의적인 분석을 절충해 젠트리피케이션을 재개념화할 필요가

의 변화와 새로운 생활 방식을 추구하는 세대의 출현을 젠트리피케이션의 주요 원인으로 지목한다. 1980년대 전후로 전통적인 제조업과 소매업이 쇠퇴하는 동안 전문직과 서비스직을 중심으로 산업이 재편되었다. 후기 산업 사회로 접어들던 그 시기에 새로이 출현한 중간계급은 주거 선택 시에 그들의 직장, 가족, 육아, 교육, 여가에 적합한 곳을 선호했다. 이 새로운 젠트리파이어gentrifier들은 전통적인 개념의 가족을 꾸리는 것을 미루는 가운데 자신의 사회적 지위 상승, 경력 유지, 그리고 삶의 질을 개선하는 데 힘썼다. 이러한 사회적·문화적 변동으로 인해 전문직, 경영인, 서비스직 종사자들이 도심으로 회귀하고, 이 과정에서 주택 가격이 상승하면서 기존에 도심에 살던 제조업 종사자들은 교외 지역으로 전치되었다. 한편, 소비 이론은 창의계급 creative class으로 분류되는 예술가들이 낡은 주택이나 다락방을 작업실로 쓰면서 그 지역 일대를 문화적 활력이 넘치는 곳으로 바꾸는 경우를 설명하는 데도 쓰인다.[10] 이처럼 소비 이론

있음을 주장한다. 구체적으로 그는 인간과 노동력의 재생산에서 나타나는 변화와 젠트리피케이션의 관계에 주목할 필요가 있다고 말한다. 다음 글을 참고할 것. Damaris Rose, "Rethinking Gentrification" in *Environment and planning D*, vol. 2, no. 1(1984), p. 54.

10. 창의 계급이 주도한 젠트리피케이션의 대표적인 사례로 미국의 소호 (SOHO)가 자주 거론된다. 한때 제조업으로 번성했던 소호는 1950년대 이후로 산업적인 침체기를 겪다가 예술가들이 빈 공장, 창고, 다락방을 작업실로 바꾸어 사용하면서부터 문화예술 공간으로 되살아나게 된다. 이와 관련해서는 다음 글을 참고할 것. Sharon Zukin, *Loft Living* (Rutgers University Press, New Jersey and London, 1989). 최근 국내에서도 참여 관찰, 인터뷰

은 젠트리피케이션을 유발하는 젠트리파이어들의 동기와 행동을 설명하는 데 유용하다. 하지만 정부 기관이 계획적으로 참여하거나 투기적 성격이 강한 글로벌 자본이 개입하는 젠트리피케이션을 분석하는 데 있어 이론적 정합성이 떨어진다.

오늘날 젠트리피케이션은 무수한 변이들mutations을 양산하고 있다. 전통적으로 젠트리피케이션은 주거와 관련된 것으로 이해되었지만, 세계화, 신자유주의, 금융자본주의 시대로 접어들면서 그 양상이 다양해졌다. 자본주의 도시의 발달로 특정 지역에 레스토랑, 카페, 상점, 호텔 등이 새롭게 들어서면서 해당 지역이 변화하는 경우가 있었고, 이를 지칭하기 위해 학술적으로 상업적 젠트리피케이션, 부티크피케이션boutiqueification, 소매retail 젠트리피케이션 등의 용어가 쓰이고 있다.[11] 로레타 레스 Loretta Less와 그의 동료들은 중간계급이 주도하는 식민지화와 재-식민지화에 의해서 사회적, 경제적, 문화적으로 변형된 젠트리피케이션이 등장했다고 설명한다. 예를 들어, 중간계급이 녹

와 같은 질적 연구 방법론을 통해 전문직, 지식인, 예술가 들이 젠트리파이어로 참여하는 방식과 그 효과가 무엇인지를 분석하는 논문들이 나오고 있다. 이와 관련해서 서촌, 구로, 한남동을 사례 분석한 신현준의 연구를 참고해볼 수 있다. 신현준, 「오래된 서울에서 진정한 도시 동네(authentic village) 만들기의 곤란」, 『도시연구역사·사회·문화』 14호, 2015, 7~41쪽 ; 신현준, 「'청년'과 '동포' 사이의 도시재생과 문화예술 구로의 산업적 젠트리피케이션/전치와 그 배후의 장소만들기」, 『공간과 사회』, 57권, 2016, 77~114쪽 ; 신현준, 「한남동의 창의계급들과 경합하는 장소들의 생산」, 『한국경제지리학회』, 19권 1호, 2016, 33~50쪽.

11. Loretta Lees, Tom Slater & Elvin Wyly, *Gentrification*, p. 131.

색 주거 공간을 찾아 시골로 이주하면서 벌어지는 시골rural 젠트리피케이션, 기존의 주거 지역을 개선하지 않고 주거 지역이 아닌 곳에 연립주택이나 아파트를 짓는 방식으로 특정 지역의 건조 환경 자체를 새로이 구축하는 신축new-build 젠트리피케이션, 글로벌 도시를 중심으로 금융 투자를 비롯한 경제적인 투자가 이루어지면서 도시의 사회적 변화가 발생하는 슈퍼 젠트리피케이션super-gentrification 등이 있다.[12] 나아가 레스와 그의 동료들은 세계화, 신자유주의, 금융화에 의해서 젠트리피케이션과 관련된 새로운 흐름이 시작되었다고 지적한다. 투기적인 성격이 짙은 외국 자본은 주택 또는 건물 매입을 시도하고, 정부는 그런 자본에 세금을 감면해 준다. 그 결과 거주가 아니라 임대를 할 목적으로 부동산을 구매하는 사례가 증가한다. 즉 세계 곳곳에서 주택이 살기 위한 곳이기보다는 사고팔기 위한 곳으로 바뀌었다는 것을 의미한다. 이처럼 젠트리피케이션은 지구 보편적인 현상이라고 해도 과언이 아니다. 일부 학자들은 도시의 범위가 전 지구적으로 확장되면서, 도시를 중심으로 자본과 노동의 흐름이 통합된다는 의미의 행성적 도시화planetary urbanization라는 개념을 참고하여, 행성적 젠트리피케이션이라는 개념을 고안했다. 행성적 도시화가 도시적인 질서가 세계 곳곳에 이식되고 있음을 의미한다면, 행성적 젠트리피케이션은

---

12. 같은 책, pp. 135~153.

도시적 갈등이 전 세계에서 일반화되었음을 뜻한다. 로레타 레스와 그의 동료들에 따르면, 행성적 젠트리피케이션은 "자본의 축적과 그것의 공간적 고착으로 인해 역사적인 도시, 도시의 변두리, 그리고 시골에 도시 중심적 형식이 만들어지는 것처럼, 전 세계 곳곳의 도시에서 다양한 논쟁의 장소가 나타나는 것"[13]이다.

일찍이 앙리 르페브르Henri Lefebvre는 1970년에 출간한 『도시 혁명』The Urban Revolution에서 행성적 도시화를 통해 도시와 도시적인 문제가 전 지구적 현상이 될 것이라고 예견했다. 르페브르는 도시가 물리적으로 팽창하고 그 외연을 확장하는 현상을 설명하면서, 도시의 삶이 규격화되고, 동질화되고, 상품화되고 있다고 경고했다. 그는 책의 도입부에서 "사회는 완전히 도시화"[14]되었다고 주장하면서 산업화 이후로 시골과 도시의 경계가 무너졌다고 지적했다. 나아가 그는 글로벌 차원의 도시화로 인해 사회 문제가 발생할 수 있다고 주장하면서, 다음과 같이 쓴다. "도시적인 문제인 이데올로기와 제도로서의 도시주의, 전 세계적인 경향으로서의 도시화는 전 지구적인 현실이다. 도시 혁명은 행성적인 현상이다."[15] 이처럼 르페브르가 도시화에

---

13. Loretta Less, Hyun Bang Shin & Ernesto López-Morales, *Planetary Gentrification* (Polity Press, Cambridge, 2016), p. 11.

14. Henri Lefebvre, *The Urban Revolution*, Neil Smith (trans.) (University of Minnesota Press, Minneapolis, London, 2014), p. 1.

15. 같은 책, p. 113.

대해서 비판적인 태도를 견지하는 이유는 도시화 과정에서 발생하는 도시적인 문제가 가시화되지 않은 상태로 남아 있을 가능성이 있기 때문이다. 그는 도시적인 문제가 눈에 보이지 않고 지각되지 않은 상태로 존재하는 경우를 설명하기 위해 '맹점의 영역'blind field이라는 용어를 사용한다. 그는 역사적 단계를 농업의 시기, 산업의 시기, 도시의 시기로 구분한 다음 선행하는 단계와 후행하는 단계 사이에 맹점의 영역이 있고, 바로 이곳에 도시적인 문제가 감추어진 상태로 존재한다고 지적한다. 예를 들어, 도시화 과정에서 인공적인 것이 자연적인 것을 대체하는 경우를 상상해보라. 도시 곳곳에 인공적으로 만들어진 정원, 분수, 공원 등은 자연이 파괴되고 있다는 사실을 감추고, 인공적인 것을 자연적인 것으로 둔갑시킨다. 르페브르는 산업의 영역에서 이성, 법, 권위, 국가, 계급의 이름으로 동질성homogeneity만이 남고, 특이성particularity은 거부된다고 지적한다. 이렇게 되면 산업 영역의 영향을 받은 도시에서 "상이한 장소와 다른 장소"[16]는 사라진다. 이와 관련해서 르페브르는 다음과 같이 말하기도 했다. "도시 공간 안에서, 다른 곳은 모든 곳이며 아무 곳도 아니다."[17]

젠트리피케이션을 직접적으로 언급하지는 않았지만, 르페

16. "different place, other place." 같은 책, p. 38
17. 같은 곳.

브르는 도시 공간이 판에 박힌 듯이 규격화되는 현상을 바라보면서 도시에서 다른 방식으로 거주하기가 점점 불가능에 가까워지고 있음을 경고했다. 그는 명사 '거주공간'habitat과 동명사 '거주하기'habiting를 비교 분석하면서, 이미 19세기 말부터 도시적인 삶에서 거주공간이 거주하기를 밀어냈다고 설명한다.[18] 과거 각기 다른 거주공간에서 각기 다른 삶의 방식으로 살아가던 모습은 사라지고, 비슷한 공간에서 비슷한 삶의 방식으로 살아가는 모습이 보편화되었기 때문이다. 르페브르의 논의는 도시의 삶이 동질적인 거주공간을 중심으로 재편되면서 이질적인 거주하기가 점차 불가능에 가까워지고 있다는 것으로 요약될 수 있다. 이러한 관점에서, 오늘날의 젠트리피케이션 또한 자본과 권력의 개입에 의한 동질적인 시공간의 질서가 도시 사용자들의 실천에 의한 이질적인 시공간의 질서를 억압하는 것으로 설명할 수 있다. 예를 들어, 주거 젠트리피케이션의 결과로 단독주택과 다세대 주택이 사라진 자리에 고층 아파트가 들어서는 현상 또는 소상공인이 운영하는 상점들이 프랜차이즈 상점으로 대체되는 현상이 그러하다. 르페브르는 도시가 동질화되는 것에 맞서기 위해 다른 도시를 위한 재현, 상상, 실천이 뒷받침되어야 한다고 주장한다. 그에 따르면, 도시의 "다름은 아주 현격하게 구분되는 차이에서부터 갈등까지, 장소의 점유자들이

---

18. 같은 책, p. 81.

고려되는 범위까지 확장될 수 있다."[19] 이는 다른 도시를 꿈꾸고 실현하기 위해 도시를 점유하고, 사용하고, 향유하는 사용자들의 욕망과 권리가 존중되어야 한다는 말과 같다. 특히 그는 사용자들의 욕망과 권리가 다른 도시를 상상하는 데서 핵심이 된다고 보았다. 르페브르는 후일 사회적 공간이 상품화되는 과정을 분석한 『공간의 생산』에서도 비슷한 논조를 이어 나간다. 그는 다음과 같이 썼다. "그러므로 사용자들의 침묵은 문제가 된다. 오직 사용자들의 침묵만이 문제가 되는 것이다."[20]

도시 사용자들의 침묵을 극복하기 위해 요구되는 것은 도시 사용자들의 외침이다. 르페브르는 도시에서 살아가기 위해 필요한 모든 권리에 우선하는 것으로 도시권의 필요성을 주장한다. 도시 사용자들은 한때 정치인, 행정가, 건축가, 학자 들에게 넘겨주었던 도시의 삶을 자율적으로 조직할 힘을 되찾으려고 한다. 그들은 도시에 거주하고, 도시를 향유하고, 도시를 변화시킬 수 있는 욕망에 대해 발화하고 그 모든 것을 보장받을 권리가 있다. "도시권은 권리에 관한 최상위 형식으로 그 자신의 모습을 드러낸다. 그것은 자유에 대한, 사회화 과정에서의 개인화에 대한, 거주에 대한 그리고 거주하기에 대한 권리이다. 작품에 대한, 참여에 대한, (자산에 대한 권리와 명백히 구분되

---

19. 같은 책, p. 38.
20. 앙리 르페브르, 『공간의 생산』, 양영란 옮김, 에코리브르, 2011, 519쪽.

는) 전유에 대한 권리는 도시권에 포함되어 있다."[21] 강현수에 따르면 르페브르의 도시권에는 작품으로서의 도시와 작품에 대한 권리, 전유의 권리, 참여의 권리, 도시 중심부에 대한 권리, 차이의 권리와 정보의 권리, 도시 거주자의 권리 등이 포함된다.[22] 여기서 작품이라는 용어는 상품으로서의 도시와 구분하기 위해서 쓰인 것이다. 르페브르는 자본과 권력에 의해 만들어진 상품으로서의 도시와 구별되는 것으로서, 도시 사용자의 참여와 향유에 의해 만들어진 작품으로서의 도시가 가능하다고 주장한다. 그런 점에서, 르페브르의 도시권은 도시 사용자들이 도시의 생산과 소비 모두에 참여할 권리를 의미한다.[23] 이처럼 도시권은 도시의 사용자가 도시의 편익을 도모할 권리, 도시를 향유할 권리, 도시의 정치와 행정에 참여할 권리 등을 아우른다. 일부 학자는 현실 정치와 일상생활에 접목시키기 위해서 이 개념의 의미를 확장한다.[24] 대표적으로, 르페브르의 도시권

21. Henri Lefebvre, Eleonore Kofman and Elizabeth Lebaspp (eds.), *Writings on Cities* (Blackwell, Cambridge, Mass, 1996), pp. 173~174.

22. 강현수, 『도시에 대한 권리』, 책세상, 2019, 28~37쪽.

23. 앙리 르페브르는 "작품은 대체 불가능하고 유일한 것을 가리키는 반면, 생산물은 반복생산 가능하며, 반복적인 몸짓과 행위의 산물"이라고 말하면서, 이를 바탕으로 작품으로서의 도시와 생산물로서의 도시를 구분한다. 그는 베네치아와 같은 도시처럼 특정 공간을 점유하면서 하나의 시간과 연결되어, 탄생과 쇠락 사이에 위치하는 도시야말로 독창적이고 근원적인 하나의 작품이라고 말한다. 앙리 르페브르, 『공간의 생산』, 129~136쪽.

24. 도시권을 열린 개념으로 보면서 이것을 구체적인 담론과 결부한 연구들과 관련해서는 다음을 참고하라. 강현수·황진태 엮음, 『도시와 권리』, 라움,

개념으로부터 영향을 받은 데이비드 하비David Harvey는 도시란 자본의 약탈과 축적이 반복되면서 정치적, 사회적, 계급적 투쟁이 끊임없이 발발하는 장소라고 설명했다. 또한, 하비는 르페브르의 논의를 참고하여 도시민은 "도시 일상생활이 쇠퇴하는 위기에서 비롯하는 실존적 고통에 대한 반응"[25]으로 도시권을 요구한다고 설명했다. 그런 점에서, 젠트리피케이션을 도시적 문제로 간주한다는 것은, 도시 사용자들의 호소와 요구에 귀 기울인다는 것을 의미한다.

2. 도시권의 선언

도시를 다룬 한국 독립 다큐멘터리 상당수는 재개발과 철거로 대표되는 젠트리피케이션 문제에 집중했다.[26] 이러한 작품

2012.

25. 데이비드 하비, 『반란의 도시』, 한상연 옮김, 에이도스, 2014, 9쪽.

26. 대표적인 작품으로는 도시 빈민 연작으로 알려진 김동원 감독의 〈상계동 올림픽〉, 〈벼랑에 선 도시 빈민〉(1990), 〈행당동 사람들〉(1994), 〈또 하나의 세상 : 행당동 사람들 2〉(1999), 풍동 철거민들의 이야기를 담은 김경만 감독의 〈골리앗의 구조〉(2006), 서울 은평구 응암동의 재개발을 다룬 정재훈 감독의 〈호수길〉, 서울 마포구 성미산마을의 대안적인 도시 공동체 만들기에 관한 강석필 감독의 〈춤추는 숲〉(2012), 용산참사를 다룬 김일란, 홍지우 감독의 〈두 개의 문〉(2011)과 이 작품의 후속작이라고 할 수 있는 김일란, 이혁상 감독의 〈공동정범〉(2018), 홍대 두리반 사건을 담은 정용택 감독의 〈파티51〉(2013), 종로구 익선동의 상업적 젠트리피케이션에 관한 정현정 감독의 〈어쩌면 더 아름다웠을〉(2016), 서울 성북구 장위 7구역의 재개발을 다룬 이준용 감독의 〈편안한 밤〉(2018), 서울 서촌의 '궁중족발'을 다룬 최서윤 감독의 〈망

들은 젠트리피케이션 과정에서 도시의 사용자들이 국가, 자본, 권력에 의해서 권리를 박탈당한다는 사실에 주목한다. 여기서 도시 사용자들의 억압된 권리와 그들의 요구는 크게 생존권·주거권·시민권으로 압축될 수 있다.

김동원 감독의 〈상계동 올림픽〉은 젠트리피케이션 과정에서 불거지는 사회적 대립을 선명하게 드러내면서, 그러한 대립적 갈등을 도시 사용자들의 주거권, 생존권, 시민권과 연관해서 다룬다. 1986년 10월, 김동원 감독은 평소 친분이 있던 정일우 신부의 부탁을 받고 "하루 찍으러 들어갔다가 우연히 눌러앉게 되면서 촬영을 하게" 되었다.[27] 촬영 당시 재개발 사업 지구로 선정된 상계동은 일부 주민의 반대에도 불구하고 폭력적인 철거가 이루어지고 있었다. 이에 맞서 주민들은 "빈민 생존권을 부정하는 재개발의 철폐와 도시빈민의 생활권 보장, 구속자 석방, 살인철거 즉각 중단"[28]을 내걸고 대대적인 투쟁을 전개했다. 영화는 1986년 10월부터 1988년 1월에 걸친 상계동 주민의 투쟁을 시간의 흐름을 따라가면서 보여준다. 동시에 상계동, 명동성당, 부천으로 상계동 주민의 주거지가 변화하는 과정을 따라간다. 뒤에서 더 다루겠지만, 다분히 선전 영화의 방식으로 만들어진 이 작품은 한 여성의 보이스오버 내레이션을 통해서

치)(2018) 등이 있다.

27. 강성률·맹수진 외, 『한국 독립다큐의 대부』, 서해문집, 2010, 32쪽.

28. 최인기, 『가난의 시대』, 동녘, 2012, 92쪽.

상계동 주민을 '우리 가난한 자'와 같은 집단적인 결사체로 호명하고, 그들을 중심으로 사회적 연대를 도모한다.

이 영화가 중점적으로 다루는 사회적 갈등은 표면적으로는 치안 권력과 주민들의 대립으로 보이지만, 그 이면에는 국가, 지방 자치단체, 자본 등의 개입이 있다. 일반적으로 한국의 주택 재개발은 공영재개발, 자력재개발, 합동재개발로 분류된다. 각각의 재개발은 사업 주체가 다르다. 공영재개발은 공공이, 자력재개발은 주민이, 합동재개발은 토지소유주와 건설업체가 재개발을 주도한다. 전두환 정권 당시인 1980년 초반까지만 해도 공영재개발이 지배적이었지만, 기존의 주거지를 철거하는 과정에서 사회적 갈등이 발생하자 1982년부터 합동재개발이 본격적으로 활용되었다. 합동재개발은 토지 소유주와 가옥주에게 후일 건설될 아파트의 분양권을 보장해 주는 대신 그들이 재개발 조합을 구성해 건설 회사와 함께 개발을 주도하게끔 한다. 공영재개발과 합동재개발은 시행 주체가 다르기에 재개발 과정에서 불거지는 갈등의 양상 또한 다르게 나타난다. 공영재개발이 정부와 가옥주 사이의 갈등을 낳는다면, 합동재개발은 가옥주와 세입자 또는 시공사와 세입자의 갈등을 초래한다. 결국, 합동재개발은 기존의 주택을 철거하고 새로운 주택을 건설하는 과정에서 야기되는 일련의 "폭력성을 은폐"[29]하기 위한 국가 전략으

---

29. 같은 책, 83쪽.

로 볼 수 있다. 로레타 레스를 비롯한 일부 학자는 1980년대의 한국 정부가 주도한 합동재개발이 국가가 개입하여 도시의 하부 구조를 대대적으로 바꾸어 놓은 메가-젠트리피케이션mega-gentrification에 해당한다고 본다. 특히 상계동 재개발은 "독재 정권이 집을 잃고 내쫓긴 사람들에게 부여한 야만성"이 여실히 드러난 사례 중 하나라고 설명했다.[30]

〈상계동 올림픽〉은 젠트리피케이션을 겪은 당사자인 상계동 주민을 좁게는 도시 빈민으로, 넓게는 민중으로 호명한다. 영화는 한 여성의 보이스오버 내레이션을 통해서 상계동 주민의 처지를 대변한다. 그 여성 화자는 상계동 주민을 '우리'로 호명함으로써 관객이 상계동 주민과 일치감을 형성할 수 있도록 한다. 영화가 전개되면서 우리의 범위는 확장된다. "우리 상계동", "우리 철거민", "우리 세입자"와 같은 방식으로 호명된 이들은 관료, 경찰, 용역, 부동산 투기인, 가옥주, 건설사로 대표되는 이들과의 대립 구도를 형성한다. 이러한 적과 동지의 구분을 통해서 당대 도시 재개발 과정에서 권리를 박탈당한 도시 빈민이 하나의 집단적 결사체를 구축한다. 이야기가 전개되는 과정에서 상계동 주민은 공권력의 탄압을 피해 명동 성당에 임시 거처를 마련해 약 300일 동안 머무른다. 그즈음 1987년 6월 10일 민

30. Loretta Less, Hyun Bang Shin & Ernesto López-Morales, *Planetary Gentrification*, p. 184.

주화 항쟁이 일어났고, 시청 일대에 결집했던 시위대는 경찰병력에 수적으로 열세를 보이는 가운데 명동 성당으로 물러나 그곳에서 농성을 벌였다. 이 과정에서 민주화 운동과 빈민운동이 명동 성당에서 조우할 수 있었다. 이 역사적 우연은 당시 명동 성당을 중심으로 민주화 운동에 참여한 학생, 농민, 시민, 종교인과 상계동 출신의 도시빈민을 하나로 만들었다. 영화 속 여성 화자가 말하는 것처럼 상계동 주민들은 "민주화 대열에 한몫"을 하는 사람들이 될 수 있었다. 이처럼, 영화는 젠트리피케이션에 의해 집을 잃고 쫓겨난 상계동 주민을 철거민, 도시 빈민, 민중 등으로 호명한다. 나아가 상계동 주민들이 주택재개발과 강제철거라는 특수한 상황 속에서 사회적, 정치적, 법적으로 권리를 박탈당했지만, 그 모든 권리는 그들이 응당 보장받아야 하는 것임을 주장한다.

젠트리피케이션 과정에서 도시민은 도시에 거주할 권리와 도시의 생산 과정에 참여할 권리 일체를 박탈당한다. 앞서 살펴본 것처럼, 도시권을 주장했던 앙리 르페브르는 도시를 사용자들이 집단 창작으로 구성한 하나의 작품oeuvre이라고 주장한다. 그는 "만약 도시를 특정 역사적 그리고 사회적 '행위자들'의 작품으로 간주한다면, 그 행위와 결과, 그 집단과 그들의 '생산물'은 분명 그들과 분리되지 않은 상태로 동일시될 수 있다"고 썼다.[31] 하지만 하나의 작품으로서 생산된 도시를 향유할 수 있는 권리인 도시권의 중요성은 자본주의 도시가 소비를 조장하는 장소인 동시에 장소 그 자체가 소비되는 곳으로 변해가면서 억압되거나 사라질 수 있다. 자본주의 도시의 논리가 지배적일수록 작품으로서의 도시는 상품으로서의 도시로 변화할 가능성이 크기 때문이다. 르페브르는 자본이 도시를 사유화하거나 상품화하는 전략에 맞서 도시를 전유appropriate할 필요가 있다고 주장한다.

이와 관련해서 2000년대 이후에 제작된 일부 한국 독립 다큐멘터리들이 상업적인 젠트리피케이션과 대안적인 도시 공동체와 관련된 문제를 다루면서 도시 사용자들의 도시 전유에 대해서 고찰했음에 주목해볼 필요가 있다. 〈파티 51〉은 2009년 당시 서울 동교동 삼거리 근방에 위치한 식당 '두리반'이 재건축 시행사로부터 정당한 보상을 받지 못하고 퇴거 조치를 당하자 이에 반발한 식당 측의 농성에 홍대 인디 씬에서 활동하는 음악가들이 연대한 사건을 기록하고 있다. 영화는 '두리반'을 중심으로 벌어지는 젠트리피케이션이 문화적 공간을 구성하려는 힘과 상업적 공간을 구성하려는 힘의 마주침이라고 이야기한다. 한편, 강석필 감독의 〈춤추는 숲〉의 경우 서울시 마포구 성산동에 위치한 성미산 마을의 젠트리피케이션을 통해서 대안적인 도시 공동체의 가능성을 타진하는 작품이다. 성미산 마을은 1990년대 중반 이후 젊은 맞벌이 부부들이 모여 공동육아

---

31. Henri Lefebvre, *Writings on Cities*, p. 103.

방식을 모색하면서 만들어진 곳으로, 이후 공동육아와 협동조합이 주민 자치로 형성되었다는 소식을 듣고 서울 각지에서 이주해 온 사람들이 어우러져 대안적인 마을 공동체로 거듭났다. 이 작품은 대안적인 마을 공동체 만들기에 참여하고 문화적인 삶의 향유를 위해 성미산 마을로 이주해 온 젠트리파이어들의 이야기를 다루고 있다는 점에서 기존의 재개발을 다룬 작품들과 차별화된다.

이처럼 한국 독립 다큐멘터리가 제기하는 젠트리피케이션의 양상은 다양하지만, 작품 대부분이 도시에 거주하는 사람들에게 긴급하게 보장되어야 하는 일련의 권리가 있음을 지적하고 있다는 공통점이 있다. 강현수는 도시권에 대한 자신의 연구 서두에서 2009~2010년 당시 한국의 도시적인 문제로 거론된 성미산 마을, 두리반, 용산 참사 등이 여러 이해관계가 복잡하게 얽혀 있는 사안이기 때문에 그것을 실정법의 차원에서 이해하거나 해결하기에는 한계가 있다고 일갈한다.[32] 이는 자본주의 도시가 배제와 약탈을 통해서 자본의 축적을 달성하며, 그 과정에서 권리를 박탈당한 사회적 약자들의 반란은 필연적이라는 데이비드 하비의 논지와 일맥상통하는 부분이다. 하비는 오늘날의 도시 공간은 그것의 지리적 규모를 끊임없이 확장하는 방식으로 자본의 축적에 기여하면서, 도시의 거주자들로부

---

32. 강현수, 『도시에 대한 권리』, 7~9쪽.

터 그들의 도시권을 박탈하는 창조적 파괴가 끊임없이 이루어지는 곳이라고 설명한다. 그는 도시권에 대한 선언이 긴급하다고 말한다. "부의 축적을 지향하는 경제가 약탈 위주의 경제에 폭력적으로 올라탈 때 빚어지는 창조적 파괴의 순간을 예리한 눈으로 주시해야 한다. 또한 소외당하고 약탈당하는 사람들의 이익을 위한 도시권을 선언해야 한다."[33]

도시권의 긴급성을 알리는 작품으로는 2009년 1월 20일에 용산4구역에서 벌어진 용산 참사를 다룬 〈두 개의 문〉이 있다. 이 영화가 다루고 있는 용산 참사는 정부 차원에서 수립하고 대기업이 참여한 '용산국제업무지구' 사업과 관련이 있다.[34] 용산4구역은 2006년 4월 도시환경정비사업 구역으로 지정되었고, 2008년 5월 관리처분 인가를 받은 상태에서 40층 높이의 주상복합 아파트가 들어설 예정이었다. 하지만 철거에 따른 보상 문제를 두고 건설사와 일부 세입자 간에 갈등이 발생했고, 양측 사이에서 적절한 협의와 논의가 이루어지지 않은 채로 철거가 이루어지면서 건설업체가 고용한 용역 업체가 일방적으로 철거를 강행하고 세입자들이 이를 저지하는 과정이 반복되었

33. 데이비드 하비, 『반란의 도시』, 60쪽.
34. 이 사업은 2005년 건설교통부가 최초의 계획을 수립했고, 2007년 8월 구체적인 계획이 공개된 다음 삼성물산이 실질적인 경영권을 획득하면서 본격화되었다. 용산 참사가 일어난 용산4구역은 전체 사업비만 28조 원에 달하는 초대형 개발사업의 일부였다. 홍석만, 「용산참사의 정치경제학」, 『마르크스주의 연구』 14호, 2009, 15쪽.

다. 급기야 2009년 1월 19일 오전 3~5시경에 일부 세입자와 철거민이 모여 남일당 건물 옥상에 망루를 짓고 농성을 했다. 농성 시작 25시간 만인 1월 20일 새벽 6시 30분경 경찰특공대의 진압 작전이 이루어졌고, 그 과정에서 농성자 5명과 경찰특공대원 1명이 숨지는 참사가 발생했다. 이처럼 용산4구역에서 일어난 사건은 국가와 자본이 결탁하여 영세 상인으로 구성된 도시 거주자들의 생존권을 위협하고, 그들의 권리를 폭력적으로 앗아가는 과정에서 벌어진 비극이었다. 박래군에 따르면, 용산 참사는 "생명권부터 생존권, 주거의 권리, 그리고 집회·시위와 어떤 폭력으로부터도 보호받아야 할 신체의 자유 등의 권리를 총체적으로 국가가 나서서 또는 사적 폭력-자본의 폭력 뒤에 숨어서 방조한 가운데 일어난 사건"이었다.[35]

〈두 개의 문〉은 용산 참사가 정치적인 것의 논리에 의해서 빚어진 비극임을 보여주는 작품이다. 프랑스 철학자 자크 랑시에르Jacques Rancière에 따르면, 정치적인 것은 통치의 과정과 평등의 과정의 마주침으로 구성된다. 통치의 과정은 사람들을 공동체로 결집시키고 그들의 자리와 기능을 위계적으로 배분하는 것이며, 평등의 과정은 사람들 사이의 평등을 전제하고 그것을 입증해나가는 일련의 실천으로 이루어진 것이다. 랑시에르는 통치를 치안으로, 평등을 해방으로 바꿔 말하기도 한다.

---

35. 박래군, 「용산 참사'로부터 생각하는 인권」, 『실천문학』 94호, 2009, 218쪽.

그는 치안이 단순히 평등을 부인하는 것이 아니라 "모든 치안은 평등을 방해한다"[36]고 주장한다. 치안이 평등을 부인한다는 것은, 치안과 평등이 서로 구분되는 논리와 영역을 갖고 있음을 뜻한다. 이런 경우 치안과 평등은 공통의 영역에서 마주치지 못한다. 치안이 평등을 반대하거나 평등이 치안을 방해한다는 것은, 두 힘이 하나의 무대에서 서로를 겨누며 상대를 가늠한다는 것을 뜻한다. 랑시에르가 말하는 정치적인 것은, 공동체를 위계적으로 다스리는 힘으로서의 치안이, 공동체 구성원 간의 수평적 관계를 정립하려는 힘으로서의 평등을 방해하는 것을 의미한다. 즉, 정치적인 것이란 치안과 평등이 맞부딪치는 지점이다. 이와 같은 정치적인 것의 논리에 따르자면, 용산 참사는 특정 도심의 재개발을 통해서 그 지역 거주자들의 자리와 기능을 새롭게 조직하려고 했던 정부와 자본의 계획, 그리고 생존권에 대한 보장을 요구하면서 정부와 자본의 계획에 저항하는 자들의 요구가 충돌한 경우라고 볼 수 있다. 도시를 통치하는 권력과 도시에 거주할 권리 사이에서 발생한 정치적인 갈등이 도시적 재난으로 비화되었다.

용산 참사는 정치적인 것의 두 요소인 치안과 평등의 관계가 비대칭적인 상태에서 발생한 경우이다. 〈두 개의 문〉은 이를 입증하기 위해 해당 사건이 발생하기 직전에 치안 권력이 지나

---

36. 자크 랑시에르, 『정치적인 것의 가장자리에서』, 양창렬 옮김, 길, 2008, 135쪽.

치게 비대해졌다는 사실을 단계적으로 보여준다. 이 작품 전체를 놓고 보면, 용산 참사 직전에 있었던 이명박 대통령의 집권을 통한 정권의 보수화, 치안 질서 유지 및 강화, 경찰 조직 개편 등이 용산 참사와 밀접한 연결 고리를 맺고 있었다는 것을 알 수 있다. 영화는 시작과 동시에 "2008년 2월 이명박 대통령 취임 1개월 후"라는 자막을 보여준 다음 여러 뉴스 영상을 나열하면서, 당시 정부가 불법 집회에 대해 무관용의 원칙을 적용했다는 사실을 밝힌다. 그리고 영화 중반부에는 용산 참사가 일어나기 직전인 2009년 1월 18일, 당시 김석기 서울청장이 경찰청장으로 내정되었다는 뉴스 영상을 보여준다. 이러한 뉴스 영상 배치를 통해 용산 참사 현장에서 경찰의 폭력적인 진압에 대한 명령이 상부로부터 하달되었을 것이라는 추측을 제기한다. 그러한 의심은 실제 법정에 섰던 경찰과 경찰특공대 관계자 대부분이 명령을 내린 사람에 대해 함구했다는 사실을 통해서 증폭된다. 〈두 개의 문〉은 망루에서 발생한 죽음의 원인을 구체적으로 묻지 않는다. 방화의 원인은 누구에게 있으며, 농성자 5명과 경찰특공대원 1명의 목숨을 앗아간 직접적 원인과 책임 소재는 누구에게 있는가 같은 질문에 대한 대답은 이 영화의 관심사 바깥에 있다. 오히려 영화는 치안 권력이 작동하는 방식과 그것의 최종 심급이 무엇인지에 대해서 생각해 볼 수 있는 방향으로 용산 참사를 재구성하면서, 이를 통해 궁극적으로 용산 참사의 책임은 누구에게 있는가를 따져 묻는다. 다시 말해, 영화는 가해자와 피해자를 가르는 이분법적 사고를 피하는 대신 용산 참사의 궁극적 원인을 제공한 것으로 간주될 수 있는 국가의 역할과 책임에 대해 비판적으로 사고할 수 있는 여지를 남겨 둔다.

〈두 개의 문〉은 눈에 보이지 않는 국가 폭력을 소환했다. 이를 위해서 이 영화는 도시적 문제를 다루는 작품의 핵심 구성 요소로 간주되는 것들 중 일부를 의도적으로 배제했다. 예를 들면, 이 작품에는 젠트리피케이션을 기록한 기존의 한국 독립 다큐멘터리가 관습적으로 다루었던 도시 재개발 과정에 대한 설명과 피해당사자의 증언이 생략되어 있다. 그 "부재의 과잉"[37] 을 통해 피해당사자의 이야기가 있어야 할 자리에 법정의 증언과 증거 영상이 배치되었고, 그 자료를 의도적으로 재구성하여 사건의 배후에 있을 것으로 추정되는 권력을 구체화하고자 했다. 이러한 방식은 실정법이 다룰 수 없는 영역의 문제, 즉 "법적으로 물을 수 없는 것을 묻기"[38] 위한 연출자의 과도한 개입으로 볼 수 있다. 다시 말해, 이 작품은 용산 참사의 배후로 의심되는 국가 폭력이라는 추상적 존재에 대해서 의문을 제기하기 위해 관습적인 다큐멘터리에 요구되는 당사자성을 과감하게 생략하고, 그 자리를 법정 증거와 증언으로 채웠다. 그리고 이

---

37. 유운성, 「부재의 구조화와 '분리'의 전략」, 『플랫폼』 35호, 2012, 62쪽.
38. 같은 곳, 65쪽.

를 바탕으로 영화 속에서 최종 심급으로서의 치안 권력 혹은 국가 권력에 대한 비판적 입장을 반영했다. 물론, 〈두 개의 문〉이 국가를 소환하는 방식과 관련하여 연출자의 미학적 그리고 윤리적 선택에 대해 논하는 것이 이 장의 목적은 아니다. 중요한 것은 이 작품이 다루고 있는 젠트리피케이션이 가시적인 힘들의 작용보다는 비가시적인 힘들의 작용을 통해서 도시권의 희생을 야기하고 있다는 점이다. 이 영화를 통해서 우리가 얻을 수 있는 교훈이 있다면, 그것은 도시권이 눈에 보이는 힘 그리고 눈에 보이지 않는 힘에 대한 저항 속에서 출현한다는 것이다.

3. 도시적 문제의 감각적 사유

한국 독립 다큐멘터리는 오랜 시간 동안 젠트리피케이션에 개입하여 그것을 영화화하는 과정에서 뚜렷한 성과를 남겼지만 동시에 한계를 드러내기도 했다. 우선 젠트리피케이션을 영화적으로 기록하는 방식에서 일련의 관습에 의존했다는 점이다. 이를테면, 가해자와 피해자, 개발자와 원주민, 이주하는 자와 쫓겨나는 자의 대립과 갈등의 서사가 있고, 젠트리피케이션을 당하는 사람들의 목소리를 생생하게 담아, 결과적으로 휴머니즘적인 메시지를 전달하는 다큐멘터리들이 다수 제작되었다. 이처럼, 원인과 결과 또는 문제와 해결에 초점을 두는 관습은 복합적인 힘과 이해관계가 얽혀 있는 젠트리피케이션을 가진 자와 가지지 못한 자의 적대적 관계로 단순화하고, 젠트리피케이션 과정에서 발생하는 물리적 충돌을 전시하는 방식이 굳어졌다. 이로 인해 젠트리피케이션을 기록하는 다큐멘터리는 하나의 유사-장르로 묶일 수 있는 것처럼 여겨졌다.

젠트리피케이션을 포함한 도시의 문제를 다루기 위해 기존의 관습을 경계하고 새로운 스타일을 정립하려는 시도들은 2010년을 기점으로 간헐적으로 등장하기 시작했다.[39] 이 작품들은 한국 독립 다큐멘터리가 전통적으로 취해왔던 액티비즘 경향으로부터 거리를 두면서 연출자의 주관성과 자기 반영성을 앞세운 실험적인 다큐멘터리들이었다. 주목해야 할 것은 이 작품 대부분이 연출자의 시선으로 관찰하거나 연출자의 경험을 반영하는 방식으로 도시적인 문제를 다루었다는 점이다. 기존의 다큐멘터리가 지향했던 객관적이고 사실적인 요소를 포함하면서도 경험적, 주관적, 감각적 표현 방식을 지향했다. 결국, 이 작품들은 연출자의 경험에 입각해 도시를 보여주고, 도시에 대해 말하고, 도시에 대해 질문을 던졌다.

---

39. 대표적으로 〈호수길〉, 〈테이크 플레이스〉(박용석, 2009), 〈용산〉(문정현, 2010), 〈두리반 발전기〉(이원우, 2012), 〈붕괴〉, 〈아들의 시간〉(원태웅, 2014), 〈일〉(박수현, 2016), 〈표류인〉(백고운, 2016), 〈콘크리트의 불안〉(장윤미, 2017), 〈어쩌면 더 아름다웠을〉(정현정, 2016), 〈당산〉(김건희, 2017), 〈개의 역사〉(김보람, 2017), 〈거대 생명체들의 도시〉(박군제, 2018), 〈환영의 도시〉(정한, 2018), 〈방문〉(명소희, 2018) 등이 거론될 수 있다.

앙리 르페브르는 도시 분석에 경험적인 영역을 도입한 선구자 가운데 한 명이기도 하다. 그는 『공간의 생산』에서 도시의 형식, 기능, 구조, 차원, 영역, 실천 등을 분석의 대상으로 제시하고, 구체적인 방법론으로 생명체의 몸을 활용할 것을 제안했다. 사회적 공간을 생산하기 위해 건축가, 공무원, 도시 계획가가 상상하는 공간은 추상적이고, 관념적이고, 절대적인 것이기에 사회적 실천을 담을 수 없는 텅 비어 있는 공간에 가깝다. 반면, 사회적 실천을 통해서 경험되는 공간은 몸과 에너지의 배치에 따라서 생산되고 재생산되는 공간이다. 인간의 사회적 실천에 의해서 도시가 만들어지고, 소멸하고, 다시 만들어지는 그 중심에 인간의 신체가 있는 것이다. 르페브르는 생명체가 태어나고 소멸하는 과정에서 경험하는 일련의 실천들, 즉 그것이 주변의 에너지를 포획하고 그와 동시에 주변의 남아도는 에너지를 낭비하는 활동을 통해 무언가를 끊임없이 생산하고, 소비하고, 재생산한다는 점에 주목했다. 그리고 이런 관점에 따라서, 모든 생명체의 몸은 공간을 점유하면서 공간을 생산한다고 보았다. 르페브르는 몸이야말로 그 자체로 하나의 공간이며 공간 분석의 도구가 될 수 있다면서 다음과 같이 썼다. "반복적인 것 속에서 차이를 포착해냄으로써 반복적인 것을 통해 새로운 것을 발명해내는 것이 바로 몸이 아닌가?"[40]

---

40. 앙리 르페브르, 『공간의 생산』, 306쪽.

몸을 측량과 분석의 도구로 삼았던 르페브르의 도시 분석 방법은 후일 리듬분석이라는 독창적인 방법론으로 발전한다. 그에 따르면, "몸과 그 주변에서는 물의 표면이나 액체의 흐름 속에서처럼 여러 리듬들이 공간과 연결된 상태로 서로 만나고 교차하며 포개진다."[41] 그렇기에 몸을 도구로 한 리듬분석을 활용하면, "리듬을 구체적으로 분석할 수 있을 뿐 아니라 리듬의 활용(전유)도 발전시킬 수 있다. 리듬분석으로 매개를 통해서만 드러날 수 있는 리듬, 즉 간접적인 효과와 표현을 새롭게 발견할 수도 있다."[42] 르페브르는 리듬분석이 지극히 사변적일 수 있지만, 그것이 사회적으로 은폐된 도시, 국가, 상품의 관계와 흐름을 포착하는 데 효과적이라는 점을 강조했다. 그는 자신의 리듬분석의 최종목표가 한편으로는 순환적이면서 다른 한편으로는 선형적이기도 한 도시의 삶의 질서 속에서 차이와 반복의 관계를 찾아내는 것이라고 말했다. "리듬이라는 개념 속에 이미 내포된 차이와 반복의 관계를 실재의 리듬 속에서 발견하고 인식해야 한다."[43]

2010년 이후에 등장한 일부 실험적인 한국 독립 다큐멘터리들은 반복되는 일련의 사건과 행위 들을 포착하는 방식으로 젠트리피케이션 같은 도시적인 문제에 접근했다. 재개발 지역의

41. 같은 책, 308쪽.
42. 같은 곳.
43. 앙리 르페브르, 『리듬분석』, 정기헌 옮김, 갈무리, 2013, 61쪽.

낮과 밤이 교차하는 〈호수길〉, 〈일〉, 떠나는 것과 머무르는 것이 되풀이되는 〈표류인〉, 〈어쩌면 더 아름다웠을〉, 〈개의 역사〉, 〈방문〉 등은 작품 전체에 걸쳐서 유사한 시공간의 질서가 반복된다. 여기서 반복은 절대적으로 동일한 것의 반복이라기보다는 짝수 혹은 홀수의 나열처럼 특정한 규칙에 의해서 어떤 사건이 유사한 형태로 되풀이되는 것을 뜻한다. 르페브르는 반복을 크게 낮과 밤이나 파도의 조수처럼 긴 주기를 두고 되풀이되는 순환론적인 것과 망치질이나 메트로놈처럼 짧은 주기를 두고 반복되는 선형적인 것으로 구분한다. 전자는 주로 자연적인 주기에 그리고 후자는 주로 사회적인 주기에 해당한다. 르페브르에 따르면, 이 "거대한 순환 리듬은 고유한 주기로 시작과 끝을 반복"하고, 그 리듬 속에서 "순환적인 것과 선형적인 것의 대립적 통일은 때로는 타협을, 때로는 충돌을 낳는다."[44]

비유적으로 표현해보면, 정재훈의 〈호수길〉은 재개발에서 나타나는 낮과 밤의 변증법으로 이루어진 작품이라고 할 수 있다. 이 작품은 촬영 당시 연출자가 거주하고 있던 서울시 은평구 응암 2동의 주택 재개발 과정을 기록한 것으로, 2006년 가을부터 2008년 11월까지 간헐적으로 이루어진 촬영 끝에 완성되었다. 영화는 정, 반, 합의 논리를 따르듯이 재개발이 이루어지기 직전의 평온한 마을의 풍경을 낮 시간대를 중심으로 보여

44. 같은 책, 64쪽.

주고, 재개발이 진행되면서 마을에 공포의 분위기가 감도는 모습을 밤 시간대와 낮 시간대를 교차하면서 보여준다. 그리고 영화 마지막 장면에서 굴착기가 어느 집 한 채를 파괴하는 장면을 긴 호흡으로 보여준다. 나는 이 책의 7장 「이 지루함을 어떻게 견딜 것인가」에서 이 영화의 시간적 구조와 관련해서 "낮이 살아 있는 것들을 위한 시간이라면 밤은 죽어가는 것들을 위한 시간이다. 이 대립적 설정의 변증법은 밤의 논리가 낮의 논리 안으로 침투하는 이 영화의 마지막 장면에서 종합의 상태에 이른다"고 썼다. 이것은 연출자가 직접 젠트리피케이션을 장기간에 걸쳐 몸으로 체험하는 과정에서 그것의 시공간적 질서를 차이와 반복 혹은 변화와 지속의 흐름 속에서 포착했다는 말과 같다. 이와 관련해서 신은실은 비록 이 작품에는 대사, 내레이션, 배우, 드라마 등이 부재하더라도 그것을 풍경이 대신하고 있으며, 그 풍경은 "실제로 그 속에 거하는 만물과 그들의 감정을 담아내는 것이다."[45]라고 썼다.

〈호수길〉은 젠트리피케이션이 진행되는 도시 공간의 되풀이되는 시간 속에서 공포, 죽음, 불안, 파괴의 기운을 포착해낸다. 실제로 영화는 형식적으로나 내용적으로나 파괴와 관련이 있다. 김지훈에 따르면, 정재훈 감독은 디지털카메라를 활용해 "파괴와 소멸에 직면한 세계와 주체에 대한 자신의 감각과 인

---

45. 신은실, 「호수길」, 『독립영화』, 통권 39호, 2009, 130쪽.

식을 불투명하고도 친밀하게 기입한다."[46] 즉, 연출자의 몸에 기입된 재개발의 파괴의 논리와 그것의 감각을 영화적으로 표현하고 있는 것이다. 영화 전반부, 재개발이 본격적으로 이루어지기 전의 평온한 마을을 보여주는 장면에서 감독은 마을에 산책 나온 사람들과 놀이터에서 놀고 있는 아이들을 카메라로 기록한다. 하지만 그 평온한 마을의 풍경은 연출자가 인위적으로 이미지를 조작하고 구성하는 과정에서 불투명해진다. 예를 들어, 고정된 상태로 풍경 속의 인물을 담아내던 카메라가 갑작스럽게 원거리에 있는 대상을 극단적으로 줌-인할 때 화면 속 이미지는 픽셀이 깨진 상태로 출력된다. 이외에도 날카로운 기계음, 유리창 깨지는 소리, 개 짖는 소리가 쓰레기와 폐허로 가득한 재개발 지역의 풍경과 불협화음을 이룰 때 영화 속 공간을 지배하는 파괴의 논리가 드러난다. 이처럼 〈호수길〉은 낮과 밤, 생과 사, 생성과 소멸의 순환론적인 반복 속에서 재개발 지역의 반복되는 일상이 매 순간 차이를 생성하면서 흘러가고 있다는 것을 감각적으로 그려낸다.

비슷한 방식으로 차이와 반복의 구조를 활용하면서 도시의 리듬 속에서 도시 거주자들의 추억, 기억, 욕망 등을 표현하고 읽어내는 경우가 있다. 장윤미 감독의 〈콘크리트의 불안〉은

---

46. 김지훈, 「정재훈, 임철민, 디지털 실험 다큐멘터리」, 『아시아영화연구』 12권 3호, 2019, 23쪽.

1969년 서울 성북구에 세워진 스카이아파트가 2017년 1월 철거되기 직전의 모습을 보여주면서 보이스오버 내레이션으로 아파트에 관한 감독의 유년기 기억과 경험이 부분적으로 반영되어 있는 한 편의 에세이를 들려준다. 다시 말해, 이 영화는 시각적인 부분에서는 스카이아파트라는 구체적인 대상을 보여주면서 청각적인 부분에서는 어떤 아파트에 관한 한 편의 에세이를 들려준다. 영화가 시작하면 높은 언덕에서 스카이아파트 일대를 360도 패닝으로 촬영한 장면이 등장한다. 곳곳에 아파트가 솟아 있는 그 도시의 풍경 위로 감독의 목소리로 녹음한 "근육 없는 물컹한 아기의 몸에서 처음 난 딱딱한 그 무엇. 잘 감추어 두었는데 난데없이 툭 삐져나온 뼈처럼 낯설기도 하고, 뿌린 씨가 자라 맺은 열매처럼 신비롭기도 하다."는 내레이션이 덧입혀진다. 감독은 시각적으로 아파트를 보여주면서 청각적으로 아이의 젖니에 관한 이야기를 들려줌으로써 도시의 아파트와 인간의 신체를 유비적인 관계에 놓는다. 이후 영화는 스카이아파트를 둘러싼 풍경과 그 건물의 내부와 외부를 세밀하게 보여주면서 가난을 극복하기 위해 아파트를 욕망했던 한 가족의 이야기를 일인칭 시점으로 들려준다. 이러한 이야기가 스카이아파트와 직접적인 관련이 있는지, 또 그 이야기들이 실제 감독의 자전적 경험인지에 대한 판단은 이 영화의 감상에 절대적으로 중요한 요소라고 보기 힘들다. 이 영화는 스카이아파트라는 특정 건축물을 소재 삼아 아파트에 얽힌 감독의 자전적 이야기를 들려주면서도 그와 동시에 아파트를 욕망하게 만드는 도시적 질서에 관해 생각해볼 수 있는 여지를 주고 있다. 다시 말해, 이 영화는 객관적 실재로서의 아파트를 매개로 아파트에 관한 실재적, 주관적, 가상적 이야기를 자유롭게 전개한다.

도시에 대한 경험적 접근을 통해 젠트리피케이션을 다루었던 일부 작품은 도시에서 억압되거나, 사라지거나, 감추어지는 것들이 있다는 사실을 기록하고 그것을 감각적인 방식으로 표현하려고 했다. 그러한 작품들은 도시의 삶에서 특정 공간, 장소, 대상이 사라지는 일이 되풀이되고 있으며, 그로 인해 대중적인 무감각과 망각이 발생한다는 것을 지적하고 있다. 이와 관련해서 정현정 감독이 연출한 〈어쩌면 더 아름다웠을〉은 많은 시사점을 준다. 이 작품은 서울시 종로구 내에서도 한옥이 밀집되어 있는 주거 지역으로 잘 알려진 익선동의 변화를 기록했다. 촬영이 진행될 당시 이곳에서는 상업적인 젠트리피케이션이 벌어지고 있었다.[47] 감독은 익선동에 오래된 세탁소가 곧 문을 닫게 된다는 사실을 우연히 알게 되었다. 이후 현장을 방문한 감

---

47. 2019년 국토연구원은 젠트리피케이션 현상의 발생과 심화를 초기, 주의, 경계, 위험의 4단계로 구분해서 그 값을 서울 용산구, 종로구 일대에 적용한 바 있다. 이 연구에 따르면, 서울 종로구의 익선동은 2015년~2017년 사이에 이미 경계 단계에 해당하는 현상들이 나타났었다. 그것은 익선동에 자본이 지속적으로 유입되면서 그 지역 일대에 부동산 시세가 상승하고 유동 인구와 매출액이 증가하는 변화가 나타났음을 뜻한다. 다음을 참고하라. 이진희 외, 『도시경제기반형 젠트리피케이션 지표개발 및 활용방안 연구』, 국토연구원, 2019.

독은 익선동의 골목 모퉁이에 위치한 이 오래된 세탁소를 관찰자적인 양식에 입각해서 촬영했다. 영화는 세탁소의 대각선 방향에 카메라를 설치하여 세탁소 주인의 일상을 기록했다. 다소 정적인 흐름을 유지하던 영화는 시간이 지나면서 익선동을 방문한 관광객과 이방인으로 인해 동적인 흐름을 갖게 된다. 세탁소 내부의 오래되고 정적인 시간은 세탁소 외부의 새롭고 동적인 시간과 기묘하게 공존한다. 과거와 현재, 거주자와 방문자, 정적인 흐름과 동적인 흐름이 만들어내는 이중성은 익선동이라는 도시적 공간이 맞닥뜨린 변화와 관련이 있다. 이 도시적 흐름을 포착한 이후 영화는 세탁소 내부와 그곳을 점유하고 있는 세탁소 주인의 삶에 더 가까이 다가간다. 결과적으로 세탁소는 문을 닫고 주인은 그곳을 떠나지만, 카메라는 앞으로 익선동의 방문객들이 기억하지 못할 그 공간의 과거를 영화라는 매체를 빌려서 기록하는 데 전념한다. 영화는 제목 그대로 도시의 속도전과 자본의 흐름에 밀려 뿌리 뽑힌 사람들이 있었음을 기억하는 것 자체가 '어쩌면 더 아름다웠을' 도시를 꿈꾸는 것이라고 말하는 듯하다.

지금까지 살펴본 것처럼, 2010년 전후로 젠트리피케이션을 실험적인 방식으로 기록하고 표현하려는 시도가 이어졌다. 그 것은 젠트리피케이션을 원인과 결과의 관점에서 바라보기보다는 그 과정에서 일어나는 과거와 현재의 변화를 일상적인 감각으로 포착하는 작업에 가까웠다. 르페브르가 제안한 리듬분석에 가까운 방식으로 도시의 변화를 기록했던 이 영화들은 한 편으로는 젠트리피케이션의 논리에 따라 파괴되는 일상의 모습을 포착하고 다른 한편으로는 그러한 변화의 흐름 속에서 도시에 얽힌 추억, 기억, 욕망 등이 흔적 없이 사라지는 현상을 감각적으로 표현했다. 이 두 개의 경향은 도시가 동질화되는 과정에 대한 세밀한 기록인 동시에 동질적인 도시를 생산하는 힘에 맞서는 이질적인 도시에 대한 상상이라고 볼 수 있다.

도시화가 전 지구적인 현상이 되고 도시 자체가 하나의 거대한 상품으로 탈바꿈하고 있는 오늘날 젠트리피케이션은 도시가 동질화되어가고 있음을 보여주는 증거이다. 젠트리피케이션은 동질적인 시공간의 질서가 이질적인 시공간의 질서를 침범하는 과정이다. 그리고 그런 동질화의 원리를 따라서 생산과 재생산을 반복하는 도시는 다른 삶의 방식을 허용하지 않는다. 이런 관점에서 보자면, 최근 한국 독립 다큐멘터리에서 젠트리피케이션을 소재로 하여 도시를 다르게 감각하고, 도시를 다르게 사유하려고 하는 시도 자체를 일종의 저항으로 간주할 수 있다. 그것은 르페브르가 지적한 도시권의 핵심과도 일맥상통한다. "차이에 대한 권리, 다를 권리는 분명하게 실천적인 행위와 행동으로부터, 궁극적으로는 투쟁으로부터 얻어지는 것, 즉 구체적인 차이를 가리킨다."[48]

---

48. 앙리 르페브르, 『공간의 생산』, 540쪽.

4. 소결

오늘날 도시권의 중요성을 말한다는 것은 다소 역설적으로 들린다. 왜냐하면 도시권이 도시에 거주하고 있는 사람들의 당연한 권리임에도 불구하고, 마치 그것이 도시의 생산에 관여하는 일부 자본가, 관료, 권력자의 전유물인 것처럼 이해되고 있기 때문이다. 도시의 사용자들은 도시를 다스리는 위계적인 힘, 즉 도시권을 억압하는 힘에 맞서 자신의 권리를 요구하고 있다. 도시는 어디에나 있고, 누구나 도시를 사용하고 있지만, 정작 도시의 주인이 될 자격은 아무에게나 주어지지 않는다. 도시는 포함과 배제의 논리를 통해서 도시에 대한 권리를 배분한다. 1980년대 상계동의 주민이 주거권을 보장받지 못하고 국가 폭력에 의해서 보금자리를 잃었던 사건과 2000년대 중반 용산4구역의 철거민이 개발업자에 내몰려 생존권을 박탈당했던 사건은 단순히 역사적 우연으로 보기에는 너무나도 닮은 구석이 많다. 그와 같이 도시의 불평등이 드러난 사건의 배후에는 항상 정부, 기업, 투기꾼 들의 욕망이 있었다. 젠트리피케이션은 도시의 발전에 따른 필요불가결한 과정이 아니며, 오히려 그것은 인위적으로 발생한 사회적 참사이다. 특히 전 지구적으로 도시화가 이루어지고 있는 상황에서 도시권은 예외적인 권리가 아니라 긴급하게 요청되어야 할 보편적인 권리가 되어가고 있다.

한국 독립 다큐멘터리는 젠트리피케이션에 비판적으로 개

입하면서 도시권의 필요성을 역설했다. 김동원 감독의 〈상계동 올림픽〉 같은 고전적인 작품을 포함해서 최근까지 제작된 여러 다양한 작품이 젠트리피케이션을 다루었다. 그러한 작품은 자본과 권력의 힘에 밀려 본래의 터전을 잃고 다른 곳으로 쫓겨나는 사람들이 겪는 불평등과 차별을 폭로함으로써, 과거 앙리 르페브르가 도시 사용자들의 기본권이라고 역설했던 도시권의 중요성을 환기시켰다. 한편, 2010년 전후로 일부 실험적인 한국 독립 다큐멘터리 감독들은 사적인 경험에 기초해 도시적인 문제를 다룬 작품들을 만들었다. 이 작품들은 자본주의 도시에서 파괴되고, 망각되고, 사라지는 것들이 있음을 감각적인 방식으로 드러냈다. 이처럼, 한국 독립 다큐멘터리는 한편에서는 젠트리피케이션을 둘러싼 사회적 갈등의 원인과 결과를 분석하면서 다른 한편에서는 젠트리피케이션이 초래하는 삶의 질적인 변화를 예민하게 포착하려고 했다.

다만, 한국 독립 다큐멘터리가 젠트리피케이션을 다루는 방식에서 한계점이 명확했음을 지적해야 할 것 같다. 이미 본문에서 기술했던 것처럼 젠트리피케이션을 소재로 한 작품들이 독립영화 진영 내부에서 오랜 시간에 걸쳐 누적되면서 일련의 관습을 형성했고, 이것이 복합적인 힘들이 대결하는 젠트리피케이션을 단순화시켜 표현하는 결과를 낳은 것으로 판단된다. 물론 한국 독립 다큐멘터리의 자리가 도시에 국한될 필요는 없다. 그럼에도 지금도 어딘가에서 도시에 거주하고 도시를 향유할 권리 자체를 박탈당한 사람들이 있다는 것은 부정하기 힘든 사실이다. 도시를 비판적으로 사유하는 한국 독립 다큐멘터리가 꾸준히 생산되어 그 작품에 대한 논의와 더불어 젠트리피케이션에 대한 담론 역시 풍부해지기를 바란다.

3장

한국 독립 다큐멘터리가
역사와 벌이는
한판 내기

모든 다큐멘터리는 역사적 세계에 대한 기록이다. 다큐멘터리의 역사적 가치는 공식적인 역사에 기록된 사건, 인물, 집단을 다루는 데 있는 것으로 이해된다. 하지만 역사적으로 중요한 소재를 활용했는지와 무관하게 모든 다큐멘터리는 지나간 현상을 기록한다는 점에서 역사적 세계를 다룬 것으로 볼 수 있다. 이와 관련해서 다큐멘터리가 사실의 기록을 통해 "진정성의 인상"impression of authenticity [1]을 전달하는 것이라고 했던 빌 니콜스의 다음과 같은 말을 참고해볼 수 있다. "다큐멘터리는 지표적 기록을 통해서 역사 세계를 제시하며, 특정한 관점이나 시각에서 이 기록을 구체화함으로써 역사 세계를 재현한다."[2]

한국 독립 다큐멘터리와 역사의 관계를 살펴보려는 이 장은 다큐멘터리의 매체적인 속성이 기록에 있다는 사실로부터 출발한다. 한국 독립 다큐멘터리가 역사를 다루는 방식에 주목한 기존 연구들은 대체로 한국 독립 다큐멘터리가 문자 역사를 지배해온 공식 역사, 거대서사, 지배 기억의 질서를 뒤흔들 수 있는 대안적인 역사 서술을 지향한다고 주장한다. 김선아는 한국 독립 다큐멘터리가 역사에 접근하는 방식을 크게 세 가지로 나눈다. 그것은 지배적인 역사에서 왜곡 또는 누락된 부분을 채우는 보철로서의 역사 서술, 거대 서사에서 배제된 개인적

---

1. 빌 니콜스, 『다큐멘터리 입문』, 이선화 옮김, 한울 아카데미, 2005, 81쪽.
2. 같은 곳.

인 경험을 중심에 둔 역사 서술, 그리고 앞의 두 가지 방식을 절충한 일인칭 시점으로 쓰는 보철로서의 역사 서술이다.[3] 맹수진은 김선아의 분류법을 적용해 "한국 현대사의 폭력적 역사, 외상적 기억을 재현한 독립 다큐멘터리"[4]를 분석의 대상으로 삼았다. 비교적 최근에 나온 연구들 또한 한국 독립 다큐멘터리가 지배적인 권력의 체계에 포섭되지 않는 역사적 세계를 재현하기 위한 고유의 방식을 가지고 있으며, 이를 바탕으로 공적 사안들을 위한 담론을 구축하는 데 공헌한 것으로 평가한다.[5] 이들은 한국 독립 다큐멘터리의 정치적 그리고 윤리적 과업이 사회적 약자의 재현에 있다는 기존의 평가에 동의한다. 하지만 이들 연구는 최근 한국 독립 다큐멘터리가 과거의 민중과 같은 집합적이고 추상적인 단위보다는 비정규직 노동자, 여성, 성소수자 같은 구체적이고 개별적인 단위, 특히 사적인 개인에 주목하고 있다고 설명한다. 더 나아가 그러한 주체들이 역사적 사건에 실존적으로 연루된 상태에서 자기 목소리를 내고 있다고 주

---

3. 김선아, 「'나의 작품은 초점을 잃고 새로운 방향을 찾아가야 했다'」, 『영상예술연구』 12호, 2008, 36~37쪽.

4. 맹수진, 『한국 독립 다큐멘터리의 대항기억 재현에 관한 연구』, 동국대학교 대학원 연극영화학과 박사학위 논문, 2009, 14쪽.

5. 다음의 연구들을 참고하라. 김주현, 「역사와 마주선 독립다큐멘터리의 대항역사 쓰기」, 『드라마 연구』, 48권, 2016 ; 정민아, 「일본군 '위안부' 소재 다큐멘터리의 기억 기록과 담론 전개 방식」, 『영화연구』, 68호, 2016 ; 송다금, 「'위안부' 재현과 담론을 통해 본 피해자성 고찰」, 『동아시아문화연구』, 70권, 2017 ; 배주연, 「디지털 이미지와 여성의 장소 기억」, 『비교문학』, 78호, 2019.

장한다. 즉, 한국 독립 다큐멘터리가 구성하는 역사적 담론의
주요 요소가 사회적 약자의 목소리라는 것이다. 이외에도, 드물
긴 하지만 한국 독립 다큐멘터리가 역사를 미학적으로 다루고
있음에 주목하면서 불협화음dissonance, 재연reenactment, 파운드
푸티지 등의 방식을 활용한 작품을 분석한 연구들이 있다.[6]

위 연구 중 상당수가 한국 독립 다큐멘터리의 역사 서술을
대항 기억으로 개념화했다는 점에서 큰 성과를 남겼지만, 아쉽
게도 한국 독립 다큐멘터리와 역사의 상관관계를 첨예하게 다
루지는 못했다. 이를테면, 그 연구들은 이미 공인된 역사적 사
건을 다룬 작품들을 분석의 대상으로 한정하면서 소재 편향적
인 모습을 보여주었다. 이미 한국 근현대사에서 중요한 사회적
이슈로 평가받은 사안을 다룬 작품을 선별해서 분석하는 학문
적 관행은 한 편의 다큐멘터리 작품에 담긴 역사적 요소들을
식별하고 그로부터 의미를 도출하는 데는 유용하지만, 한국 독
립 다큐멘터리 일반이 역사를 기록하고 역사에 의미를 부여하
는 그 본성에 대해서는 충분한 설명을 제공하지 못한다. 따라
서 이 장은 기존 연구들이 간과한 다큐멘터리와 역사의 관계를
이론적으로 규명하기 위해 영화의 매체적 속성과 역사의 관계

---

6. 다음의 연구들을 참고하라. 김은경·허철, 「역사다큐멘터리의 미적 가능성과
   중층 텍스트(thick text)」, 『역사연구』, 27호, 2014; 조혜영, 「역사는 세 번 반복
   한다」, 『영화연구』, 69호, 2016; 김지훈, 「2010년대 한국 다큐멘터리의 '아카이
   브적 전환'과 벤야민적 역사쓰기」, 『문학과영상』, 19권, 3호, 2018.

를 살펴보는 것으로부터 출발하고자 한다. 단순히 공인된 사건이나 인물을 다룬 작품만이 역사를 위한 다큐멘터리가 될 수 있다는 통념을 거부하고, 다큐멘터리라는 장르가 역사적 세계에 대한 기록, 재현, 구성에 적합한 특징을 갖추고 있음을 최근의 한국 독립 다큐멘터리를 통해서 살펴보고자 한다.

일부 영화학자는 다큐멘터리가 제시하는 이미지의 지표성과 이미지의 의미화 작용을 근거로 다큐멘터리와 역사가 긴밀한 결속 관계를 가지고 있다고 주장했다. 다큐멘터리의 역사성을 이미지의 지표성을 통해서 설명하려는 연구들은 카메라라는 기계 장치로 현실을 포착해서 만들어낸 사진적 이미지의 지표성이 역사적 세계에 대한 진정성을 담보한다고 본다. 그리고 다큐멘터리의 역사성을 이미지의 의미화 작용을 통해서 살펴보는 연구들은 일부 다큐멘터리가 역사적 시공간을 시청각적 기호로 기록하여 텍스트를 생산하고, 그것을 바탕으로 특정 역사적 세계에 대한 의미·지식·담론을 구축한다고 본다. 필립 로젠Philip Rosen에 따르면, 대체로 영화는 실제 과거의 지표적인 흔적을 제공하지만, 그런 속성을 가지고 있다는 이유만으로 다큐멘터리가 역사를 다룬다고 단언하기는 힘들다. 왜냐하면 "순수한 현존과 순수한 기록은 의미 없는 역사성을 암시할"[7] 것이기

---

7. Philip Rosen, "Document and Documentary" in Michael Renov (ed.), *Theorizing Documentary* (Routledge, New York, London, 1993), p. 71.

때문이다. 로젠은 초기 무성 영화 시절의 액추얼리티 영화, 뉴스 릴8, 그리고 오늘날의 텔레비전 뉴스 등을 예로 들면서, 중심이 되는 의미가 없거나 시공간적인 연속성이 확보되지 않으면 다큐멘터리가 되기 힘들다고 말한다. 그의 주장에 따르면, 다큐멘터리는 매개되지 않거나 조직되지 않은 현실을 종합함으로써 역사적 의미에 관한 개념과 긴밀하게 뒤얽혀야 한다.

로젠과 비슷한 관점은 다큐멘터리를 여타의 "논픽션 시스템"들과 같이 "진지함의 담론"discourse of sobriety 9을 구성하는 것으로 간주했던 빌 니콜스에게서도 나타난다. 그 또한 현실을 기록하고 복제할 수 있는 사진적 이미지의 역량만으로는 다큐멘터리가 진지함의 담론이 될 수 없다고 주장한다. 니콜스는 "다큐멘터리 이미지에서 우리가 느끼는 진정성은 우리 스스로 텍스트의 주장에 연루되어 있을 때 담보된다."10고 말하면서, 다

---

8. 뉴스릴은 당대에 일어나는 주요 사건들을 필름에 담는 기록 영화로 '뉴스 필름'이라고도 한다.
9. "다큐멘터리는 우리가 진지함의 담론들이라고 부를 수 있는 것을 구성하는 여타의 논픽션 시스템들과 친족 관계를 맺고 있다. 과학, 경제학, 외교 정책, 교육, 종교, 복지와 같은 시스템들은 도구적인 힘을 가지고 있는 것으로 간주된다. 그것들은 세계 그 자체를 바꿀 수 있으며 또 그래야 하고, 행위에 영향을 미칠 수 있으며 결과를 수반한다. … 진지한 담론들이 진지한 것은 현실과 직접적으로, 무매개적으로, 투명하게 관계 맺기 때문이다. 그것들은 지배와 의식, 권력과 지식, 욕망과 의지를 전달하는 수단이다. 다큐멘터리는 논픽션 시스템과 친족 관계를 맺고 있음에도 불구하고 아직 정당한 대접을 받은 적이 없다." Bill Nichols, *Representing Reality* (Indiana University Press, Bloomington, 1991), pp. 3~4.
10. 같은 책, p. 151.

큐멘터리가 역사적 세계를 기록하고 그것에 대한 지식을 연출자의 고유한 시선·양식·논제를 통해서 전달할 때 비로소 진지함의 담론이 구축될 수 있다고 말한다. 이처럼 로젠과 니콜스는 다큐멘터리는 사진적 이미지의 본성이라는 내재적 요인에 의해서 역사적 세계에 대한 기록을 보증하지만, 그것이 역사와 긴밀하게 결속하기 위해서는 작품에 의미를 부여하거나 작품 전체를 특정 담론의 장으로 구축하기 위한 외재적 요인이 필요하다고 말한다.

이 장은 한국 독립 다큐멘터리를 통해 다큐멘터리가 내재적인 또는 외재적인 방식을 두루 활용해서 역사와 결속력을 획득하고 있음에 주목한다. 앞서 로젠과 니콜스가 지적한 다큐멘터리와 역사의 관계에 대한 논의를 확장하는 차원에서, 이론적인 논의에서는 영화학자 지그프리트 크라카우어가 사진적 매체와 역사의 친연성affinity을 탐구한 사실에 주목한다. 크라카우어는 사진과 영화의 매체적 본성이 물질적 현실의 포착과 그것의 복원에 있다고 주장하면서, 그러한 사진적 매체의 역사적 접근 방식을 크게 리얼리즘적 경향과 조형적 경향으로 구분한다. 이러한 이론적 논의를 바탕으로 작품 분석에 해당하는 부분에서는 비교적 최근에 제작된 한국 독립 다큐멘터리 중에서 역사에 대한 접근법이 상이한 작품들 네 편 ― 〈당신의 사월〉주현숙, 2019, 〈깃발, 창공, 파티〉장윤미, 2019, 〈김군〉강상우, 2018, 〈증발〉김성민, 2019 ― 을 검토한다. 이 네 작품을 분석 대상으로 정한 이유는 다음과 같다. 우선, 한국 독립 다큐멘터리에 속하는 여러 작품이 역사에 접근하는 태도와 관점에 따라서 각 작품이 다루는 소재와 주제가 무한할 수 있다는 점을 염두에 두었다. 그리고 이와 함께 연출가의 태도, 연출 방식과 스타일, 상이한 소재를 분석 대상을 선정하는 기준으로 적용했다. 이처럼 이 장은 영화가 현실을 다루는 방식이 역사가 사료를 다루는 방식과 유사하다고 주장하면서, 한 편의 독립 다큐멘터리가 역사적 실제를 객관적으로 기록하거나 주관적으로 표현하는 방식에 주의를 기울이고자 한다.

1. 사진적 매체와 역사의 결속력

다큐멘터리의 진정성은 이미지의 객관성과 역사적 세계의 사실성이 갖추어져 있을 때 담보된다. 다큐멘터리는 그것을 구성하는 이미지가 현실을 있는 그대로 담아냈다는 믿음과 역사적 세계가 실제로 존재했다는 확신을 관객에게 설득력 있게 제공할 때 진정성을 획득한다. 따라서 다큐멘터리는 그것이 기록해서 보여주는 이미지에 대한 신빙성을 바탕으로 특정한 역사적 세계에 대한 이해를 끌어낼 수 있을 때 완성된다.

이 장은 다큐멘터리와 역사의 결속력을 이론적으로 고찰하기 위해 지그프리트 크라카우어가 주장한 사진적 매체와 역사의 친연성에 주목한다. 다큐멘터리는 현실을 객관적으로 기록하는 영화의 매체적 특성을 잘 드러내는 장르이다. 나는 그러한 사진적photoghraphic 특성이 두드러진 다큐멘터리와 역사가, 현실의 대상을 수집·분석·해석한다는 점에서 서로 친연성을 가진다고 본다. 후술하겠지만, 사진적 매체와 역사는 진리를 탐구하는 철학과는 달리 현실의 대상을 기록하거나 이미 기록된 자료를 수집하고, 분석하며, 해석한다. 그리고 사진적 매체와 역사는 이름 없는 것들의 존재론적 복권을 지향한다는 공통점도 있다. 이 장은 사진적 매체와 역사가 현실에 접근하는 방식이 유사하다는 것을, 그렇기에 양자가 공통의 과제를 통해서 서로 결속될 수 있다고 주장할 것이다.

그레이엄 질로크Graeme Gilloch의 표현을 빌자면, 크라카우어는 "위대한 일상의 인상학자"[11]였다. 1920년대에 『프랑크푸르터 차이퉁』Frankfurter Zeitung에서 기자와 편집위원으로 활동했던 크라카우어는 도시, 건축, 문학, 철학, 영화와 관련된 글을 2천 편가량 썼다. 그는 1940년대에 미국으로 망명하여 바이마르 공화국 시기의 영화를 관통하는 시대정신을 읽어낸 『칼리가리에서 히틀러까지: 독일 영화의 심리적인 역사』From Caligari to Hitler : A Phychological History of the German Film(1947)와 영화가 외재적 세계를 드러내면서 예술가의 내재적 삶을 발산한다는 것을 영화의 매체 특수성을 중심으로 설명한 『영화 이론: 물질적 현실의

---

11. Graeme Gilloch, *Siegfried Kracauer* (Polity Press, Cambridge, 2015), p. 12.

구원』*Theory of Film : The Redemption of Physical Reality*(1960)(이하 『영화이론』)을 쓰기도 했다. 흥미로운 것은 그의 미완의 유작인 『역사 : 끝에서 두번째 세계』(이하 『역사』)가 넘쳐나는 자료와, 인과적이고 선형적인 시간의 흐름을 벗어나는 이질적인 시간의 흐름으로 역사를 구성하는 방법을 다루면서도, 그것을 사진적 매체와 관련지었다는 점이다. 크라카우어는 이 책의 서문에서 사진과 역사의 유사점에 대한 자신의 관심이 1920년대에 시작되었다고 밝힌다.

사진적 매체와 역사의 친연성에 관한 크라카우어의 고찰은 1927년에 발표한 글 「사진」^{Photography}에서 시작된다. 크라카우어는 두 장의 사진에 관한 비교 분석으로 논의를 연다. 첫 번째 사진은 베니스 리도에 위치한 호텔 엑셀시오 앞에서 한 여배우를 찍은 것이다. 그녀는 대중적으로 널리 알려진 24살의 디바^{diva}이다. 사진 촬영 당시를 살았던 대중은 그 사진 속 여인을 어느 영화에서 악마와 같은 캐릭터를 연기한 디바로 인지했을 것이다. 두 번째 사진은 어느 스튜디오에서 24살의 여인을 찍은 것이다. 크라카우어는 시간이 한참 지나 그 두 번째 사진 속 여인이 할머니가 되고, 그녀의 후손이 할머니의 사진을 보는 상황을 가정한다. 할머니의 과거의 모습을 후손들이 알지 못한다면, 그들은 그 두 번째 사진을 할머니의 사진으로 인지하지 못할 것이다.

크라카우어가 예로 든 두 장의 사진은 24살의 젊은 여인을 찍은 오래된 사진이라는 점 외에는 뚜렷한 공통점을 찾기 힘들다. 한 장의 사진은 대중적으로 유명한 인물을 찍은 것이고, 다른 한 장의 사진은 대중에게 알려지지 않은 인물을 찍은 것이다. 이 정보만 놓고 보면, 전자는 대중적인 사진이고 후자는 사적이기만 한 사진이다. 이런 차이에도 불구하고 두 사진은 누군가의 기억에서 잊힌다는 공통의 숙명을 갖고 있다. 각각의 사진을 기억하는 사람이 아무도 없다면, 두 사진 속 기표는 사진 속 대상의 정체와 의미를 말해주지 못한다. 다시 말해, 두 장의 오래된 사진은 누군가의 닮음을 증명하는 것도, 누군가에 대한 기억을 환기하는 것도 아니다. 그 두 장의 오래된 사진을 바라보는 사람들은 사진 속에서 다른 것을 보게 될 것이다. 이를테면 후대인들은 사진 속 여인의 의상·장신구·헤어스타일을 골동품 수집가의 태도로 바라보면서, 그것들로부터 고고학적인 가치를 끌어낼 수 있다. 이처럼 사진은 시간이 지나면서 닮음, 의미, 상징 등을 잃어버리고 순수한 역사적 사료가 된다.

사진적 이미지는 현실을 물질적으로 기록 또는 복원하는 역량을 가지고 있다. 사진적 이미지의 이러한 매체적 본성은 인간이 개입하는 기억 이미지와 차별화된다. 인간의 개입 없이 카메라가 자동적으로 포착한 현실은 "공간적 연속체"spatial continuum 12를 제시한다. 즉, 사진은 시공간적 형상을 통해서 물질적

---

12. Siegfried Kracauer, "Photography" in Thomas Y. Levin (ed.), *The Mass*

표면을 드러낸다. 반면, 기억 이미지는 그것이 중요하다고 간주하는 범위 내에 있는 것만을 간직한다. 기억은 파편적인 형태로 존재하며, 이름을 하나의 단일한 시각 형상으로 응축하는 모노그램처럼 중요하다고 간주하는 역사적 진실만을 추출한다. 이와 같은 최후의 기억 이미지the last memory image는 그 자신을 제외한 나머지 것들을 감춘다. 따라서 "기억의 관점에서 봤을 때, 사진은 잔여물로 구성된 잡동사니"[13]에 지나지 않는 것처럼 보인다. 기억 이미지와 사진 이미지의 결정적인 차이는 시간의 흐름과 관련해서 설명할 수 있다. 특정 대상과 이미지에 대한 기억은 시간이 지날수록 희미해진다. 반면, 사진 이미지가 포착한 물질적 현실은 시간이 지날수록 선명해진다. 크라카우어가 첫 번째 예시로 제시한 24살의 여배우를 찍은 사진은 본래 대중의 의식에 각인된 디바를 위한 광학적 기호로 작동했다. 하지만 사진이 오래될수록 그 사진 속의 시각적 형상들이 사진 속 대상의 삶을 뒤덮는다. 아무도 그 사진 속 여인이 과거에 유명인이었음을 기억하지 못할 정도로 오랜 시간이 지난 후에는, 사진을 바라보는 사람이 사진을 통해서 얻을 수 있는 것은 시각적 형상 그 이상도 이하도 아니다. 크라카우어가 두 번째 예시로 제시한, 스튜디오에서 찍은 24살 여인의 사진도 마찬가지다. 할머

Ornament (Harvard University Press, Cambridge, 2005), p. 49.

13. 같은 책, p. 50.

니의 과거 모습을 모르는 그녀의 후손들은 사진 속 대상을 할머니와 일치시키지 못할 것이고 사진 속 여인을 구성하고 있는 시각적인 형상에 집중할 것이다. 시간의 경과와 함께 사진 속 인물의 인간적인 특성은 말소되고, 사진 속 인물은 눈에 보이면서도 눈에 보이지 않는 혹은 감지되면서도 감지되지 않는 유령과 같은 존재가 된다. 쉽게 말해, 사진 속 인물을 기억하는 사람이 더는 없을 때 그 사진이 포착한 인물의 형상은 단순 시각적 데이터 그 이상도 이하도 아니게 된다.

크라카우어의 이론에 따라 사진의 물질적 현실이 드러나는 과정을 다소 거칠게 정리하면 다음과 같다. 사진을 바라보는 우리는 사진 속 이미지와 지시적으로 대응하는 물질적 대상, 즉 자연에 사로잡힌다. 인간은 사진 속에서 드러나는 자연의 물질적 요소로부터 닮음·모방을 파악하여, 그 사진에 의미를 부여한다. 이것은 인간이 사진을 세계를 재현하는 수단으로 파악하고 있음을 의미한다. 이런 경우에 인간은 사진 속 대상이 실제 현실의 어떤 대상과 닮았는지를 파악하려고 하기 때문에 그 닮음을 증명하기 위해 불필요한 요소들은 의식의 영역에서 배제된다. 하지만 시간이 지나면서 인간의 의식은 자연으로부터 해방되고, 사진은 그 자신의 물질적 토대를 드러낸다. 그 결과 인류는 그 이전까지는 역사에서 검토되지 않았던 자연의 토대 또는 무기력한 세계 그 자체의 모습을 사진적 이미지를 통해 마주하게 된다. 다른 식으로 말하자면, 사진을 바라보는 우리는 사진 속 이미지가 무엇을 재현하고 그것이 무엇을 의미하는지에 더 이상 집착하지 않게 된다. 이처럼 의식으로부터 해방된 또는 의미로부터 해방된 사진들은 일종의 아카이브처럼 "일반적인 목록"general inventory 14을 구성한다. 이 일반적인 목록은 인간이 사진을 모방으로 파악하고 그것을 의미화하기 위해서 인위적으로 배제한 사진의 세부 사항들을 포함한다. 그것은 우리가 통념적으로 알고 있는 역사, 즉 사건들을 시간적인 연속으로 읽어내는 방식과는 크게 관련이 없다. 오히려 그것은 역사의 공간적인 목록을 역사의 시간적인 목록과 일치시키는 데 쓰인다. 결국 사진의 등장으로 역사에 접근하는 방식 자체가 달라졌다고 볼 수 있다. 인간이 세계를 이성적으로 파악하기 위해 세부사항들을 추상화하는 과정이 중단되고, 세부사항들이 물질적으로 복원된다. 그런 점에서, 사진은 역사의 의미망에서 배제된 잔여를 물질적으로 복원할 기회를 제공한다. 크라카우어의 표현을 빌리자면, "사진으로의 전환은 역사와의 한 판 내기"15와 같다.

물질적인 현실을 드러내는 사진의 능력은 영화의 매체적 속성에 해당하는 것이기도 하다. 크라카우어는 「사진」의 마지막 단락에서 자연의 요소를 드러내는 역량이 영화에도 있다고, "그

---

14. 같은 책, p. 61.
15. 같은 곳.

가능성은 영화가 낯선 배열들로 부분과 단편 들을 결합할 때 현실화된다"[16]고 썼다. 이후 크라카우어는 『영화 이론』에서 사진과 영화의 친연성을 좀 더 상세하게 설명한다. 그는 "영화는 본질적으로 사진의 연장이며 그런 이유로 영화는 사진이라는 매체와 함께 우리를 둘러싼 가시 세계와 뚜렷한 친연성을 공유한다"[17]고 말한다. 그리고 사진과 영화가 공유하는 사진적 이미지의 특징을 다음의 네 가지로 정리한다. 첫째, 사진적 이미지는 연출되지 않은 상태의 무언가를 기록하고 드러낸다는 점에서 비작위적이다. 둘째, 사진적 이미지는 무작위적으로 발생하는 사건들을 다룬다는 점에서 우연적이다. 셋째, 사진적 이미지는 파편화된 현실을 우연의 복합체로 만들어낸다는 점에서 비종결적이다. 넷째, 사진적 이미지는 자연의 원재료를 특정 의미로 규정하지 않고 있는 그대로 제시한다는 점에서 비결정적이다.[18] 미리엄 한센Miriam Hansen은 사진과 영화에 대한 크라카우어의 관심은 역사로 귀결된다고 지적한다. 그에 따르면, 사진이 그러하듯이 물질적 현실을 기록하고 드러내는 영화의 능력은 단순히 지표적 리얼리즘에 국한되는 것이 아니라 "자연physis에 관한 역사적인 이해"[19]로 확장된다.

---

16. 같은 책, pp. 62~63.

17. Siegfried Kracauer, *Theory of Film* (Princeton University Press, Princeton, NJ, 1997), p. xlix.

18. 같은 책, pp. 18~20.

실제로 크라카우어는 말년에 사진적 매체와 역사의 친연성에 대한 아이디어를 역사주의에 접목한다. 그의 미완의 유작인 『역사』는 철학을 세계의 맨 끝에 존재하는 것으로 간주하고 역사를 끝에서 두 번째에 위치하는 것으로 본다. 철학이 세계의 진리를 탐구한다면, 역사는 아직 진리에 이르지 않은 가능성의 영역을 탐구한다. 철학이 세계를 내다보는 총체적인 비전으로서의 이념을 탐색하는 것과는 달리 역사는 미지의 현실을 미지의 사유로 탐구한다. 그런 점에서 철학은 세계의 끝에 위치하고, 역사는 끝에서 두 번째에 위치한다. 한편, 크라카우어는 역사가 과학적 법칙, 신학적 도그마, 문학적 예술성, 인상주의적 견해 그 어디에도 속하지 않는 중간 지대에 위치한다고 주장한다. 이처럼 역사가 분과학문 내에서 모호한 위치를 갖는 것은, 그것이 어떤 규칙으로도 환원되지 않는 우발적인 현상과 인간의 자율적인 행위를 다루기 때문이다. 크라카우어는 역사를 과학이라고 불러야 한다면 그것은 "특이한 과학"[20]에 가깝다고 본다. 그리고 역사가들은 법칙과 규칙을 도출하려는 충동과 함께 이야기를 들려주려는 충동이 있음을 지적한다. 역사 서술 방식에 이야기가 활용되는 이유는 역사가 "환원 불가능한 존재 단위들"[21]을 다루기 때문이다. 특히 크라카우어는 역사의 주요

19. Miriam Hansen, *Cinema and Experience* (University of California Press, Berkeley 2012), p. 37.
20. 지그프리트 크라카우어, 『역사』, 김정아 옮김, 문학동네, 2012, 45쪽.

소재는 사람들이라면서 다음과 같이 썼다. "역사가가 다루는 것은 결국 사람이다. 우리가 관심을 갖는 것은 사람이기에 사건을 다루는 역사가는 그 사건들의 구체성, 나아가 단독성을 포착해야 한다. 그 사건들을 연결할 수 있을지, 있다면 어떻게 연결할 수 있을지는 그다음 문제다."[22]

역사와 사진적 매체의 친연성은 크게 소재적인 측면과 구조적인 측면으로 구분해서 설명할 수 있다. 우선, 소재적인 측면에서 역사와 사진적 매체 모두 생활세계를 다룬다는 공통점이 있다. 역사와 사진적 매체 모두 현실에서 벌어진 것을 대상으로 하며, 그중 상당수는 인간의 예측 범위를 벗어나 있다. 역사적으로 중요한 사건들, 예를 들면, 정치 혁명, 경제 위기, 새로운 문화의 창발, 자연 재난 등은 인간의 예측 범위를 벗어나 있다. 사진이 기록한 현실 또한 우연성의 지배를 받는다. 크라카우어는 『영화 이론』에서 사진적 이미지의 특징이 우발성, 무한성, 불확정성에 있다고 지적한 바 있다. 그것은 사진이 연출되지 않은 현실이라는 무대 위에서 벌어지는 우연적인 사건을 포착하기 때문에 의미를 확정할 수 없다는 것을 의미한다. 이런 점에 미루어봤을 때, 사진과 영화 모두 현실에서 우발적으로 발생하는 사건과 대상을 다룬다는 공통점이 있다. 다음으로, 구조적인 측

---

21. 같은 책, 47쪽.
22. 같은 책, 59쪽.

면에서 역사와 사진적 매체 모두 리얼리즘적 경향과 조형적 경향을 갖고 있다. 전자는 모든 데이터를 손에 넣으려는 경향이며, 후자는 자료를 배열하고 구성하려는 경향이다. 사진을 예로 들자면, 스냅숏처럼 인간의 개입이 최소화된 리얼리즘적인 작품이 있는가 하면, 렌즈, 노출 속도, 초점 심도, 앵글 등을 적극적으로 활용하는 심미적인 작품도 있다. 영화에서 논픽션과 픽션이 암묵적으로 구분되는 것처럼, 사진적 매체 일반에서 리얼리즘적 경향과 조형적 경향은 구분될 수 있다고 여겨진다. 여기서 유의할 점은, 사진적 매체와 역사를 아우르는 두 개의 서로 다른 방식이 연출가 또는 역사가의 태도에 혼재하기도 한다는 것이다. 일상적인 사건을 다루는 영화가 꿈 장면이나 다큐멘터리적인 장면을 포함하기도 하는데, 이것은 하나의 작품 안에서 리얼리즘적 경향과 조형적 경향이 "충돌"[23]하는 경우이다. 특히 영화감독은 "다큐멘터리적인 방식으로 물질적 실체의 파편들에 대한 그의 이러저러한 인상들을 드러내고, 환상과 정신적인 이미지를 스크린에 전달하고, 리드미컬한 패턴의 표현을 충족시키고, 인간사에 관한 이야기를 서술하는"[24] 등의 방식으로 역사에 접근할 수 있다. 이처럼 사진적 매체에서 연출가의 개입이 최소화되거나 극대화될 수 있는 것과 마찬가지로, "역사가는 수

---

23. Kracauer, *Theory of Film*, p. 36.
24. 같은 책, pp. 38~39.

동적인 동시에 능동적이며, 기록자인 동시에 창조자"[25]일 수 있다. 이런 점으로 미루어봤을 때, 사진가나 역사가 모두 자신들이 다루는 대상 앞에서 중간자의 지위를 갖는다고 볼 수 있다. 다만, 크라카우어는 사진적 접근의 이상적인 형태는 사진가의 조형 충동이 리얼리즘적 충동을 뒷받침하는 것이며, 역사적 접근의 이상적인 형태는 역사가의 자발적 직관이 증거에 대한 감정이입적인 몰두를 장려하는 것이라고 정리한다.[26]

역사는 모순적이고 이율배반적이다. 역사의 모호함은 그것이 현재와 과거의 마주침 속에서, 보편적인 것과 특수한 것의 긴장 속에서, 직선적인 시간과 순환적 시간의 뒤엉킴 속에서 구성된다는 점에 있다. 또한, 역사적 자료를 수집, 선별, 구성하는 역사가의 태도에서도 모순이 드러난다. 크라카우어는 역사가의 작업 과정을 여행에 빗댄다. 그 여행의 출발과 끝에서 역사가의 태도는 계속해서 변한다. 역사가는 주어진 자료를 객관적으로 처리하기 위해 자기 자신을 축소해야 하는데, 그 과정에서 사료

---

25. 지그프리트 크라카우어, 『역사』, 63쪽.
26. 크라카우어는 리얼리즘적 접근과 조형적 접근의 균형, 특히 조형적 접근이 리얼리즘적 접근을 뒷받침하는 것이 중요하다고 말했다. 이와 관련된 크라카우어의 주장은 그의 『영화 이론』과 『역사』에서 각각 반복적으로 언급되었다. 전자의 경우 "사진에서 그러하듯이, 모든 것은 리얼리즘적 경향과 조형적 경향의 '올바른' 균형에 달려 있다. 그리고 이 두 개의 경향은 후자가 전자를 압도하지 않고 후자가 전자의 인도를 받을 때 완전한 균형을 이룬다."고 쓴다. Kracauer, *Theory of Film*, p. 39. 후자의 경우, "사진가의 조형 충동이 사진가의 리얼리즘 충동을 배반하기보다 지지할 때 이것을 '사진적' 접근이라고 할 수 있다."고 적고 있다. 지그프리트 크라카우어, 『역사』, 70쪽.

로부터 무언가를 전달받기 위해 기약 없이 기다리기도 한다. 크라카우어는 이러한 역사가의 경험을 "적극적 수동성"[27]이라고 말한다. 이 형용모순의 상태는 역사가가 선험적으로 구성된 지식을 최대한 배제하면서 자기 제거의 상태를 구축하고, 이를 통해서 사료와 소통하고, 마침내 새로운 무언가를 발견하여 자기확장의 상태에 이르는 것을 뜻한다. 크라카우어는 다음과 같이 썼다. "(역사가의) 적극적 수동성의 산물이 그의 사고를 뒤흔들 것이고, 이로써 그의 사고의 범위를 확장시킬 것이다. 곧, 자기삭제는 자기확장을 낳을 것이다."[28] 이처럼 크라카우어는 사진과 영화 모두 매체적으로 현실을 물질적으로 복원하는 역량을 가지고 있으며, 그로 인해 사진적 매체가 역사와 친연성을 유지할 수 있다고 주장한다.

다큐멘터리와 역사 모두 소재의 측면에서 우연성, 무한성, 불확정성의 지배를 받는 세계를 다루며, 구조의 측면에서 리얼리즘적 경향과 조형적 경향의 균형을 추구한다는 공통점이 있다. 다큐멘터리 연출자의 역사에 대한 태도와 이해는 지극히 모순적이다. 크라카우어가 역사가에 대해 "기록자인 동시에 창조자"라고 지칭했던 것은 일찍이 다큐멘터리의 기본 원리를 구축하려고 했던 존 그리어슨이 말한 "현실에 대한 창의적 처리"[29]

---

27. 같은 책, 101쪽.
28. 같은 책, 107쪽.
29. John Grierson, Forsyth Hardy (ed.), *Grierson on Documentary* (Praeger

라는 정의와 공명한다. 다큐멘터리는 우발적인 사건과 사고로 가득한 현실을 기록, 관찰, 수집, 선별, 구성, 해석하면서 역사의 표면 아래 잠들어 있던 어떤 세계에 대한 이해와 마주하기를 기다린다. 그것은 위로부터의 역사 쓰기에 저항하는 아래로부터의 역사 쓰기에 가깝다. 다시 크라카우어의 표현을 빌려서 말하자면, 그러한 다큐멘터리적인 접근의 궁극적인 목표는 "미처 이름을 가지지 못한 탓에 무시되고 오해받는 존재 목적과 존재 양식 들을 복권시키는 것"[30]이라고 말할 수 있다.

2. 기록을 위한 투쟁 : 사회적 약자들의 연대

이제 사회 참여적인 경향을 가지고 있는 한국 독립 다큐멘터리 중에서 역사적 세계에 대한 기록에 충실한 작품들을 살펴보자. 분석 대상은 세월호 참사를 다룬 〈당신의 사월〉과 경북 구미 KEC 공장의 한 노조가 임금 및 단체협약(이하 '임단협')을 준비하는 과정을 기록한 〈깃발, 창공, 파티〉이다. 비록 스타일은 서로 다르지만, 두 작품 모두 영화 속 출연자들을 특정한 역사적 세계에 대한 증인이자 참여자로 위치시킨다. 또한, 두 작품 모두 역사적 세계에 대한 기록과 수집의 충동을 가지고 있

Publishers, New York, Washington, 1971), p. 13.
30. 지그프리트 크라카우어, 『역사』, 20쪽.

는 리얼리즘적 경향을 보이며, 특정 역사에 속해 있으면서도 제대로 된 이름을 갖지 못했던 이들의 이야기를 다루고 있다.

〈당신의 사월〉은 최근 몇 년 사이 독립 다큐멘터리 진영 내에서 중요한 주제로 다루어진 세월호 참사와 관련이 있다.[31] 박래군은 세월호 참사를 기억하는 방식이 "망각세력"과 "기억세력"의 대결로 양분되었음을 지적한다.[32] 그 구분법을 적용하자면, 한국 독립 다큐멘터리는 세월호 참사를 위한 기억세력에 속한다. 주지하다시피 세월호 참사는 2014년 4월 16일 인천에서 제주로 향하던 여객선 세월호가 진도 인근 해상에서 침몰하면서 전체 476명의 탑승객 중 304명이 사망 또는 실종된 사건과

---

31. 한국 독립 다큐멘터리는 세월호 참사가 초래한 사회적 고통과 분열을 극복하기 위한 사회적 실천들을 기록하는 데 주력해왔다. 2014년 이후 한국 독립 다큐멘터리 진영 내부에서 세월호 참사를 소재로 다룬 대표적인 작품은 다음과 같다. 세월호 참사와 함께 수면 아래로 가라앉은 진실을 드러내기 위해 저널리즘적인 관점으로 접근한 〈다이빙벨〉(이상호·안해룡, 2014)과 〈그날, 바다〉(김지영, 2018), 세월호 참사의 발생 원인과 경과를 시계열적으로 구성하는 〈부재의 기억〉(이승준, 2018), 세월호 실종자 수색에 참여한 민간 잠수사의 활동과 그들의 트라우마를 다룬 〈로그북〉(복진오, 2018), 세월호 참사가 특정 개인 또는 사회 전반에 안겨준 불가해한 슬픔을 에세이적인 방식으로 표현한 〈오, 사랑〉(김응수, 2017), 〈초현실〉(김응수, 2017), 그리고 세월호 참사를 기록하고 애도하는 사회적 실천의 중요성을 일깨우는 〈416 프로젝트 '망각과 기억'〉(416연대 미디어위원회, 2017), 〈416 프로젝트 '공동의 기억 : 트라우마'〉(416연대 미디어위원회, 2018) 등이 있다. 이 작품들 대부분은 기존의 독립 다큐멘터리가 역사적 세계를 재현하는 방식 중 하나라고 할 수 있는 보철로서의 역사서술, 즉 권력이 주도하는 거대서사에 의해서 의도적으로 왜곡되거나 누락된 역사를 기억하는 데 집중한다.

32. 박래군, 「세월호 참사의 현재적 의미와 사회운동의 과제」, 『의료와 사회』, 4호, 2016, 71쪽.

그에 따른 집단적 슬픔, 사회적 애도, 수색 작업, 진실 규명 등을 포함한다. 지주형이 지적하듯이 "세월호의 경우에는 국가, 자본, 전문가의 무책임과 무능"[33]이 드러난 사건이고, 그러한 까닭에 세월호의 침몰은 단순히 사고가 아닌 참사로 이해되고 있다. 세월호 참사가 사회 전체에 큰 파장을 미쳤던 것은 해당 사건을 계기로 사람들이 믿어왔던 어떤 가치체계에 균열이 발생하는 아포리아적인 순간이 발생했기 때문이다.[34] 비슷한 논조로 진태원은 세월호 참사는 국가의 무능을 일깨워주었고, 그것은 "커다란 공백"이자 "검은 구멍"과 같은 형태로 드러났다고 말한다.[35]

세월호 참사로 인한 사회적 고통은 연민의 정치학politics of pity을 양산했다. 뤽 볼탄스키Luc Boltanski는 대중매체가 제공하는 고통의 이미지에 의해 도덕성을 잃어가고 있는 현대 사회를 위기로 간주하고 그러한 상황을 극복할 수 있는 방편에 대해 고민한 바 있다.[36] 그에 따르면, 고통을 겪어 불행한 자와 그것을 멀리서 바라보는 자 사이에는 극복하기 어려운 거리감이 존재한다. 예를 들어, 무대 위에서 타인의 고통이 펼쳐지고 그로

33. 지주형, 「세월호 참사의 정치사회학」, 『경제와 사회』, 104호, 2014, 27쪽.
34. 김종곤, 「세월호 트라우마와 죽은 자와의 연대」, 『진보평론』 61호, 2014, 73쪽.
35. 진태원, 『을의 민주주의』, 그린비, 2017, 110쪽.
36. 다음 책을 참고하라. Luc Boltanski, *Distant Suffering* (Cambridge University Press, UK ; New York, NY, 1999).

부터 분리된 자리에서 고통을 바라보는 관객이 있는 연극적인 상황을 상상해보라. 고통의 재현은 한편으로는 사회적 연민을 유발하기도 하지만, 다른 한편으로는 자극적인 이미지들의 전시로 인해 도덕적 무감각을 초래하기도 한다. 이러한 관점에서 보자면, 세월호 참사를 다룬 대부분의 한국 독립 다큐멘터리는 타인의 고통을 재현하는 과정에서 윤리적인 문제에 봉착했을 가능성이 크다. 이와 같은 재현의 윤리와 관련해서 〈당신의 사월〉은 세월호 참사를 직접적으로 다루기보다는 그것에 대한 일반 시민들의 기억과 그들의 사회 참여적 활동에 초점을 맞추는 방식을 택했다. 특히 이 작품은 세월호 참사를 마주한 일반 시민들의 사회 참여적 활동을 중심으로, 멀리 있는 고통의 거리감을 최소화하기 위한 방법을 찾기 위해 애쓴다.

〈당신의 사월〉은 세월호 참사를 간접적으로 경험한 사람들과의 인터뷰와 그들의 일상에 대한 기록을 중심으로 전개된다. 영화 속 주요 출연자는 다음과 같다. 기록관리학을 전공하는 대학생 이유경, 서울시 종로구 통인동에서 커피공방을 운영하는 박철우, 영종중학교 교사 조수진, 전남 진도에 거주하고 있는 어부 이옥영, 인권활동가 정주연, 그리고 세월호 유가족 문종택 등이다. 작품이 전개되는 과정 중에 삽입되는 약간의 자막을 제외하고는 연출자의 개입은 최소화되어 있다. 촬영과 편집의 스타일, 이미지와 텍스트의 배치 등에서 연출가의 개입이 있었음을 부정하기 힘들지만, 작품 전체적으로 조형적 접근이 리얼리즘적 접근을 뒷받침하는 구조를 이루고 있다. 영화의 이야기를 이끌어가는 주된 방식은 출연자들과의 인터뷰이다. 나는 채희숙과 함께 쓴 글에서 한국 독립 다큐멘터리에서 주요하게 쓰이는 기록 방식 중 하나인 인터뷰의 유형을 자기 서사로서의 인터뷰, 대화로서의 인터뷰, 몽타주로서의 인터뷰, 사건 발생으로서의 인터뷰로 세분화했다. 이 중 자기 서사로서의 인터뷰는 "부재하는 기록을 기억하고, 기존의 기록을 확장하고, 상투적인 진실에의 믿음을 전복하기"[37] 위한 수단으로, 그러한 인터뷰 내용은 자기 서사를 넘어 공동체의 서사로 발전하기도 한다. 〈당신의 사월〉 또한 자기 서사의 인터뷰를 주요 방식으로 활용해 출연자들이 경험한 세월호에 대한 기억, 세월호 이후 일상의 변화, 세월호의 아픔을 극복하기 위한 사회 참여 등과 관련된 이야기를 전달한다. 이 작품의 인터뷰 참여자 박철우 씨는 통인동에서 커피공방을 운영하는데, 최초 언론 보도를 통해 세월호 사건을 접했을 당시 "원하든 원하지 않았든 관람객이 된 것 같은, 그런 무기력"을 느꼈다고 토로한다. 그의 말처럼 세월호가 침몰하는 과정을 미디어를 통해 접한 대다수의 일반 대중은 충격에 뒤이은 무기력을 느꼈을 것이다. 영화는 세월호 참사 발생 이후의 전반적인 사회적 상황을 "죽음이 일상이 되었다. 어떻게

---

37. 이도훈·채희숙, 「한국 독립다큐멘터리의 목소리」, 『독립영화』, 통권 49호, 2020, 39쪽.

울어야 할지 누구도 알지 못했다.", "시간은 멈춰버렸다. 공동체에 대한 믿음은 사라지고 입안에 절망만이 가득했다." 등의 자막을 통해 압축한다.

〈당신의 사월〉은 인터뷰 상황 자체보다는 인터뷰 참여자의 발화에 강조점을 둔다. 인터뷰는 상호작용 양식interactive mode으로 분류되는 다큐멘터리 영화에서 주로 쓰이는 기법으로, 그것은 특정 분야에 대한 앎과 지식을 획득하기 위한 수단으로 활용된다. 하지만 인터뷰는 그것의 목적 자체가 정보의 획득에 있기에, 연출자가 인터뷰 참여자에게 대답을 유도하는 닫힌 구조의 인터뷰가 진행될 때 인터뷰 참여자의 자율성이 침해되기도 한다. 〈당신의 사월〉은 연출자의 질문을 소거하는 방식으로, 즉 작품 전체에서 연출자의 존재감과 개입을 최소화함으로써 인터뷰 형식이 내재적으로 갖는 한계를 돌파해 나간다. 그 결과 인터뷰 참여자들의 발화는 누군가의 질문에 대한 반응이 아니라 그 자체로 독립적이고, 자발적이고, 적극적인 발화인 것처럼 보인다. 빌 니콜스의 표현을 빌리자면, 사회적 배우의 가시적 존재와 연출자의 가시적 부재에 의해 완성되는 이러한 인터뷰는 유사독백pesudomonologue에 가깝다. 유사독백은 "바라보는 자에게 직접적으로 개별 인물의 증언이 가지고 있는 생각, 인상, 느낌, 그리고 기억을 전달"[38]한다. 이를 참고해서 말해 보자면,

---

38. Bill Nichols, *Representing Reality*, p. 54.

〈당신의 사월〉은 세월호 참사를 멀리에서 바라보던 일반 시민의 경험에 역사적 가치를 부여하고 그것을 관객과 공유하기 위해 만들어졌다고 볼 수 있다.

결과적으로 〈당신의 사월〉은 세월호 참사라는 사회적 고통의 거리감을 최소화하고 사회적 유대가 회복되기를 염원하는 작품이다. 앞서 예로 들었던 박철우의 이야기를 중심으로 살펴보자. 박철우는 다른 사람들과 마찬가지로 세월호에 관한 이야기를 언론을 통해서 처음 접했지만, 우연한 기회에 세월호 가족들과 만나면서 일상의 변화를 경험하게 된다. 2014년 5월, 당시 KBS 보도국장이 세월호 참사를 교통사고에 빗댔고, 이에 반발한 세월호 유가족들이 5월 9일 KBS 앞에서 항의 시위를 한 후 새벽이 되어서 청와대 쪽으로 행진하는 일이 있었다. 박철우는 세월호 유가족이 청와대 근방으로 온다는 소식을 듣고 급하게 동네 지인들과 함께 따뜻한 물과 라면 등을 준비한다. 영화 속 인터뷰에서 박철우는 지근거리에서 세월호 유가족을 맞이했던 때를 회상하면서, "세상에서 가장 중요한 사람들이 하늘에서 떨어지는 기분"이 들었고, "너무 많은 고통을 겪고 있을 그 사람들이 조금이라도 힘든 게 너무 미안"했다고 말한다. 그 일이 있고 난 다음 그는 세월호 유가족의 아픔을 치유하는 여러 사회적 활동에 적극적으로 참여하게 된다. 특정한 사회적 고통에 대해 소극적인 태도를 보이던 자가 적극적인 태도를 보이는 방식으로 변화한 것이다. 볼탄스키에 따르면, 고통으로부터 거리를 두려는 일반 관객ordinary spectator의 상태가 초래할 수 있는 윤리적인 문제들은 고통에 공감하고 도덕적인 행동을 하는 이상적인 관객ideal spectator의 상태를 획득함으로써 극복될 수 있다.[39] 이처럼 영화는 세월호 참사의 슬픔을 극복해나가는 시민의 사회 참여적인 모습에 집중하면서, 사회적 고통을 사회적 유대로 극복할 수 있을 것이라는 희망을 내비친다.

다음으로 살펴볼 작품은 구미 소재 반도체 생산업체인 KEC의 2018년 임단협 체결 과정을 KEC지회의 관점에서 기록하고 있는 〈깃발, 창공, 파티〉이다. 이 작품의 주요 관찰 대상의 정확한 명칭은 전국금속노조 구미지부 KEC지회이다. 약칭 KEC지회로 불리기도 하는 이 노조는 산별노조로 분류된다. 1990년대 말 외환위기 이후로 노동시장의 구조 자체가 유연화되었고, 노동운동 진영을 중심으로 동종 산업 내 "임금과 근로조건의 평준화"[40]를 달성하기 위해 산별노조가 필요하다는 인식이 자리 잡았다. 특히 전국민주노동조합총연맹(민주노총)은 기존 기업별 노조 체계의 한계를 극복하고 노동운동을 사회체제의 변혁이라는 한 단계 높은 차원으로 도약시키기 위해 1990년대부터 산별노조 건설 운동을 추진한다.[41] 그 과정에서 민주

39. Luc Boltanski, *Distant Suffering*, p. 40.
40. 이주희, 「한국의 단체교섭 구조」, 『산업관계연구』 19권 1호, 2009, 72쪽.
41. 이원보, 『한국노동운동사 100년의 기록』, 한국노동사회연구소, 2013, 373~374쪽.

노총 내부에서는 본조-지부-지회로 결속되는 형태가 일반화된다. 〈깃발, 창공, 파티〉는 한국 노동운동사의 거시적 흐름을 국지적으로 보여주는 단위인 KEC 지회의 활동을 기록한 작품이다.

KEC지회는 복수노조가 법제화되면서 소수노조로 전락한 경우이다. KEC지회가 세간에 알려진 시기는 2010년 6월 즈음이다. 당시 KEC지회는 KEC 사측과 정리해고와 타임오프제 실시를 놓고 충돌한다.[42] 노조 측은 2010년 6월 9일 파업에 돌입하고, 11월 3일부터 14일 동안 공장점거 농성을 벌인다. 이에 사측은 400여 명의 용역을 동원하여 직장폐쇄를 단행하고, 노조원을 상대로 손해배상 소송을 제기한다. 또한, 사측은 KEC 지회를 분열시키기 위한 목적으로 복수노조 설립이 법제화되는 2011년 7월 1일을 기해 복수노조로 회사를 살리고 고용안정을 지킨다는 명분으로 한국노총 금속노동조합연맹 KEC노동조합을 설립한다. 이 노조는 결성 직후부터 단체교섭권을 갖고 임단협에 참여해 시종일관 무파업 타결을 관철시켰다.[43] 일종의 어용노조가 만들어진 이후 KEC지회는 임단협에 참여하

---

42. 박주희, 「노사갈등 KEC '제2쌍용차' 우려」, 『한겨레』, 2010년 10월 24일 입력, 2023년 3월 16일 접속, http://www.hani.co.kr/arti/society/labor/445303.html.

43. 최규열, 「구미 KEC 노사, 올해 임단협 체결」, 『대구신문』, 2015년 6월 8일 입력, 2023년 3월 16일 접속, https://www.idaegu.co.kr/news/articleView.html?idxno=166420.

지 않은 상태로 KEC노동조합과 사측 모두를 견제하려고 했지만, 사측의 노조 파괴, 노조원의 이탈, 교섭권과 투표권의 부재 등으로 인한 소수노조의 한계를 절감한 끝에 2018년 임단협을 앞두고 교섭창구 단일화에 참여하게 된다. 〈깃발, 창공, 파티〉는 바로 이 부분, 즉 KEC지회가 2018년 임단협과 교섭창구 단일화를 대비하는 과정을 기록하고 있다.

영화는 관찰자적인 양식observational mode을 따르는 다큐멘터리 영화에서 두드러지게 나타나는 연출자의 자기소거self-effacement 방식을 활용한다. KEC지회에 대한 역사적 배경과 영화 후반부에 임단협 결과를 요약하는 자막을 제외하고는 여타의 설명적이거나 서사적인 장치가 쓰이지 않고 있다. 이 작품은 과거 1960년대 전후 경량화된 카메라와 동시녹음 장비가 등장하면서 미국을 중심으로 유행했던 다이렉트 시네마[44]의 방식을 참고한다. 특히 특정 기관 또는 집단에 초점을 두면서도 그곳에 속해 있는 무명의 행위자들의 일상 실천에 주목한다는 점에서, 여러 다이렉트 시네마의 선구자 중에서도 프레드릭 와이

---

44. 1960년대 미국 다이렉트 시네마(direct cinema)는 다큐멘터리의 객관성을 담보하기 위해 연출자의 개입을 최소화하고 관찰을 극대화하는 방식을 따랐다. 이를 위해서 특정 인물을 영웅적으로 재현하거나 그 인물을 중심으로 서사를 구축하는 방식, 보이스 오버 내레이션을 통해 특정 대상이나 사건을 설명하는 방식, 그리고 사운드를 통해서 관객의 감정을 동요시키는 방식을 모두 지양했다. 그 대신 다이렉트 시네마는 특정 대상과 사건을 바라보는 관찰자적인 태도에 집중했다.

즈먼Frederick Wiseman의 연출 방식과 유사한 점이 많아 보인다. 영화는 KEC지회의 일상을 시공간적인 변화의 흐름에 따라 기록하는데, 영화가 드러내고자 하는 것은 KEC지회의 고유한 역사적 시간과 공간이다. 연출자가 기록하는 세계, 다시 말해 연출자의 기록 대상인 주요 인물이 속해 있는 세계이자 그 인물이 주요 사건을 경험하는 세계를 직접적으로 드러내는 것이 이 영화의 목적이었던 것이다. 이와 같은 다큐멘터리 감독의 자기 소거는 역사가의 자기 삭제가 지향하는 관찰자적인 태도와 유사하다. 관련해서 크라카우어의 다음과 같은 말을 참고해볼 필요가 있다. "역사가가 자신의 자아를 지워야 하는 이유는 과거 사건들의 행로를 냉철한 태도로 전달하기 위해서일 뿐만 아니라, 세계라는 무대에서 펼쳐지는 유일무이하고도 의미심장한 스펙터클에 몰입하는 참여관찰자가 되기 위해서이기도 하다."[45]

〈깃발, 창공, 파티〉는 연출자 스스로가 참여관찰자가 되어 특정한 역사적 세계에 대한 몰입과 이해를 도모한다. 영화는 표면적으로는 KEC지회가 조직하고 있는 여러 사업과 활동을 일상의 리듬을 통해 구체화한다. KEC지회는 조합원 간담회, 간부회의, 소식지 발간 같은 정기적인 사내 활동을 주로 한다. 이와 함께 민주노총에서 주최하는 시위에 참석하거나 기타 노동운동과 관련된 비정기적 사외 활동을 병행한다. 영화가 포착한

---

45. 지그프리트 크라카우어, 『역사』, 97쪽.

KEC지회의 조직사업의 목표는 크게 단기 과제와 장기 과제로 구분되어 있다. 단기 목표로는 임단협 잠정합의안을 통해 단일 호봉제, 임금 기본급 인상, 직장 내 남녀차별 철폐 등을 끌어내는 것이 있다. 장기 목표로는 사내의 복수노조와 그것과 직접적으로 연관된 교섭창구단일화로 인한 소수노조의 탄압 문제를 극복하고, 더 나아가 KEC지회가 겪는 노동문제를 일반화하여 사회적 연대를 끌어내는 것 등이 있다. 이처럼 영화는 KEC지회라는 국지적이고 미시적인 단위로부터 출발해서 오늘날 노동운동 일반이 당면한 과제가 무엇인지를 환기시키고 있다.

더불어, 이 영화는 KEC지회의 조직사업을 따라가는 과정에서 역사적 아이러니를 발견한다. 그것은 역사의 예측 불가능성이 드러나는 것과 관련이 있는데, 실제 영화는 KEC지회의 성공이 급작스럽게 실패로 전환되는 과정을 보여준다. 2019년 1월 17일 KEC지회의 요구안이 반영되지 않은 임단협 잠정 합의안에 대한 KEC 노동자들 전체의 찬반 투표가 이루어지고, 그 결과는 찬성 39.1%. 반대 60.1%, 기권 4.6%, 무효 0.8%로 나타난다. 이것은 영화의 이야기 구조 속에서 KEC지회의 노력이 결실을 맺는 순간으로 표현된다. 그러나 이 영화가 포착한 역사는 물리 법칙이 자연을 지배하듯이 인과 법칙에 따라 진행되지 않는다. KEC 사측은 잠정합의안에 대한 노동자들의 찬반 투표 결과를 무시하고, 단체교섭권을 가진 한국노총 소속 KEC노동조합과 잠정합의안을 체결한다. 영화가 거의 끝나갈 무렵, KEC

지회 측은 자체적으로 모임을 열어 지난 시간을 자체 평가한 다음 앞으로의 사업 계획을 꾸린다. 그들은 자신들의 과거가 실패했건 또는 성공했건 간에 그 일련의 시간이 더 큰 노동운동으로 나아가기 위한 경험적 자산이라고 믿는 듯하다. 그들은 역사에 대한 경험적 이해를 통해 더 나은 미래를 그려보려는 진취적인 태도를 보여준다.

지금까지 연출자의 개입을 최소화하면서 역사적 세계를 충실하게 기록하려고 했던 두 편의 독립 다큐멘터리를 살펴보았다. 〈당신의 사월〉이 세월호 참사라는 거시적인 사안을 시민의 일상과 사회적 참여라는 미시적인 사안으로 좁혀나가는 방식을 취한다면, 〈깃발, 창공, 파티〉는 소수노조의 조직사업이라는 미시적인 사안을 노동운동 일반이라는 거시적인 사안으로 확장하는 방식을 취한다. 두 영화 모두 사회적으로 이름 없는 자들을 역사의 장으로 소환하고 그들의 존재 양식을 복권하는 방식으로 특정한 역사적 세계를 경험적으로 매개하였다. 이는 한국 독립 다큐멘터리가 사회적 약자들의 존재를 복권하기 위해 기록을 위한 투쟁에 헌신한 사례들이다.

3. 기억을 위한 투쟁 : 역사적 진실의 회복

이어서 역사적 기록, 기억, 재현의 불완전성을 드러내는 두 편의 독립 다큐멘터리를 살펴보자. 앞에서 살펴본 작품들이 역사적 세계에 대한 기록에 충실한 리얼리즘적 경향의 다큐멘터리라면, 이 절에서 살펴볼 작품들은 역사적 자료에 대한 처리와 해석이 강조되는 조형적 경향의 다큐멘터리에 가깝다. 분석 대상은 1980년 5·18 광주민주화운동 당시에 시민군으로 참여한 사람들의 사진을 놓고 벌어진 논쟁을 따라가는 〈김군〉과 17년 동안 실종된 아이를 찾는 한 남자의 이야기를 다룬 〈증발〉이다. 두 작품 모두 특정한 인물을 기록한 오래된 사진을 중요하게 다룬다. 그리고 그 오래된 사진을 기억하는 사람을 찾으면서 그 사진 속 대상의 정체를 둘러싼 역사적 논쟁을 다룬다.

〈김군〉은 흡사 미스터리한 사건을 풀어나가는 탐정영화처럼, 5·18 광주민주화운동 당시 페퍼포그 차량에 탑승했던 한 남성의 정체를 둘러싼 역사적 논쟁을 다루고 있다. 이 영화가 주목하는 의문의 남성은 5·18 광주민주화운동 당시 시민군이었으며, 그에 관한 기록은 여러 장의 사진으로 남아 있다. 영화는 한 여성의 증언을 참고해서 사진 속 남성을 '김군'이라고 지칭하는데, 사실 그의 정체를 공론화한 것은 광주민주화운동의 역사적 의의를 부정하는 일부 보수주의자들이었다. 2015년 5월, 보수논객 지만원은 자신의 홈페이지 게시판에 1980년 5월 광주에서 "눈에 띄게 활약한 사람들" 가운데 "중기관총으로 무장한 3인"이 있었고, 그들의 정체가 북한군 지휘부였다고 주장하는 글을 올린다.[46] 지만원은 1980년 5월 광주에 폭동을 일으킬 목적으로 내려온 600명 정도의 북한군이 있었다면서, 그들을 모두 광수라고 명명한다. 여기서 '김군'은 지만원이 '제1광수'로 지목한 인물이다. 광주민주화운동에 북한군이 개입했다는 지만원의 주장과 그가 자신의 주장을 뒷받침하기 위한 근거로 제시한 광수들의 사진은 곧바로 5·18 광주민주화운동과 관련된 당사자와 유족의 반발을 사게 된다. 영화는 한편으로는 지만원이 촉발시킨 광주민주화운동을 둘러싼 역사적 해석의 논쟁을 따라가면서, 다른 한편으로는 김군 혹은 제1광수로 지목된 신원미상의 역사적 대상의 존재를 복권하기 위한 여러 차원의 노력을 보여준다.

영화가 주요 대상으로 삼고 있는 1980년 5월 광주의 사진, 특히 그중에서도 시민군을 찍은 사진들은 여러 가지 측면에서 모호하다. 우발적인 현실을 포착하는 사진의 매체적 특성을 고려할 때, 광주민주화운동에 시민군으로 참여한 사람들을 찍은 사진들이 실제를 기록했다는 점은 분명하다. 또한, 그러한 사진들의 역사적 진정성은 그 사진들의 네거티브 필름에 의해 뒷받침될 수 있다. 실제 영화는 김군으로 불리는 무명의 시민군을 촬영한 당사자를 만나 김군을 찍은 사진들의 네거티브 필름을 확인한다. 따라서 역사적으로 실존했던 인물인 김군과 그의 사진 이미지는 존재론적 동일성을 확보한다. 앙드레 바쟁의 표현

---

46. 지만원, 「기자회견 보도자료(광수 얼굴 공개)」, 『지만원의 시스템클럽』, 2015년 5월 20일 입력, 2023년 3월 16일 접속, http://bit.ly/3mZTwoU.

을 빌려 말하자면, 역사적 세계를 기록한 한 장의 사진은 "자신의 시간 속에 정지되어서, 자신의 운명으로부터 자유로워진 생명들의, 마음을 설레게 하는 현존"[47]을 마주하게 한다. 하지만 김군을 찍은 사진에서 지표성, 즉 사진 속 대상과 그것이 지시하는 대상 사이의 일치가 보장된다는 이유만으로, 롤랑 바르트Roland Barthes가 저널리즘의 사진을 분석하면서 지적했던 것처럼 사진은 제목이나 설명과 같이 "정박"[48]의 기능을 해주는 장치가 없다면 코드 없는 메시지에 지나지 않는다. 만약 김군의 사진에 대한 설명이 없다면, 그 사진은 문자 그대로 이름 없는 사진으로 전락한다. 그레고리 커리Gregroy Currie가 정확하게 지적했듯이, 사진과 다큐멘터리는 모두 지표성을 담보하는 흔적의 기능을 수행하며, 그것은 "비-의도적인 내용"non-intentional contents을 담는다. 사진은 항상 침묵을 전제로 하며, 다른 무엇보다도 시각적인 흔적을 통해서 소통하는 매체인 것이다.

김군과 관련된 사진들은 사후적으로 다양한 의미를 획득한다. 그 사진들은 광주민주화운동을 기억하는 사람들에게는 시민군의 전형을 보여주는 것이지만, 지만원과 같은 보수주의자에게는 북한특수부대원의 전형을 보여주는 증거이다. 동일한 역사적 자료가 그것을 바라보는 관점에 따라서 달리 해석되는

47. 앙드레 바쟁, 『영화란 무엇인가?』, 박상규 옮김, 사문난적, 2013, 37쪽.
48. 롤랑 바르트, 『이미지와 글쓰기』, 김인식 편역, 세계사, 1993, 96쪽.

것이다. 역사학자 헤이든 화이트는 역사 연구의 형식을 크게 연대기, 이야기, 플롯 구성, 논증, 이데올로기적 의미로 구분하는데, 그중에서 이데올로기적 의미는 "역사의 지식과 의미의 본질이라는 문제에 대해서, 독특한 위치에 있는 역사가의 가설에 나타난 윤리적 요소를 반영한"[49] 것이다. 역사학자는 특정한 이데올로기에 기대어 사료를 수집, 분석, 해석한다는 것이다. 그 과정에서 역사적 사실은 역사적 믿음을 뒷받침하는 것으로 바뀐다. 그리고 역사적 사실은 특정 이데올로기를 정당화하기 위한 수단으로 쓰인다. 지만원은 보수주의적인 관점에 따라서 광주민주화운동을 부정했다. 그는 자신의 주장이 충분히 신빙성 있는 것이라고 믿는 것처럼 보인다. 그는 영화 속에서 인터뷰 참여자로 등장해 광주민주화운동 당시의 사진들을 기하학적으로 분석하는 과정을 설명한다. 그 분석 방법은 김군을 포함한 시민군의 사진에서 얼굴 윤곽선을 본뜬 다음 그것을 어느 북한군의 사진 위에 덧입히는 식으로 이루어진다. 비교 대상이 되는 두 장의 사진에서 얼굴의 윤곽선이 일치한다면, 두 사진 속 인물은 동일 인물이라고 볼 수 있다는 것이다. 이와 같이 지만원은 광주민주화운동에 대한 자신의 주장을 뒷받침하기 위해 시민군을 찍은 사진이 내적으로 담보하고 있는 기계적, 객관적, 구체적, 과학적 특성을 인위적, 주관적, 추상적, 유사-과학적 특성

---

49. 헤이든 화이트, 『메타 역사 I』, 천형균 옮김, 지식을만드는지식, 2011, 55쪽.

으로 바꾸어 놓았다. 이것은 이데올로기적인 해석에 의해 이미 공인된 역사적 사실들의 진위가 모호해질 수 있음을 의미한다. 이처럼 〈김군〉은 광주민주화운동의 주역 중 한 명이었던 김군의 행방을 추적하면서, 광주민주화운동의 역사적 진정성을 둘러싼 논쟁을 하나의 담론으로 구축하고, 더 나아가 아직 공백으로 남아 있는 이름 없는 자들에 관한 이야기를 서술한다. 특히 이 영화는 아직 광주민주화운동과 관련된 역사에는 서술된 부분보다 서술되지 않은 부분이 더 많다는 사실을 일깨우고 있다.

다음으로 살펴볼 〈증발〉은 한 장기실종 아동의 행방을 찾는 과정을 다루고 있다. 2000년 4월 4일 오후 3시 30분경 최용진의 딸 최준원 양이 실종되고, 이후 최용진은 약 17년간 딸을 찾기 위해 백방으로 노력한다. 영화는 아버지 최용진의 기억과 그의 시점을 중심으로 과거 최준원 양이 실종될 당시를 재구성하면서 그녀의 가족이 장기간 겪었을 상실감과 그에 따른 심리적 고통을 다룬다. 또한, 영화는 잃어버린 딸을 찾기 위한 아버지 최용진의 강박증적인 노력으로 그가 주변의 다른 이들과 긴장 관계를 형성하게 되는 과정을 보여준다. 이처럼 〈증발〉은 미스터리한 사건 또는 인물에 관한 이야기를 전개하고, 현재 행방이 불분명한 인물을 찍은 사진을 영화적 장치로 활용하고, 역사적 자료를 다루거나 해석하는 과정에서 나타나는 상반된 입장들을 보여주고 있다는 점에서, 앞서 살펴본 〈김군〉과 유사한 점이 많다. 특히 두 작품 모두 탐정영화의 어두운 분위기와 스릴러 영화 특유의 긴장감 있는 연출 방식을 활용하고 있다는 점에서 역사를 창의적으로 다루는 조형적 경향이 강조된 경우로 볼 수 있다. 물론, 두 작품 모두 단순히 드라마틱한 이야기를 전개하기 위해서라기보다는 역사의 공백에 접근하기 위한 하나의 방법으로 연출자의 개성이 강조된 조형적 접근 방식을 따른 것으로 보인다.

〈증발〉의 전반부는 실종아동 가족들의 찾기 노력search effort을 시계열적으로 압축해서 보여주고 있다. 영화는 최준원 양이 실종된 이후의 시간을 경찰의 수사 일지, 가족들의 방송출연 영상, 제보 내용을 기록한 노트, 가족들과의 인터뷰 내용 등을 배열하는 방식으로 압축한다. 시간의 변화에 따른 장기실종아동 부모들의 행동 양태에 대한 김성천과 이은주의 연구에 따르면, 실종아동 부모들의 찾기 노력은 단계적으로 소극적 행동기, 적극적 행동기, 일시 소강기, 체계적 행동기로 변화한다. 실종아동의 부모들은 처음에는 자식이 실종되었다는 사실 자체를 부정하거나 주변의 가족, 친지, 지인, 경찰에게 의존적인 모습을 보이다가(소극적 행동기), 직접 수사를 하거나 전단지를 돌리는 등의 적극적 태도를 보이며(적극적 행동기), 찾기 활동이 장기화되면서 절망적인 상태에 이르렀다가(일시 소강기), 그간의 축적된 경험적 지식을 바탕으로 자체적으로 체계적인 수사를 이어 나간다(체계적 행동기).[50] 최준원 양의 부모들 또한 처음에는 딸의 실종을 현실로 받아들이지 못하다가 직접 딸을 찾기 위해 발 벗고 나서는데, 이 과정에서 딸을 잃은 상실의 고통과 장기화된 찾기 활동으로 인한 물질적·심리적 고통이 가중되어 가정불화를 겪은 것으로 보인다. 이후 최준원 양의 가족 대부분은 체념과 절망에 가까운 상태에 이르렀지만, 최준원 양의 아버지 최용진은 17년이 지난 현재까지도 딸을 찾을 수 있다는 희망을 포기하지 않는다.

영화의 핵심 인물인 최용진의 시간은 그의 딸이 실종된 과거 그 시간에 멈춰 있는 것처럼 보인다. 최용진이 영화 속에 처음 등장하는 장면에서, 그는 딸의 행방을 수소문하기 위해 직접 운전을 해서 어딘가로 이동 중이다. 잠시 휴게소에 들른 그는 자판기의 한 귀퉁이에 최준원 양의 과거 사진과 신상정보가 적혀 있는 스티커를 붙인다. 최준원 양은 실종된 지 17년이나 지났지만, 사진 속에서 과거의 앳된 모습 그대로 남아 있다. 스티커가 사물에 단단히 접착되듯이, 최준원 양에 대한 최용준의 기억 또한 그의 의식 속에 고정되어 있었던 것으로 볼 수 있다. 그렇게 최준원 양은 사진을 통해서 그리고 최용진의 기억을 통해서 부재하지만 현존하는, 즉 하나의 유령과 같은 상태로 존재했던 것이다. 이처럼 과거를 통해서 최준원 양을 기억하려는

---

50. 김성천·이은주,「장기실종아동부모의 시계열적 실종아동찾기 변화에 관한 질적 연구」,『한국지역사회복지학』, 36호, 2011, 66쪽.

최용진의 노력은 그의 습관적인 기록 행위를 통해서 여실히 드러난다. 그는 제보자들의 증언과 자신이 직접 수사하면서 얻은 정보가 빼곡하게 적혀 있는 여러 권의 노트가 사건의 실마리를 풀 수 있는 유일한 단서라면서 다음과 같이 말한다. "분명히 이 노트 안에 우리 준원이가 있을 거예요. 난 믿고 있습니다." 그것은 흡사 수많은 기록과 정보를 수집하여 역사의 공백을 메우려는 역사가의 태도와 비슷하다.

역사가는 특정 사건에 대해 문제를 제기하고 그것에 대한 해답을 찾으려고 한다. 역사를 탐구하는 역사가는 현재도 아닌 그렇다고 과거도 아닌 그 중간에 위치한다. 역사가를 힘들게 하는 것은 역사의 애매모호한 시간성이다. 실종된 딸의 과거를 객관적으로 복기하고자 하는 최용진의 최대 난제는 17년이라는 시간의 무게이다. 이를테면, 그는 자신의 딸이 실종될 당시를 기억하고 있을 법한 사람들을 수소문하여 직접 만나거나 전화 통화를 하지만, 그렇게 만난 이들 대부분이 기억의 한계를 토로한다. 과거의 시간을 되돌리고 그것을 있는 그대로 복원하려는 최용진의 열망은 시간의 비가역성을 인정하고 현재 시점에서 수사를 이어가려는 경찰들의 태도와 묘한 긴장 관계를 형성한다. 최용진이 자신만의 노하우를 바탕으로 자체적으로 주변 탐문 수사를 이어가는 동안, 2017년 서울경찰청에 신설된 장기실종 전담수사팀의 경찰들은 나이 변환과 이미지 변환 기능이 있는 몽타주 프로그램[51]을 활용하여 최준원 양의 현재 모습으로 추정되는 몽타주를 만들어낸다. 그리고 장기실종 전담수사팀은 경찰 내의 전산망과 빅데이터를 활용하여 최준원 양의 행방을 찾으려고 한다. 최용진이 사건 발생 당시와 관련된 정황 증거에 기반한 고전적인 수사 방식에 집착하는 반면에, 경찰들은 디지털 이미지 제작 프로그램과 자체 정보전산망을 기반으로 과거의 자료를 현재에 접목할 수 있는 과학 수사 방식을 선호했던 것이다. 전자의 의식의 흐름이 과거의 대상을 지향하고 있다면, 후자의 의식의 흐름은 현재의 대상을 지향하고 있다. 전자가 시간의 흐름을 거스르고 후자가 시간의 흐름을 앞지른다는 차이는 있지만, 둘 모두 기억 이미지로 고착되어가고 있는 특정 대상을 물질적으로 회복하려는 시도라고 볼 수 있다. 여기서 우리는 실종아동을 위한 찾기의 방식이 다르다고 해서 그 각각의 목적이 본질적으로 다른 것은 아님을 알 수 있다. 최준원 양의 과거 사진을 기억하는 최용진이나 최준원 양의 현재 모습을 상상하는 경찰들 모두 실종된 최준원 양의 행방이 밝혀지기를 기다린다는 점에서는 크게 다르지 않다. 그들은 모두 사라진 자로부터 응답이 오기를 기다리는 것이다.

---

51. 2016년 6월 경기남부경찰청 과학수사계는 한국과학기술연구원이 개발한 3D 몽타주 시스템 '폴리스케치'를 활용해 38년 전에 실종된 남성의 몽타주를 제작했다. 그리고 전단지를 배포한 지 한 달 만에 실종자를 찾아낸 바 있다. 이것은 국내에서 3D 몽타주 시스템을 활용해 장기 실종자를 찾아낸 첫 번째 사례에 해당한다. 다음 기사를 참고하라. 강영훈, 「38년 전 실종자, 나이 변환 몽타주로 찾았다」, 『연합뉴스』, 2016년 6월 21일 입력, 2023년 3월 24일 접속,

지금까지 〈김군〉과 〈증발〉을 분석 대상으로 하여 한국 독립 다큐멘터리가 역사적 현실의 불가해함을 다루고 있음을 살펴보았다. 두 작품은 탐정영화의 어두운 분위기와 스릴러 영화의 드라마적인 서사 구조를 활용하여 역사적으로 공백으로 남아 있는 사건이나 인물에 접근했다. 특히 두 작품에서 사진 이미지는, 명확하게 의미화되지 않는다는 점에서 일종의 역사의 공백과 같았다. 크라카우어의 표현을 빌려 말하자면, "역사적 현실과 사진적 현실은 일종의 대기실"[52]과 같은 상태로 그것에 접근하는 이들에게 기다림을 요구한다. 비록 역사적 세계에 대한 기록이 역사를 일반화하고, 보편화하고, 명료화할 수는 없겠지만, 최소한 역사를 기록하고 해석하려는 모든 시도는 "외부 세계의 찰나적 현상을 구체화시키는 일, 그리고 이로써 외부 세계의 찰나적 현상을 망각에서 구원"[53]하는 일을 지향한다고 볼 수 있다. 결국 다큐멘터리스트들은 자신이 직접 역사를 형상화하려고 하면서도 언젠가는 역사가 제 자신의 모습을 드러내기를 간절한 마음으로 바라는 것이다.

4. 소결

---

https://www.yna.co.kr/view/AKR20160621191200061?input=1195m.

52. 지그프리트 크라카우어, 『역사』, 209쪽.

53. 같은 책, 210쪽.

이 장은 대안적인 역사 서술을 지향하는 것으로 평가받고 있는 한국 독립 다큐멘터리가 역사와 어떤 본질적인 관련성이 있는지에 대한 질문으로부터 시작했다. 그리고 다큐멘터리와 역사의 결속력을 이론적으로 탐구하기 위해 지그프리트 크라카우어의 매체 이론과 그의 역사 이론에 주목했다. 크라카우어는 사진적 매체와 역사의 친연성을 주장했는데, 그에 따르면 사진적 매체와 역사 모두 데이터를 수집하려는 리얼리즘적 경향과 데이터를 처리하고 배열하려는 조형적 경향을 띠고 있다. 사진적 매체와 역사 모두 아직 이름 없는 자들의 존재를 복권하는 데 그 목표를 두고 있다는 공통점이 있다. 이런 관점에서 보자면, 사진 이미지를 기록하고 그것을 배열하여 의미를 도출하는 것은 이름 없는 자들을 위해 대안적인 역사를 쓰는 것이다.

이어서 한국 독립 다큐멘터리와 역사의 관계를 보다 구체적으로 확인하기 위해 리얼리즘적 접근 방식과 조형적 접근 방식을 가지고 있는 작품들을 분석했다. 우선, 역사적 세계의 객관적 기록을 추구한 리얼리즘적 경향의 〈당신의 사월〉과 〈깃발, 창공, 파티〉를 살펴보았다. 두 작품은 연출자의 개입을 최소화하는 대신 역사적 세계를 객관적으로 기록하려고 했다. 그리고 두 작품이 궁극적으로 지향하는 것은 사회적 약자들의 연대를 통해 더 나은 사회적 비전을 그리는 것이었다. 다음으로 역사적 세계에 대한 창의적 처리와 배열을 중시한 조형적 경향의 〈김군〉과 〈증발〉을 살펴보았다. 두 작품은 특정 역사적 사건을 기록한 사진 이미지를 둘러싼 상반된 태도를 보여줌으로써 역사 그 자체의 불가해한 성격을 드러냈다. 이처럼 독립 다큐멘터리는 다양한 연출 방식을 활용하여 한편으로는 그것의 매체적 본성인 물질적 현실의 복원에 충실하면서도 다른 한편으로는 특정한 역사적 담론을 구축하거나 역사 그 자체의 성격을 규명하기 위해 노력한다.

흥미로운 것은 분석 대상으로 살펴본 작품들 모두가 역사의 가장자리와 공백을 다루었다는 점이다. 리얼리즘적 경향의 독립 다큐멘터리들이 역사적 세계의 가장자리에 위치한 사회적 약자들을 위한 기록 투쟁이었다면, 조형적 경향의 독립 다큐멘터리는 역사적 공백을 위한 기억 투쟁에 가까웠다. 결국, 한국 독립 다큐멘터리는 그것이 역사적 현실의 물질적 복원에 충실하건 역사적 진실의 회복에 충실하건 간에, 아직 이름을 갖지 못한 자들을 위한 역사 쓰기에 충실했던 것으로 볼 수 있다. 이것은 한국 독립 다큐멘터리가 자신의 매체적 본성을 바탕으로 이름 없는 자들을 위해 역사와 벌이는 한판 내기라고 할 수 있다.

4장

현장을 전유하는 다큐멘터리

한국 독립 다큐멘터리의 전통은 액티비즘activism을 지향하는 태도와 그것에 기초한 현장성을 중심으로 구축되었다. 과거 대다수의 한국 독립 다큐멘터리들은 사회적 이슈가 발발하는 현장을 지키면서 그곳에서 벌어지는 사건을 기록하는 것을 하나의 방법론으로 준수했다. 특히 빈민운동, 민주화 운동, 노동운동, 민중운동 등과 결합하는 과정에서 철거 현장, 시위 현장, 파업 현장을 근거리에서 기록했다. 여기서 현장은 사회적 이슈가 발발하는 장소, 사건 당사자들과의 연대가 구축되는 장소, 그리고 사건을 사회적으로 공론화하기 위한 다큐멘터리 실천이 벌어지는 장소라는 의미를 품고 있다. 또한, 현장은 단순히 사건이 발생하는 장소의 의미를 넘어서 연출자와의 관계 속에서 다큐멘터리의 객관성을 담보하기 위한 필수 요소로 이해되었다. 빌 니콜스의 표현을 빌리자면, 다큐멘터리의 가치는 연출자가 서 있는 장소를 그의 시선과 직접 연결하는 것으로부터 획득된다. 그런 작품에서 관객인 "우리가 바라보는 세계는 영화감독이 물질적인 실체의 일부를 구성하는 역사적 세계"[1]와 일치한다. 다시 말해, 한국 독립 다큐멘터리는 사회적 이슈가 발발하는 현장과 그것을 기록하는 연출자를 존재론적으로 일치시키는 것을 하나의 연출 방식으로 정립했다.

---

1. Bill Nichols, *Representing Reality* (Indiana University Press, Bloomington, 1991), p. 77.

하지만 한국 독립 다큐멘터리를 지탱해온 액티비즘과 관련된 전통은 오랜 시간에 걸쳐서 침식을 겪고 있는 것처럼 보인다. 2000년대 이후 한국 독립 다큐멘터리 진영 내부에서 다양한 주제와 형식을 가진 작품이 출현했으며, 그중 상당수는 연출자의 주관적인 경험을 반영하거나 다큐멘터리 형식 자체에 대해 성찰하는 것이었다. 이러한 역사적 변화는 한국 독립 다큐멘터리를 둘러싼 제작 환경의 변화, 미디어 환경의 변화, 정치적 의식의 변화 등과 관련이 있다. 특히 디지털로 대표되는 미디어 환경의 변화는 다큐멘터리 일반에 중대한 영향을 미친 것으로 이해되고 있다. 오늘날 디지털에 의한 이미지의 조작, 변형, 합성 가능성으로 인해서 재현된 이미지와 그것의 지시물 사이의 불일치가 나타나고, 디지털 기기의 광범위한 보급으로 전문가와 아마추어 사이의 구분이 사라지고, 물리적으로 멀리 떨어진 곳에서 발생하는 사건조차도 인터넷을 통해 생중계될 수 있다는 설명은 진부하게 들릴 정도이다. 그렇다면 이런 시대적 상황 속에서 다큐멘터리의 진정성을 보장하는 어떤 절대적이고 유일한 기준이 존재한다고 말할 수 있을까?

디지털로 대표되는 기술 발전이 초래한 다큐멘터리의 개념적 혼란은 정치적, 경제적, 문화적 환경의 영향을 받으면서 오랜 시간 지속되고 있다. 에리카 발솜Erika Balsom과 힐라 벨렉Hila Peleg은 디지털 시대의 다큐멘터리를 둘러싼 논의를 크게 두 가지로 압축한다. "첫째는 전례 없이 강력해진 매스 미디어의 위조된 리얼리티-효과이다. 둘째는 약화되고 있는 이미지의 지시적 차원의 중요성에 대해 논의하는 이론적 경향이다."[2] 다큐멘터리의 편재와 유사 다큐멘터리의 범람, 다큐멘터리의 양식적 다양화, 그리고 다큐멘터리의 이미지와 지시물 사이의 불일치로 인해 리얼리티에 대한 믿음은 의심으로 바뀌었다. 그 일련의 변화는 다큐멘터리의 개념적 범주가 객관을 넘어서 주관으로, 자연과학적 지식을 넘어서 인문학적인 사유로, 그리고 현실을 넘어서 가상으로 확장되고 있음을 시사한다. 스텔라 브루치 Stella Bruzzi는 오늘날의 다큐멘터리가 현실을 정직하게 재현하기보다는 현실을 형상적이고 상상적으로 구조화하는 것을 "근사치"approximation라는 용어로 설명한다.[3] 근사치는 다큐멘터리가 사실, 객관, 진실을 포기하거나 그것으로부터 거리를 두었음을 의미하지 않는다. 근사치는 진실이 유동적이고 불안정하다는 것을 그리고 언제든지 재해석될 여지가 있다는 것을 암시한다. 다큐멘터리가 진실을 포착하는 방식은 여러 가지이며 그로부터 도출되는 진실 또한 다양하다는 것이다.

이런 맥락에서 보자면, 디지털 시대의 다큐멘터리가 현실에 기반하고 사회적 이슈에 개입하는 오래된 전통과 단절되었다

---

2. Erika Balsom & Hila Peleg, "Introduction" in Erika Balsom & Hila Peleg (eds.), *Documentary Across Disciplines* (The Mit Press, Cambridge, MA, 2016), p. 14.

3. Stella Bruzzi, *Approximation* (Routledge, New York, 2020), p. 3.

4장 현장을 전유하는 다큐멘터리 **161**

고 속단하기는 아직 이르다. 일부 학자들은 디지털 기술을 기초로 제작된 다큐멘터리들이 9·11 테러, WTO(세계무역기구) 반대 시위, 월가 점거 시위, 금융위기, 이스라엘-팔레스타인 분쟁, 아랍의 봄, 블랙라이브스매터Black Lives Matter, 지구온난화 같은 국제 이슈에 다양한 방식으로 개입했다는 사실에 주목한다. 예를 들어, 9·11 테러 이후 주류 미디어의 왜곡된 정보 생산과 보수 진영의 이데올로기 공세에 대항하기 위해서 일부 진보적 시민들이 이메일, 플래시, 팝업 창 등을 활용해서 보수적인 이데올로기를 비판하는 작품을 유통함으로써[4] "9·11 시기 이후 미디어 액티비즘과 정치적 참여를 위한 새로운 모델을 촉진"[5]한 바 있다. 미국 다큐멘터리의 역사적 변화에 주목하는 안젤라 J. 아구아요Angela J. Aguayo는 다큐멘터리가 지향하는 사회 변화는 "커뮤니케이션을 통해 물질적 변화를 끌어낼 수 있는 행위"[6]로 간주해야 한다면서, 오늘날의 사회운동은 디지털 문화와 분리해서 생각하기 힘들다는 입장을 취한다. 그는 블랙라이브스매터를 예로 들면서, 이 운동이 전개되는 과정에서 시민들이 제작한 모바일 시네마 혹은 스트리트 테이프street tape가 큰 반향을

---

4. 다음 책을 참고하라. Patricai R. Zimmermann, *Documentary Across Platforms*(Berghahn Books, New York, 2019).

5. Kris Fallon, *Where Truth Lies* (University of California Press, Berkeley, 2019), p. 56.

6. Angela J. Aguayo, *Documentary Resistance* (Oxford University Press, New York, 2019), p. 17.

불러일으켰다고 설명한다.

한편, 다큐멘터리에서 나타나는 일련의 변화의 원인을 내재적인 것으로 간주하고, 그것을 다큐멘터리의 불확실성에 대한 논의로 발전시키는 경우도 있다. 히토 슈타이얼Hito Steyerl은 2003년 이라크 침공 현장에 있는 어느 군용 장갑차 안에서 찍은 낮은 해상도의 영상을 송출한 CNN 뉴스를 예로 들면서, 대중이 선명한 영상이 아닌 흐릿한 영상을 보며 현실적인 감각을 얻는 이유가 무엇인지에 관해 의문을 제기한다. 그는 "현대 다큐멘터리의 불확실성의 원리"[7]라는 표현으로 세계와 이미지 사이, 사건과 그 사건의 모사 사이, 관찰자와 관찰된 것 사이의 차이가 점점 더 희미해지고 있음을 지적한다. 이것은 단순히 다큐멘터리의 이미지가 모호하다는 것, 즉 이미지가 지시하는 대상이 확실하지 않기에 발생하는 이미지의 의미가 불확실하다는 것을 넘어 다큐멘터리의 개념 자체가 모호하다는 것을 암시한다. 비슷한 관점에서 에리카 발솜 또한 다큐멘터리를 둘러싼 리얼리즘과 구성주의 사이의 오랜 논쟁을 지적하면서, 동시대 미디어 환경 속에서 디지털 기기와 소프트웨어를 활용하여 만들어진 이미지가 현실의 흔적을 지우는 것에 맞서기 위해 "다큐멘터리의 현실성에 대한 권리"[8]가 회복되어야 한다고 역설한다.

---

7. 히토 슈타이얼, 『진실의 색』, 안규철 옮김, 워크룸 프레스, 2019, 1쪽.
8. 에리카 발솜, 「현실-기반 공동체」, 『Docking』, 김지훈 옮김, 2019년 9월 23일 입력, 2023년 3월 16일 접속, https://bit.ly/3ZTAhvN.

다큐멘터리의 순수성을 회복하자는 주장과 이와 반대로 다큐멘터리의 모호성을 기능적으로 활용하자는 주장 모두 동시대 미디어 환경 속에서 다큐멘터리가 보이는 변화에 대한 진단으로부터 시작한다. 다큐멘터리의 전통을 계승, 부정, 쇄신하려는 오늘날의 논의와 실천 들은 다큐멘터리를 둘러싼 외재적이고 내재적인 변화에 대한 다층적인 검토를 필요로 한다.

디지털 시대를 통과하는 한국 독립 다큐멘터리 또한 외재적인 요인에 영향을 받으면서 내재적인 변화를 겪고 있을 것으로 추측해볼 수 있다. 이런 관점을 유지하는 가운데 이 장은 한국 독립 다큐멘터리가 사회적 이슈가 발발하는 현장을 기반으로 작품을 만들어오던 기존의 방식을 계승하거나 갱신하는 일련의 실천에 주목하고자 한다. 한국 독립 다큐멘터리의 전통은 연출자가 현장에 개입하는 방식에 따라 크게 두 가지 유형으로 구분할 수 있다. 하나는 연출자가 현장에 육체적으로 현존하면서 그 현장에서 벌어지는 사건을 관찰하거나 그 현장의 사건에 참여하는 경우이다. 다른 하나는 연출자가 현장에 육체적으로 현존하지 못하지만, 사건을 파악하고, 참여자들의 처지에 공감하고, 현장의 사람들에게 연대와 지지를 보내는 경우이다. 전자는 현장에 물리적으로 개입하는 것으로, 후자는 현장에 심리적으로 개입하는 것으로 구분할 수 있다. 이런 맥락에서 보면, 현장은 사건이 발생하는 장소이자 그 사건을 사회적으로 공론화하기 위한 다큐멘터리 실천이 이루어지는 장소이다. 이 장은 한국 독립 다큐멘터리의 전통을 현장성을 중심으로 이해하지만, 그 현장을 일반화하거나 도식화하는 것은 경계하고자 한다. 특정한 기원과 전통을 지나치게 중시한 나머지 불연속적이고 예외적인 사건을 역사의 흐름에서 배제할 수도 있기 때문이다. 그런 점에서, 한국 독립 다큐멘터리가 현장을 바라보고 그것에 개입하는 방식에 초점을 두면서도, 현장을 유동적이고 확장 가능한 개념으로 바라보고자 한다.

우선, 1980년대 이후 한국 독립 다큐멘터리의 주요 경향 중 하나로 자리하고 있는 사회 변혁을 목표로 만들어진 작품을 '현장-기반형 다큐멘터리'로 분류하고 그것이 오늘날에 어떤 식으로 계승 및 변화되고 있는지에 대해서 살펴보고자 한다. 이어서 연출자나 출연자가 현장에 직접 개입하여 현장에서 또 다른 사건을 발생시키거나, 현장의 맥락·상황·의미를 재구성하거나, 현장에 대해서 비판적으로 성찰하는 작품들을 '현장-전유형 다큐멘터리'로 구분하고, 이 부류에 속하는 작품의 주요 특징을 살펴본다. 마지막으로 가상의 공간에서 현장을 만들거나 그러한 감각을 환기하는 작품들을 '현장-창출형 다큐멘터리'로 구분하고 관련해서 주요 작품들의 특징을 살펴볼 것이다. 이러한 구분은 한국 독립 다큐멘터리의 역사 속에서 각 유형에 속하는 주요 작품이 등장한 시기를 고려한 것이지만, 각 유형은 연출자가 작품의 일부 또는 전체를 구상하거나 연출하는 과정에서 하나의 방법론으로 선택할 수 있으며, 연출자의 성향에 따라서 복수의 유형이 방법론으로 선택될 수 있다. 세 유형은 한국 독립 다큐멘터리를 통시적으로 구분하거나 특정 작품의 양식을 설명하기 위해 고안된 분류법이 아니다. 그 세 가지 유형은 한국 독립 다큐멘터리의 역사 곳곳에서 나타난 바 있다. 또한, 그 세 가지 유형이 하나의 작품에서 동시에 나타나기도 한다. 중요한 것은 한국 독립 다큐멘터리가 여러 사회적 현장에 다양한 방식으로 개입하면서 현장의 개념을 유동적으로 활용했다는 점이다.

1. 현장-기반형 다큐멘터리 : 액티비즘을 바라보는 세 가지 시선

그간 한국 독립 다큐멘터리의 정체성은 액티비즘과의 관계를 중심으로 다양하게 서술되었지만, 사회운동의 당위성을 강조한 나머지 작품의 제작 방식에 대한 논의는 상대적으로 활발하게 이루어지지 않았다. 기존의 연구에서 한국 독립 다큐멘터리의 액티비즘 경향은 크게 세 가지 방식으로 서술되었다. 먼저, 영상 매체를 통해서 특정한 사회적 의제를 드러내고 공적 담론을 형성하려는 목적이 있는 작품을 미디어 운동의 관점에서 설명하는 방식이 있다. 다음으로, 사회운동을 지향하는 다큐멘터리를 '액티비즘 다큐멘터리'[9]라고 분류하고 그것을 유사-양식적인 것으로 설명하는 방식이다. 마지막으로 액티비즘을 지향

하는 작품이 현장의 사건·인물·이야기를 어떻게 재현하는지를
분석하고, 그러한 작품을 다큐멘터리 이론가들이 제시한 양식
적 분류법에 맞추어 서술하는 방식이다. 뒤에서 이야기하겠지

---

9. 일부 학자들이 하나의 독립된 양식이나 장르인 것처럼 쓰고 있는 액티비즘 다
큐멘터리라는 표현이 이론적 정당성을 획득하기 위해서는 크게 다음의 사항
들에 대한 충분한 설명이 이루어져야 할 것으로 보인다. 우선, 액티비즘 다큐
멘터리가 주로 어떤 사회적 이슈와 의제를 다루는지에 대한 점검이 필요하다.
또한, 액티비즘 다큐멘터리로 분류되는 작품들 사이에서 유사한 양식이 발견
되는지를 확인해야 한다. 만약, 액티비즘 다큐멘터리로 분류되는 작품들의 내
용과 형식이 상이하다면, 이 분류법은 하나의 공통된 양식을 설명하는 용어
로서 정당성을 획득하기 힘들 것이다. 하지만 일부 학자들은 액티비즘 다큐멘
터리라는 용어를 쓰면서도 그 부류에 속하는 작품들의 양식적 특징보다는 사
회운동적 성격을 더 강조한다. 그 결과 액티비즘 다큐멘터리와 관련된 논의에
서는 형식보다 내용이 중요한 것으로, 다시 말해 작품의 양식·형식·미학보다
는 그 작품이 내용적으로 품고 있는 사회운동에 대한 메시지가 더 중요한 것
으로 여겨지고 있다. 여기서 유의해야 할 것은, 영화사적으로 액티비즘이라는
단어가 사회운동 내지는 미디어 운동을 설명하기 위해 동원된 단어였다는 점
이다. 예를 들어, 1960년대 후반 포터블 비디오 리코더인 포타팩(portapak)이
등장하고, 이를 활용한 대안적인 미디어 운동과 비디오 아트가 등장했다. 혹
자는 비디오 매체를 활용해 액티비즘 경향의 작품을 제작하던 관행을 비디오
액티비즘(video activism)으로 명명하기도 한다. 이 경우 비디오 액티비즘이라
는 용어는 하나의 양식이 아닌 하나의 사회운동을 강조하기 위해 동원된다.
결국 많은 선행 연구는 액티비즘 다큐멘터리라는 용어를 쓰면서도 그것의 양
식적 특징을 충분히 설명하지 않았다는 점에서 아쉬움을 남겼다. 그들은 액티
비즘 경향을 가진 작품을 액티비즘 다큐멘터리로 분류하고 그 용어를 통해서
개별 작품에 대한 일반화를 시도하면서도, 개별 작품의 양식에 대한 분석은
소홀히 했다. 따라서 이 장에서는 종례에 통용되던 액티비즘 다큐멘터리라는
용어의 사용을 지양하고, 액티비즘과 한국 독립 다큐멘터리의 변화된 관계를
서술하는 데 집중하고자 한다. 한편, 비디오 액티비즘의 정의와 역사에 대해서
는 다음 글을 참고하라. 서종환, 「비디오를 통한 대안 혹은 대항의 역사」, 진
보적 미디어운동 연구센터 프리즘 엮음, 『영화운동의 역사』, 서울출판미디어,
2002, 248~276쪽.

만, 이러한 논의에는 액티비즘을 지향하는 작품이 현장에 개입해서 사건을 관찰하거나 사건에 참여하는 방식에 대한 구체적인 서술이 부재한 경우가 많다. 또한, 일부 연구자는 연출자가 현장에 개입하는 방식이 그가 현장을 그려내는 방식에 어떤 영향을 미치는지를 충분히 설명하지 않고 있다. 이 절에서는 위에서 언급한 세 가지 접근 방식을 중심으로, 액티비즘을 지향하는 한국 독립 다큐멘터리가 단일한 모델로 고정되었던 것이 아니라 역사적 시간의 흐름 속에서 유동적으로 변화해 왔다는 것을 확인하고자 한다.

먼저, 영화 운동 또는 미디어 운동의 관점에서 액티비즘의 전통과 그것의 변화를 설명하는 방식에 대해 살펴보자. 1980년대 한국 독립 다큐멘터리는 빈민운동, 노동운동, 민중운동 등과 결합했고, 이 과정에서 8mm 또는 16mm 필름 카메라, 그리고 비디오카메라를 활용해서 사회적 이슈가 발발하는 현장을 시의성 있게 기록했다. 전라남도 구례의 한 마을을 중심으로 벌어진 수세 현물납부 투쟁을 다룬 서울대 영화동아리 얄라셩의 〈수리세〉1984, 1980년대 중반 서울 상계동의 재개발 철거 현장을 다룬 김동원 감독의 〈상계동 올림픽〉, 전국 각지에서 벌어지는 노동 쟁의와 관련된 소식을 속보 형태로 전한 〈노동자뉴스〉 시리즈1989-1992 등이 그러하다. 김종갑은 비디오 액티비즘을 "미디어의 권력을 그러한 권력에서 제외되어 왔던 사회적 약자들에게 분산, 이동시키는 운동"10으로 정의하면서, 한국 독립 다큐멘터리를 관통하는 것은 대안적인 미디어 운동이라고 주장한다. 비슷한 관점에서 디지털 시대 이후의 미디어 운동이 풀뿌리 운동에 기초한 시민 참여형 영상 제작을 중심으로 이루어지고 있음에 주목하는 김지현의 연구 또한 한국 독립 다큐멘터리 운동을 미디어 운동이라는 상위 범주에 포함한다.[11]

이런 연구들은 한국 독립 다큐멘터리의 기원과 전통을 설명하는 데 효과적이지만, 그 논의의 결론이 한국 독립 다큐멘터리가 아닌 미디어 운동 일반이라는 점에서 한계가 있다. 이를 극복하기 위해서는 사회운동, 미디어 운동, 한국 독립 다큐멘터리의 관계를 수평적으로 재정립할 필요가 있다. 이승민은 오늘날 독립 다큐멘터리가 여러 사회운동과 연대하는 방식을 개인 차원의 연대, 다큐멘터리 제작 집단 차원의 연대, 그리고 프로젝트 단위의 연대로 구분한다. 이 중 프로젝트 단위의 연대는 2010년대 이후로 강정해군기지, 밀양 송전탑, 세월호 같은 "사회 현장 곳곳에서 국가 공권력에 맞서 꾸준히 기록투쟁"[12]을 하는 과정에서 나타난 것으로, 여러 단위가 각기 다른 방식으로 현장에 개입하기에 그 결과물은 다큐멘터리, 대안적인 미디어 영

---

10. 김종갑, 『90년대 이후 한국독립영화 연구』, 동의대학교 영상정보대학원 석사학위논문, 2008, 31쪽.

11. 다음 글을 참고하라. 김지현, 『한국 참여 영상 문화의 형성과 특징』, 중앙대학교 첨단영상대학원 석사학위논문, 2013.

12. 이승민, 「동시대 액티비즘 다큐멘터리 영화」, 『독립영화』, 통권 47호, 2018, 97쪽.

상, 예술로서의 영화 등의 성격을 갖는다. 이승민은 기존의 한국 독립 다큐멘터리에서 나타난 액티비즘 경향의 작품이 분화·확장되고 있다고 주장한다. 그는 기존의 액티비즘 다큐멘터리가 개인 또는 제작 집단을 중심으로 현장에 개입한다고 전제하면서, 오늘날 현장에 개입하는 단위가 다양해지고 또 그 단위들 간의 관계 맺음이 복잡해졌다고 설명한다. 한 예로 특정한 사회적 이슈가 발발했을 때 일시적으로 여러 개인과 단체가 하나의 작품을 공동 제작하기 위해 협력하는 것을 프로젝트 단위 연대라고 지칭하는데, 이런 종류의 연대에 참여하는 사람들은 다큐멘터리 영화감독, 저널리스트, 미디어 아트 작가 등으로 다양하기 때문에 그 결과물은 다큐멘터리의 범위를 넘어선다. 이러한 논의를 참고해 보면, 한국 독립 다큐멘터리에서 액티비즘을 지향하는 작품들이 과거의 전통을 계승하면서도 그 전통을 분화 및 확장하고 있다는 결론에 다다를 수 있다.

다음으로, 양식적인 차원에서 액티비즘을 지향하는 태도를 하나의 전통으로 보고, 그 전통에서 새로운 양식이 분화되었음을 설명하는 방식을 살펴보자. 맹수진은 한국 독립 다큐멘터리의 주제가 세분되고 그것의 양식이 다양해지고 있음을 지적하는 자신의 글의 서두에서 재개발과 철거를 다룬 두 편의 작품 〈상계동 올림픽〉과 〈두 개의 문〉을 언급하면서 다음과 같이 말한다. "20년이 흐르는 동안 한국 독립 다큐멘터리도 많은 변화를 겪었지만…액티비즘의 태도는 여전히 한국 주류 독립 다큐멘터리 진영이 견지하는 중요한 태도다."[13] 그는 한국 독립 다큐멘터리의 역사적 변화를 액티비즘에 대한 태도를 중심으로 바라볼 것을 제안하면서, 그러한 변화의 요인을 외부에서 찾는다. 그 변화의 요인으로는 사회운동의 구심점이 민중 개념에서 진보 개념으로 바뀌고, 한국 독립 다큐멘터리와 방송 다큐멘터리 사이에 눈에 보이지 않는 긴장이 형성된 것 등이 중요하게 거론된다. 그리고 그러한 외재적인 요인에 의해서 독립 다큐멘터리 진영 내부에서 자기 반영적인 작품과 장르 혼성적인 작품이 나타났다고 서술한다.

한국 독립 다큐멘터리의 양식적 변화를 통시적으로 서술했다는 의의에도 불구하고 맹수진의 논의는 과거에 제작된 작품을 분석할 때는 연출자의 태도를 중시하고, 비교적 최근에 제작된 작품을 분석할 때는 연출자가 선택한 양식을 중시함으로써 논리적 일관성을 유지하지 못한다. 한국 독립 다큐멘터리의 역사적 발전 과정을 불연속성과 단절로만 인식하는 그의 논의는 자칫 과거 한국 독립 다큐멘터리가 사회운동을 중시한 나머지 어떤 일관된 혹은 계승 가능한 양식을 획득하는 데 실패했다는 식으로 독해될 여지를 준다. 비슷한 방식의 오류는 정민아의 연구에서도 나타난다.[14] 그 또한 통시적인 관점에서 과거로부터

---

13. 맹수진, 「한국 독립 다큐멘터리의 주제 및 양식적 다양화에 대한 고찰」, 『씨네포럼』, 18호, 2014, 256쪽.
14. 다음 글을 참고하라. 정민아, 「한국 다큐멘터리의 양식적 진화」, 『인문사회

현재에 이르는 한국 독립 다큐멘터리의 여러 작품을 유형화한다. 그는 빌 니콜스의 양식 분류법의 한계를 지적하면서, 한국 독립 다큐멘터리를 제작자의 정체성, 영상산업의 환경, 상영 플랫폼 등을 기준으로 크게 네 가지 양식으로 구분한다. 그 결과 액티비즘 다큐멘터리, 휴먼 다큐멘터리, 저널리즘 다큐멘터리, 아트 다큐멘터리가 독립된 양식들로 제시된다. 정민아는 위에서 언급한 양식들이 이미 비평계 내에서 통용되고 있다는 이유로 각각의 용어에 대한 학술적 검토를 생략한다. 문제는 그의 분류법이 작품의 주제·형식·문법을 아우르는 일련의 원칙을 고려한 것이라기보다는 작품의 제작·유통·상영을 결정짓는 조건을 고려한 것에 가깝다는 점이다. 특정한 양식의 내재적 원칙을 제시하지 못하는 분류법에 의존한다면, 한국 독립 다큐멘터리의 미학적 특징에 대해서 논의하는 것 자체가 힘들어질 수 있다.

셋째, 재현의 차원에서 액티비즘을 정의하고 그것의 한계를 지적하는 방식이다. 앞서 운동의 관점과 양식의 관점에서 접근한 연구들이 주로 외재적 요인을 중심으로 한국 독립 다큐멘터리의 변화를 설명했다면, 재현의 차원에서 접근하는 연구는 개별 작품·작가·경향을 중심으로 한국 독립 다큐멘터리의 변화를 내재적으로 설명한다는 점에서 의의가 있다. 남인영은 1980년대 한국 독립 다큐멘터리는 존 그리어슨 식의 계몽적 다큐멘

21」, 45호, 2021.

터리 모델에 견주어볼 수 있다고 말하면서, 그것이 출현하는 과
정에서 제3세계 영화이론, 비디오 매체, 1987년도의 거리 투쟁
의 영향을 받았다고 말한다. 그러면서 "이 과정에서 창작 방법
론으로 이야기되던 것이 바로 '시의성', '현장성', '기동성'이다"[15]라
고 적는다. 여기서 남인영은 한국 독립 다큐멘터리의 방법론을
하나의 불변하는 전통이나 법칙인 것처럼 이해하지 않고, 그것
이 작품의 재현에 있어서 어떤 문제를 초래할 수 있는지에 대해
서 고려한다. 그에 따르면, 사회적 이슈가 발생하는 현장은 이데
올로기 대립의 장으로 볼 수 있기에 특정한 현장을 선택한다는
사실 자체가 어떤 이념에 대한 지지를 의미한다. 그런 작품에서
제작의 주체는 변혁의 진리를 체화한 전지적 주체가 되고, 그의
역능은 전지전능한 내레이션을 통해서 현실화된다. 이와 더불
어 특정 이념을 앞세우는 과정에서 목적론적인 서사가 만들어
지고 그것은 희생자들의 구원과 해방의 서사를 통해서 형상화
된다. 이것은 한국 독립 다큐멘터리의 이미지와 서사가 그것의
외부적 요인, 즉 사회운동과 그것을 뒷받침하는 이념에 의해서
정당화된다는 것을 의미한다.

　　한국 독립 다큐멘터리의 내재적 변화를 그것에 영향을 준
외재적 변화와 함께 생각하면서도, 내재적 변화가 외재적 변화

---

15. 남인영, 「정치적 리얼리즘」, 독립 다큐멘터리 모임, 『한국 독립 다큐멘터리』,
　　예담, 2003, 124쪽.

에 종속되지 않도록 경계할 필요가 있다. 한국 독립 다큐멘터리를 하나의 독립된 작품으로 인정하지 않고 오히려 그것을 사회운동을 정당화하기 위한 수단으로 활용하는 것을 경계하자는 것이다. 우리는 남인영이 지적한 사항들을 중심으로 사회 운동이라는 거시적 담론에 종속되지 않는 작품 고유의 이미지 배열과 서사 전개 등에 대해서 물색해볼 수 있다. 다소 거칠게 말하자면, 2000년대 중반 이후로 일부 작품들은 비극적인 이야기를 전개하는 과정에서 투쟁 현장의 물리적 충동을 전시적으로 드러내는 방식을 최소화하고, 현장과 별개로 일상이 지속되고 있는 삶의 터전을 드러내는 방식을 택했다. 현장을 영화적 사건이 벌어지는 무대라고 본다면, 무대 위는 물리적 충돌이 발생하는 장소이며, 무대 뒤편은 일상의 삶의 전개되는 장소이다. 2000년대 중반 이후에 제작된 액티비즘 경향의 작품이 보여준 새로운 시도는 현장에서 무대 뒤편에 속하는 영역을 탐구했다는 점이다. 예를 들어, 박배일 감독의 〈밀양전〉2013, 〈밀양 아리랑〉2014, 〈소성리〉2018, 문창현 감독의 〈기프실〉2018, 허철녕 감독의 〈말해의 사계절〉2017 등은 시위, 투쟁, 운동을 전면에 내세우는 대신 그러한 사건에 참여하고 있는 사람들의 일상적인 면면을 드러내는 데 집중한다. 이 작품들에서 특정 인물의 삶은 집단, 이념, 운동에 종속되지 않으며 그 각각의 요소가 독립적으로 존재하는 가운데 하나의 배열을 이루어 역사의 거대한 성좌를 구성한다.

지금까지 액티비즘을 지향하는 한국 독립 다큐멘터리 작품
들을 연출자가 현장에 개입하는 방식에 따라 분류해서 살펴보
았다. 일부 연구자들은 한국 독립 다큐멘터리가 지향한 액티비
즘의 태도를 하나의 전통으로 간주하고 그것이 역사적으로 변
화하는 과정을 외재적인 요인에 따른 변화와 내재적인 요인에
따른 변화로 구분해서 설명했다. 하지만 이 과정에서 한국 독립
다큐멘터리에서 나타나는 액티비즘을 하나의 불변하는 전통으
로 규정하고 그것이 구성적일 수 있다는 점을 간과하기도 했다.
그 결과 전통은 있지만 그것을 계승하면서 나타난 변화는 없는
것처럼 여겨졌다. 이러한 점을 고려하여, 이 장은 과거 한국 독
립 다큐멘터리의 제작 방법론 중 하나로 거론된 현장성을 중심
으로 오늘날의 다큐멘터리가 현장을 전유하면서 사회적 의제
를 제시하는 다양한 방식에 주목하고자 한다.

2. 현장-전유형 다큐멘터리 : 수행적 다큐멘터리와 에세이 영화

앞서 말한 것처럼, 다큐멘터리의 가치는 역사적 사건이 발생
하는 장소에서 카메라의 눈과 동일시되는 연출자의 눈이 존재
할 때 획득될 수 있다. 이 단순한 도식에서 다큐멘터리의 가치
를 결정짓는 변수는 현장의 의미와 연출자의 정체성에 달려 있
다. 인간의 의지가 개입할 수 없는 상태에서 예측 불가능한 사

건이 운명적으로 벌어지는 곳이 현장이라고 이해할 수 있다. 이와는 달리, 인간의 의지에 의해 계획된 실천이 수행되는 곳으로 현장을 이해할 수도 있다. 전자의 경우 현장의 상황과 의미는 이미 벌어진 일에 의해서 규정되지만, 후자의 경우 앞으로 벌어질 일에 의해서 현장의 상황과 의미가 변할 것이다.

　현장의 개념은 현장에 속한 연출자와 출연자의 실천에 의해 바뀔 수 있다. 특히 연출자는 자기 자신의 정체성을 주관적 경험과 우연적 만남에 열려 있는 퍼포머, 에세이스트, 아키비스트 archivist, 저널리스트, 애니메이션 감독 등으로 규정함으로써, 현장에 대한 새로운 접근법을 획득한다. 이러한 방식을 통해서 현장-기반형 다큐멘터리처럼 액티비즘을 지향하면서도, 단순히 현장을 시의적절하게 관찰하거나 기록하는 방식에 매몰되지 않는 작품의 연출이 가능하다. 그러한 작품은 현장-기반형 다큐멘터리가 중시하는 액티비즘의 태도와 방법론으로서의 현장성을 계승하면서도, 다큐멘터리 제작 과정에서 연출자와 출연자의 역할을 수동적인 것이 아닌 능동적인 것으로 이해한다. 이러한 점을 고려하여, 이 장은 현장-기반형 다큐멘터리와 달리 연출자의 정체성을 다변화시키고, 연출자와 출연자가 현장에 직접 참여하여 사건을 발생시키고, 연출자와 출연자의 주관성을 반영하는 작품을 현장-전유형 다큐멘터리라고 부르고자 한다. 현장-기반형 다큐멘터리가 현장에서 무엇을 바라볼 것인지를 고민하면서 연출자가 바라본 사건을 설명하기 위해 노력한다면, 현장-전유형 다큐멘터리는 현장에서 벌어지는 사건에 개입하면서 현장에서 무엇을 할 수 있을지를 고민한다. 두 경우 모두 현장에 참여한다는 공통점이 있지만, 전자가 현장에서 거리두기를 하면서 관찰자의 태도를 유지하는 것과는 달리 후자는 현장에서 사건에 직접 가담하는 참여자의 태도를 취한다. 현장-전유형 다큐멘터리는 어떤 지배적인 힘에 의해 미리 규정되어 있거나 고정된 현장의 상황, 맥락, 의미를 되찾기 위한 실천 속에서 만들어진다. 현장-전유형 다큐멘터리는 현장에 새로운 힘과 실천이 개입함으로써 이미 규정된 현장의 의미가 새롭게 바뀔 수 있다는 사실을 보여준다.

이와 관련해서 먼저 수행적 다큐멘터리를 살펴보자. 다큐멘터리 제작에 참여하는 사람들의 말, 시선, 행동 등이 주어진 현실을 바꿀 수 있다는 것을 드러내는 수행적 다큐멘터리는 다큐멘터리의 객관성에 대한 신화가 흔들릴 때 등장했으며, 다큐멘터리를 구성하는 여러 요소의 복합적인 관계를 통해서 정의되었다. 수행적 다큐멘터리를 하나의 독립된 양식으로 간주하고 이에 대한 정식화를 시도했던 빌 니콜스는 이 양식이 그것을 구성하는 여러 다양한 요소들 사이의 관계 속에서 형성된다면서 다음과 같이 말한다. "수행적인 다큐멘터리는 사람들이 가지고 있는 세계관의 성질이 아니라 개개의 사람, 독립된 사건, 사회적 주체성, 그리고 영화감독과 그의 대상 사이에서 역사적으로 이루어지고 있는 만남을 둘러싼 독특한 성질들을 불러내려고 한다."[16] 그의 말인즉슨, 한 편의 다큐멘터리는 현실을 구성하는 여러 요소를 객관적으로 제시하면서도, 그 각각의 요소가 연출자 또는 출연자의 주관적 경험에 의해 변화할 수 있다는 사실을 드러낸다는 것이다. 수행적 다큐멘터리에서 연출자를 포함하는 출연자의 주관, 감정, 의지는 그들의 행동을 통해서 드러나는데, 그 행동들이 무엇을 의미하는지는 규범과 질서가 작동하는 현장과의 관계 맺음 속에서 구성된다.

한국에서는 디지털카메라가 보급되면서 연출자들이 기동성을 갖추게 된 2000년대 초반부터 본격적으로 수행적 다큐멘터리 제작이 시작되었다. 이와 관련된 초창기의 시도로 언급할 수 있는 작품은 〈빽큐멘터리 : 박통진리교〉최진성, 2001, 〈주민등록증을 찢어라!〉이마리오, 2001, 〈애국자 게임〉경순·최하동하, 2001, 〈팔등신으로 고치라 굽쇼?〉황철민, 2002, 〈슬로브핫의 딸들〉문정현, 2005 등이 있다. 한국에서 수행적 다큐멘터리는 현재까지도 활발하게 제작되고 있다. 각각의 작품은 현장을 지배하는 질서를 일시 중단시키는 행동들과 그러한 행동을 수행하는 주체들의 주관적 경험에 주목한다. 이러한 작품에서 제시되는 현재, 즉 기록된 역사는 더는 바라보는 대상에 머물지 않고 행동하고 겪는 것의 범주로 거듭난다. 폴 리쾨르Paul Ricoeur의 표현을 빌

---

16. Bill Nichols, *Blurred Boundaries* (Indiana University Press, Bloomington, 1994), p. 101.

리자면, 현재의 운명을 결정하는 것은 '행동주도력'으로, 그것은 "어떤 사건이 일어날 수 있도록 우리가 어떤 것을 하기를 요구하는 그런 행동"[17]이다. 예를 들어, 사업주에 대항하기 위해 기습적으로 집단 파업을 시도하는 노동자들의 행동, 학교 운영 방침에 저항하기 위해 자체 휴교를 선언하는 학생들의 행동, 군사 이데올로기에 불복종하기 위해 병역거부를 선언하는 자들의 행동과 그것을 기록하는 카메라의 행동은 그 자체로 어떤 지배적인 힘에 의해 그 의미가 굳어진 현장을 새롭게 전유하려는 실천으로 볼 수 있다. 현장의 질서를 바꾸는 실천이 역사를 바꿀 수도 있는 것이다.

강유가람 감독의 〈시국페미〉[2017]는 하나의 현장이 지배적인 힘과 대항적인 힘의 실천, 즉 현장을 지배하면서 그 현장의 의미를 고정하려는 힘과 이미 굳어진 현장의 의미를 바꾸려는 힘의 관계로 이루어져 있음을 보여준다. 이 작품은 2016년 5월 17일에 벌어진 강남역 살인사건, 그리고 같은 해 10월 말 박근혜-최순실 게이트로 촉발된 촛불집회 기간 페미니스트들의 활동을 담고 있다. 영화가 시작하면 도로 한가운데 말 모형을 가져다 놓고 그 위에 앉아 있는 한 노인의 모습이 보인다. 그의 옆으로는 도로를 가로질러 행진하는 여성들의 모습이 보인다. 노인은 말 모형 위에 앉은 채로 행진하는 여성들을 내려다보면서, "학생들

17. 폴 리쾨르, 『시간과 이야기 3』, 김한식 옮김, 문학과 지성사, 2004, 444쪽.

아니야? 벌써 처녀들이 되어버렸구나"라는 말을 한다. 그의 말속에 악의적이거나 적대적인 감정이 없다고 하더라도, 그 말은 발화되는 맥락과 수용되는 맥락에 따라서 다양하게 해석될 여지가 있다. 행진 중이던 여성 중 일부는 노인의 말에 대꾸하듯이 "학생 아니에요", "처녀들 아닙니다", "저희가 처녀인지 아닌지 궁금해하지 마세요" 등의 말을 한다. 그리고 화면이 바뀌면 오프닝 타이틀과 함께 이 영화의 주요 출연자들의 모습이 차례로 등장한다. 이어서 박근혜 퇴진을 외치면서 광장에 모인 시민들이 '박근혜 즉각퇴진', '박근혜를 구속하라'와 같은 글귀가 적힌 전단을 들고 있는 모습이 몽타주된다. 오프닝 시퀀스를 구성하는 이 장면들을 통해서 영화는 크게 두 가지 질문을 던진다. 하나는 촛불집회 현장에서의 여성의 호명과 관련된 것이며, 두 번째는 촛불집회 현장에서의 여성의 위치와 관련된 것이다.

영화는 이 두 가지 질문에 답하기 위해서 강남역 살인사건 직후로 시간을 거슬러 오른다. 강남역 살인사건은 2016년 5월 17일 새벽, 서울 강남역 부근의 어느 건물에 있는 남녀 공용 화장실에서 한 남성이 휘두른 칼에 20대 여성이 살해된 사건과 그 이후에 이어진 시민 참여 운동을 아우르는 용어이다. 〈시국페미〉에서 이 사건은 20대 여성들이 분노하고 각성을 하게 된 계기로 제시된다. 출연자들은 이구동성으로 강남역 살인사건과 그 이후 시민들이 강남역 10번 출구 앞에 모여 애도의 글귀를 적은 포스트잇을 붙인 행동을 중요하게 언급한다. 영화는 실제 시민들의 참여가 이루어진 현장과 그러한 사회적 운동의 연장선에서 여성 단체들이 조직한 퍼포먼스를 보여준다. 이나영에 따르면, 강남역 10번 출구에서 벌어진 각종 추모행사와 성폭력 필리버스터는 "공적 공간을 독점해 온 남성 권리에 대한 도전이요, 경계를 해체하고 재점유하려는 시도"[18]이다. 다시 말해, 그 모든 실천은 여성의 자리를 되찾기 위한 저항적 행동이었다.

자신의 자리를 찾기 위한 여성들의 실천은 촛불집회 현장으로 이어진다. 영화 후반부는 박근혜 퇴진시위를 위해 광화문 광장에 모인 여성들이 주변의 혐오와 폭력으로부터 자신을 지키고 여성들의 연대를 촉진하기 위해 만든 '페미존'을 다룬다. 우지안의 표현을 빌리자면 당시 페미존은 "지금까지 광장에는 내 자리가 없었다는 감각을 공유"[19]한 여성들을 위해 만들어진 곳이었다. 주디스 버틀러Judith Butler는 집회 현장에서 쉽게 보고 들을 수 있는 '우리, 인민'이라는 표현이 자기 지시적이고, 자기 구성적이며, 자기 수행적인 발화라고 주장한다. 그의 관점에 따르면, 우리가 진리라고 인식하는 것은 선험적으로 존재하는 것이 아니며, 오히려 "진리의 수행적 실행이야말로 그런 진리를 자명하게 만드는 방식이다."[20] 〈시국페미〉가 기록한 영상 속에서 촛

---

18. 이나영, 「여성혐오와 페미사이드」, 김민정 외 지음, 『누가 여성을 죽이는가』, 돌베개, 2019, 31쪽.
19. 우지안, 「미투, 살아남은 자리에서 말하기」, 『문화과학』, 95호, 2018, 78쪽.
20. 주디스 버틀러, 「우리, 인민 ― 집회의 자유에 관한 생각들」, 『인민이란 무엇인가』, 서용순·임옥희·주형일 옮김, 현실문화, 2014, 78쪽.

불집회에 참석한 여성들은 페미존이라는 구역을 만들어서 모이고, "페미가 당당해야…"와 같은 구호를 함께 외치면서 남성 중심적인 집회 현장의 배타성을 극복해나가는 모습을 보여준다. 그 실천들은 다분히 자기 지시적이고 자기 구성적이었다. 이처럼 이 작품은 강남역 살인사건 이후 여성들이 자신의 이름과 장소를 찾아 나가는 몸짓을 기록하고 있다. 그들의 몸짓을 통해 현장의 맥락과 의미는 그 현장에 속한 사람들의 의지와 실천의 영향을 받아 새롭게 구성될 수 있다는 사실이 드러난다.

수행적 다큐멘터리처럼 이미 고정된 현장의 맥락, 상황, 의미를 전유하는 방식을 통해서 공적 담론을 조직하는 또 다른 경우는 에세이영화에서 찾아볼 수 있다. 1990년대 이후 활발하게 논의되기 시작한 에세이영화는 장르적 경계를 횡단하고, 언출자의 주관성을 드러내면서, 공적 담론에 기여하는 것으로 이해되고 있다.[21] 문학전통에서 에세이는 학문적 글쓰기, 문학적 글쓰기 그 어디에도 속하지 않는 변종으로 이해되는데, 에세이는 그 중심에 작가인 '나'의 주관과 경험이 반영된다는 점에서 다른 글쓰기 장르와 구별된다. 문학에서의 에세이적인 특징에 주목한 일부 영화연구자들은 에세이영화가 사유를 형상화하는 것으로 보았다. 여기서 사유는 일상적이고 사사로운 것부터

---

21. 다음 글을 참고하라. 이도훈, 「사유하는 영화, 에세이영화」, 『현대영화연구』, 31호, 2018.

시작해서 세계에 대한 이성적인 판단과 사변적인 철학까지를 포함한다. 크리스타 블륌링거Christa Blümlinger에 따르면, 에세이 영화에서 사회적 현실의 재현은 그것이 매개되는 과정에서 주관성의 표현으로 바뀌며, 이러한 과정을 통해서 "사적인 탐구와 사회-역사적인 탐구가 결합된다."[22]

한국 독립 다큐멘터리에서 에세이영화는 한편으로는 사적 다큐멘터리가 변화 혹은 발전된 양식으로 나타났고, 다른 한편 으로는 실험영화적인 양식을 차용한 것으로 나타났다. 일부 작품은 연출자의 사적인 기억과 경험을 바탕으로 사회적 이슈에 접근하는 방식을 따랐다. 한편, 파운드 푸티지, 도시 교향곡 영화, 구조주의 실험영화, 미디어아트 등의 양식을 적용한 작품들이 특정 대상이나 사건에 관한 관념을 추상적인 이미지와 언어로 드러내기도 했다. 이처럼 양식적 다양성을 가지고 있음에도 불구하고 한국 독립 다큐멘터리에서 시도된 에세이영화 중 상당수는 사회적 현실을 기록하고 수집하기 위해 특정 대상과 관련된 현장을 방문하거나, 산책하거나, 여행하는 방식을 따랐다는 공통점이 있다. 티머시 코리건의 표현을 빌리자면, 에세이영화 연출자들이 여러 공간을 가로지르면서 방황하고 배회하는 것은 "다른 곳에 존재하기"[23] 위해서이다. 연출자의 신체를 어

---

22. Christa Blümlinger, "Reading Betweenthe Images" in Erika Balsom & Hila Peleg (eds.), *Documentary Across Disciplines* (Cambridge, MA : The Mit Press, 2016), p. 179.

떤 고정된 장소로부터 탈구시킴으로써 그가 다른 자아를 가질 수 있게 만드는 것이다. 예를 들어, 김응수 감독의 〈아버지 없는 삶〉[2012], 〈오, 사랑〉, 〈초현실〉, 〈마지막 풍경〉[2020], 〈흔들리는 카메라〉[2019]는 연출자의 신체가 있는 여기와 지금의 현실로부터 지리적으로 떨어져 있거나 시차적으로 어긋나 있는 역사적인 공간, 사건, 인물에 관한 연출자의 사색으로 가득 차 있다. 신체와 정신, 여기와 저기, 현재와 과거의 간극을 드러내고 그것을 영화적으로 봉합함으로써 다른 곳에 대한 사유를 만들어내는 것이다. 이처럼 한국 독립 다큐멘터리는 현장을 낯설게 바라보거나 낯선 현장을 방문하는 방식을 통해서 특정 대상에 대한 사유를 전개했다.

에세이영화에서 나타나는 다른 곳에 대한 욕망은 그것에 대한 좌절로 표현되기도 하는데, 이와 관련해서 코로나19로 인해 사회적 거리두기와 비대면이 일상화된 상황 속에서 만들어진 윤지원 감독의 〈무제(홈 비디오)〉[2020]에 주목해볼 필요가 있다. 이 영화는 2020년 3월부터 4월 사이에 기록된 영상을 바탕으로 연출자가 보관하고 있던 푸티지를 비선형적으로 결합해서 만든 것이다. 그 영상들은 홈 무비에 등장할 법한 일상의 사사로운 것들에 관한 기록에 가까워 보인다. 이러한 시각적 요소들은 한 여성 내레이터가 영어로 발화하는 이야기 속의 기억,

23. Timothy Corrigan, *The Essay Film*, p. 104.

설화, 상상과 대위법적 관계를 맺는다. 각 성부의 독립된 선율이 조화를 이루는 것처럼, 〈무제(홈 비디오)〉는 시각적 요소와 청각적 요소가 독립된 영역을 차지하면서 서로 조화를 이루는 방식으로 이루어져 있다. 이 작품에서 다루어지는 소재는 크게 사회적 거리두기가 본격화된 서울 도심의 풍경, 그러한 사회적 거리두기를 실천하고 있는 연출자의 일상, 시한부 판정을 받은 연출자의 반려견의 모습, 과거 연출자의 홍콩 여행 등으로 나누어 볼 수 있다. 각각의 소재를 다루는 시각적 요소와 청각적 요소는 하나의 성좌를 이루어 코로나 이후에 전 지구적으로 나타난 불안과 그로 인해 달라진 삶의 풍경을 형상화한다. 가령 영화 초반부의 한 장면에 "온 세계에 역병이 창궐했다"는 여성 내레이터의 보이스오버 내레이션이 등장한다. 이후 영화는 텅 빈 서울 명동의 거리를 보여주면서, 다시금 여성 내레이터를 통해 "조용함과 한적함의 이미지가 재앙의 이미지가 되었다"고 말한다. 역병이라는 발화된 텍스트, 텅 빈 거리의 이미지, 재앙이라는 발화된 텍스트는 그 뒤에 이어지는 죽음을 앞둔 반려견의 모습, 마스크를 쓰고 있는 시민들의 모습, 그리고 동양의 귀신에 관한 설화 등과 어우러진다.

그렇다고 해서 이 영화가 코로나19 시대를 규정할 수 있는 어떤 단일한 이미지와 총체적인 주제를 제시했다고 단언하기는 힘들다. 가령 에세이의 사전적 의미에 어떤 것을 계획하여 시도한다는 의미가 포함된 것처럼, 이 에세이영화 또한 연출자가 한 시대를 구성하는 다양한 요소들에 관해 자문자답하는 과정에서 사유의 실패를 부단히 겪었음을 드러낸다. 그러한 서사는 시공간의 여행을 통해서 구체적으로 제시된다. 이 영화의 주요 영상은 연출자의 일상, 외출, 여행 등을 기록한 것이다. 연출자는 비선형적인 편집을 통해서 스스로를 과거의 기억 속으로 기입시켰다가 다시 현재로 소환하기를 반복한다. 혹은 그 반대의 과정을 반복한다. 그 결과 과거의 기억은 현재적 관점을 통해서 뒤틀리고, 현재는 과거에 반사되어 새로운 해석을 낳는다. 그리고 이 기이한 시간 여행은 공간 여행을 동반한다. 연출자의 집, 광화문 일대, 지하철 풍경과 함께 과거 연출자가 방문했던 여행지가 반복적으로 등장한다. 물리적으로 가까운 곳에서 먼 곳으로의 공간 여행이 주를 이룬다. 하지만 이 물리적 공간에 대한 감각은 심리적 공간에 대한 감각을 통해서 무력해진다. 코로나19로 인해 사회적 거리두기가 강화되면서 연출자가 자주 가던 장소도 낯설게 느껴지는 것이 가장 큰 이유 중 하나이다. 예를 들어, 연출자는 내레이터의 말을 빌려 코로나19 이후 마스크를 쓴 사람으로 가득한 지하철이나 인적이 끊긴 명동이 자신에게 익숙하면서도 낯설게 느껴진다고 토로한다. 영화는 2020년 4월 11일의 영상을 보여주는 장면에서, 그날 한 인터넷 포털 사이트의 첫 페이지를 장식한 뉴스 기사의 헤드라인이 "우리는 코로나19 이전의 세계로 어쩌면 영원히 돌아갈 수 없을지도 모릅니다"였다는 사실을 강조한다. 여기서 이 영화의 문제의식이 비교적 명확하게 드러난다. 그것은 시공간에 대한 감각이 중지되거나 마비되어버린 작금의 상황을 극복하기 위해 끊임없이 다른 곳을 상상하는 것과 관련이 있다.

한국 독립 다큐멘터리에서 현장은 가능성 내지는 불가능성의 영역으로 다루어졌다. 수행적 다큐멘터리의 방법론을 따른 연출자들은 개척자의 자세로 사건 발생 현장에 적극적으로 개입하면서, 새로운 사건을 만들어내는 주체의 행동을 강조했다. 에세이영화의 방법론을 따른 연출자들은 현장에 대한 다른 감각을 일깨우는 방식으로 불가능한 것들을 상상했다. 비록 현장에 접근하는 방식과 그 목표에서 분명한 차이를 가지고 있지만, 수행적 다큐멘터리와 에세이영화의 공통점은 현장에 대한 연출자의 주관적 경험과 사유를 반영하고 이를 바탕으로 현장의 맥락·상황·의미를 전유한다는 점이다. 현장-전유형 다큐멘터리에서 나타나는 공통적인 태도는 현장에서 가능한 것을 실험하고 불가능한 것에 도전한다는 점이다. 이 유형의 작품들은 기존의 현장-기반형 다큐멘터리에서 나타나는 액티비즘의 태도와, 현장을 충실하게 관찰하고 기록하는 방법을 부분적으로 유지하면서도, 현장에서 벌어지는 사건에 개입하는 당사자들의 행위에 초점을 둔다. 현장-전유형 다큐멘터리는 동시대를 살아가는 여러 주체의 생각과 행동이 타인의 지배를 받은 결과가 아니며 당사자의 결정에 따른 것임을 보여준다.

3. 현장-창출형 다큐멘터리 : 애니메이션 다큐멘터리와 파운드 푸티지

디지털 미디어 환경에서 물질적인 세계와 가상적인 세계의 구분은 점차 모호해지고 있다. 인터넷, 데이터베이스, 게임, 증강현실, 가상현실, 메타버스 등은 물질적 현실을 모방하거나 그 것을 대체하는 방식으로 만들어진 가상의 세계이다. 디지털 이 용자들은 가상의 세계에서 현실과는 다른 정체성을 스스로 구성하면서 살아간다. 다큐멘터리는 현장의 의미를 재구성하는 것을 넘어서 현장을 새로이 만드는 방식으로 이러한 미디어 환경의 변화에 대응한다. 이 절에서 살펴볼 현장-창출형 다큐멘터리는 디지털 기기에 의해 제작되고 인터넷의 문화적 양식에 걸맞게 조정된 이미지를 통해서 현실을 매개, 모방, 혹은 대체 할 수 있도록 만들어진 작품을 지칭한다. 물론 이러한 시도가 다큐멘터리 역사에서 완전히 새로운 것이라고 단언하기는 힘들다. 민속지학적인 다큐멘터리, 시네마 베리테, 파운드 푸티지 와 같은 다큐멘터리는 논픽션에 기초한 저마다의 양식으로 픽션을 향한 열망을 드러냄으로써, 다큐멘터리가 현실 너머에 있는 다른 세계를 탐구할 수 있다는 사실을 드러낸 바 있다. 이러한 계보가 있음에도 불구하고 현장-창출형 다큐멘터리만의 고유한 특징이 있다면, 그것은 물질계와는 구분되는 가상계를 만들고 그 세계에서 벌어지는 일을 기록한다는 점이다. 이러한 범주에 속하는 작품들의 유형은 매우 다양하지만, 효과적인 논의를 위해서 이 장은 애니메이션 다큐멘터리와 파운드 푸티지 작품들에 집중하고자 한다.

2008년 아리 폴만Ari Folman이 연출한 〈바시르와 왈츠를〉Waltz With Bashir이 국제적인 관심을 받으면서, 자연스럽게 이 영화를 설명하기 위한 개념으로 애니메이션 다큐멘터리animated documentary가 주목받고 그에 대한 논의가 활성화되었다. 국내 연구자 중 일부도 이 새로운 장르가 기존의 전통적인 다큐멘터리와는 달리 사진 이미지의 지표성에 얽매이지 않고 현실을 모방하거나 대리하면서 재현 불가능성에 도전하고 있다고 지적한 바 있다.[24] 애니메이션 다큐멘터리는 현실의 특정 대상과 사건에 대한 연출자의 기억, 감정, 정서, 정동과 같은 주관적인 영역을 표현한다. 또한, 애니메이션 다큐멘터리는 윤리적으로 접근하기 어렵거나 역사적 사료가 부족해서 다루기 힘든 사건이나 대상을 다루기 위해 활용된다. 폴 워드Paul Ward에 따르면, "우리에게 익숙한 지표적 대응 없이도 이것이 현실의 사람들에 대한 영화라는 것(그리고 우리가 실제 목소리를 들을 수 있다는 것)을 아는 것과 우리가 보고 있는 것이 애니메이션 구성이라는 것

---

24. 다음 연구를 참고하라. 문원림, 「애니메이션 다큐멘터리에 대한 고찰」, 『영화연구』, 57호, 2013; 형대조, 「애니메이션은 어떻게 다큐멘터리가 되는가?」, 『영화연구』, 58호, 2013; 박세혁, 「애니메이션 다큐멘터리 리얼리티의 현상학적 체계」, 『만화애니메이션연구』, 54호, 2019.

을 아는 것 사이에서 발생하는 특유의 변증법 덕택에 애니메이션 영화는 사회계를 이해하는 강력한 길을 제공한다."[25] 그의 말처럼, 애니메이션 다큐멘터리는 현실을 다르게 볼 기회를 제공한다.

아직 학술적으로 주목받지 못했지만, 국내에서도 애니메이션 다큐멘터리로 분류될 수 있는 작품들이 제작되었다. 〈할망바다〉강희진·한아렴, 2012, 〈꽃피는 편지〉강희진, 2016, 〈공원에서 만나요〉최미혜, 2017, 〈뱃속이 무거워서 꺼내야 했어〉조한나, 2018, 〈옐로우〉감비아, 2019, 〈호랑이와 소〉김승희, 2019, 〈나와 승자〉김아영, 2020, 〈May·JEJU·Day〉강희진, 2021 등이다. 이 작품들은 실존 인물의 경험과 기억을 다루기 위해 당사자의 목소리를 활용하고 있다는 공통점이 있다. 각 작품이 당사자의 목소리를 활용하는 방식은 크게 두 가지로 구분할 수 있다. 하나는 기록이 되지 않았거나 재현하기 힘든 과거사를 당사자의 증언을 바탕으로 재구성하는 것이다. 다른 하나는 사건을 경험한 연출자 또는 출연자가 자신이 직접 경험한 사건에 대해서 고백하는 방식이다. 이 고백의 방식은 다시 사건의 당사자가 내레이션을 통해 직접 고백하는 방식과 사건 당사자가 다른 누군가와 대화를 통해서 간접 고백하는 방식으로 나눌 수 있다. 두 방식, 즉 증언의 방식과 고백의 방식을 활용한 작품 모두 역사적으로 실존하는 인물의

---

25. 폴 워드, 『다큐멘터리』, 조혜영 옮김, 커뮤니케이션북스, 2011, 170쪽.

목소리와 그 인물의 기억을 표현한 애니메이션을 동기화하거나 비동기화함으로써 사건 당사자의 주관적, 심리적, 정신적 경험을 표현한다.

〈호랑이와 소〉는 연출자와 그의 어머니의 대화를 중심으로 어머니가 겪은 사회적 차별 혹은 배제에 대해 다루는 작품이다. 이 작품의 주요 인터뷰 대상자인 연출자의 어머니는 자신이 호랑이띠이며, 이혼 후 혼자서 식당을 운영하면서 아이를 키우는 동안 주변의 차별적인 시선과 물리적인 폭력을 경험했다고 말한다. 어머니의 목소리가 중단되고 잠시 침묵의 시간이 지나고 나면, 연출자가 자신의 목소리로 작품에 개입한다. 연출자는 어머니에 대해 자신이 가지고 있던 어떤 오해가 어머니의 말을 들으면서 비로소 해소되었다고 고백한다. 영화가 끝날 때까지 지속되는 두 사람의 대화는 어머니의 기억을 따라서 펼쳐지는 일련의 애니메이션을 통해 더욱 입체적이고 수사적으로 그려진다. 연출자와 어머니가 나눈 대화의 주요 내용을 시각적으로 압축한 장면은 대략 다음과 같다. 외화면의 영역에서 연출자와 어머니의 대화가 이어지는 동안 관객이 보는 화면 속에는 한 마리의 호랑이가 반복해서 등장한다. 영화가 전개되는 과정에서 그 호랑이는 자신에게 총구를 겨누는 포수들에게 포위당한다. 그런 위협 속에서도 호랑이는 자신의 목숨을 지키기 위해 몸부림친다. 이런 장면에서 호랑이가 어머니에 대한 은유라면, 포수들은 가부장제 이데올로기에 대한 은유라고 할 수 있다. 결과적으로 이 영화는 이혼 가정의 두 모녀가 나눈 내밀한 이야기를 사회적 편견과 억압에 저항하는 한 여성의 삶을 비유적으로 그려낸 이미지와 결합하고 있다. 이처럼 이 애니메이션은 연출자와 어머니의 대화와 그것을 비유적으로 형상화한 애니메이션을 통해서 남성성이 여성성을 억압했음을 폭로한다. 연출자와의 대화를 통한 어머니의 고백 속에는 그녀가 남성을 중심으로 구축된 사회의 힘에 억눌렸거나 그러한 사회적 힘에 대항했다는 사실이 담겨 있다. 또한, 연출자와 어머니의 대화를 비유적으로 그린 애니메이션은 호랑이와 포수의 대립을 통해서 남성으로 대표되는 사회적 힘과 여성으로 대표되는 개인의 힘이 충돌했음을 시사한다. 이런 맥락에서 보면, 이 작품에서 말해지고 그려지는 모든 장소는 사회적 이슈가 발발하는 현장이라고 말할 수 있다.

애니메이션 다큐멘터리는 사회적으로 소외된 이들의 존재를 가시화하고, 사회적으로 소외된 이들에게 가상의 안식처를 제공할 수 있다. 전자는 애니메이션 다큐멘터리가 현실을 객관적으로 묘사하면서 그러한 현실에 대한 비판적인 관점을 투영할 수 있음을 의미한다. 그리고 후자는 애니메이션 장르 특유의 상상력을 발휘하여 현실에 존재하지 않는 환영적인 세계를 구축할 수 있다는 것을 뜻한다. 성 소수자의 커밍아웃에 대해 다루고 있는 홍민키의 〈들랑날랑 혼삿길〉2021은 가상의 세계를 사회적 소수자의 안식처를 만들기 위한 수단으로 활용한 대표적인 경우이다. 영화가 시작하면 한 대의 버스가 지나가고, 그 버스의 측면을 가득 채운 한 결혼정보업체의 광고가 보인다. 이 어서 이 영화의 주요 내용을 차지하는 인터뷰 장면으로 넘어간 다. 연출자는 자신과 혈연관계로 맺어진 아버지, 어머니, 형 외에 도 형의 결혼으로 자신과 친인척 관계를 맺은 형수, 형의 장모 를 등장시킨다. 연출자는 인터뷰 참여자들에게 결혼, 커밍아웃, 동성 결혼 등에 관한 주제로 질문을 던진다. 이와 더불어 연출 자와 그의 애인의 관계를 보여주는 장면을 인터뷰 중간중간에 끼워 넣음으로써, 전체적으로 한 명의 성 소수자가 이성애중심 적인 세계에서 살면서 겪는 갈등과 고민에 대해 다룬다.

이 작품은 인터뷰 장면을 구성하기 위해 실사와 애니메이션 을 혼합하는 방식을 취했다. 영화 속 인터뷰 장면 대부분은 컴 퓨터 그래픽으로 만들어진 배경과 실사로 기록된 인물의 모습 을 합성한 것이다. 인터뷰 대상자들의 신체는 미디엄 쇼트로 촬 영되었으며, 그들은 인터뷰 내내 정면을 응시하면서 카메라 뒤 편에 서 있었을 연출자와 상호작용한다. 배경이 되는 세계는 현 실의 어떤 공간을 디지털 기술로 미러링mirroring한 것처럼 표현 되어 있다. 예를 들어, 아버지의 인터뷰 장면에 등장하는 배경 은 아버지의 서재를, 그리고 어머니의 인터뷰 장면에 등장하는 배경은 어머니의 침실을 묘사한 것처럼 보인다. 가상의 배경에 실존 인물을 합성하는 이와 같은 방식은 온라인 화상 채팅에서 가상배경 필터를 활용하거나 실시간 라이브 방송에서 크로마

키 기법으로 배경을 합성하는 것과 유사한 효과를 낸다. 모두 현실의 공간을 지우거나 그것을 다른 것으로 대체함으로써 실존하는 인물을 물리적 현실로부터 가상의 세계로 자리바꿈하는 효과를 낳는다.

〈들랑날랑 혼삿길〉에서 중요하게 쓰인 가상배경은 현실을 연장하는 동시에 그것을 대체한 것으로 읽힐 수 있다. 이러한 가상배경의 활용은 성 소수자의 문화적 영역과 그들의 활동 범위가 오프라인을 넘어서 데이팅 앱과 같은 온라인 공간으로 확장된 상황을 반영한다. 또한, 그것은 성소수자에 대한 현실의 편견과 억압에서 벗어나기 위해서는 현실을 넘어서는 다른 세계가 필요하다는 의미를 내포한다. 애니메이션과 다큐멘터리의 장르적 혼합을 가상 미학의 관점에서 살펴본 네아 에를리히 Nea Ehrlich에 따르면, 오늘날 많은 사람의 삶이 게임이나 가상현실과 같은 곳으로 전이되고 있으며, 그 결과 "가상계는 이제 사람들의 존재 자체를 규정"하는 상황에 이르렀다.[26] 가상계는 현실과 다른 세계가 구축되고 현실과 다른 정체성이 형성되는 장소이다. 연출자는 자신의 존재가 부정당하는 현실계가 아닌 자신의 존재가 인정받을 수 있는 가상계로 자신의 가족과 친지를 초대하여 대화를 나누는 것이다. 따라서 이 작품에서 컴퓨터

---

26. 다음 글을 참고하라. 네아 에를리히, 「또 다른 행성」, 『Docking』, 김은아 옮김, 2021년 3월 22일 입력, 2023년 3월 16일 접속, https://bit.ly/3TmXVP0.

그래픽으로 만들어낸 세계는 한 인물의 존재론적인 안식처이 자 그의 삶의 해방구라고 할 수 있다.

다음으로 살펴볼 파운드 푸티지는 현장에 대한 감각을 환 기시키는 방식으로 사회적 이슈에 접근한다는 특징이 있다. 파 운드 푸티지는 문자 그대로 버려진 영상을 발견하여 그것을 재 활용하거나 재-목적화하는 작품을 가리킨다. 그것은 이질적인 자료를 기존의 맥락으로부터 분리시키고 재배열하는 과정에서 나타나는 사운드와 이미지의 불일치, 시공간적 불일치, 의미론 적 불일치를 일종의 영화적 효과로 활용한다. 제이미 베런Jaimie Baron에 따르면, "기록된 자료의 전유는 우리의 지각을 다층적 으로 구조화한다."[27] 이러한 이미지 배열 전략은 디지털 아카이 빙에 기초한 리믹스 문화에서도 나타난다. 이미 만들어진 기록 물을 수집하고 배열하는 행위는 지배적인 대중문화 콘텐츠를 전유하고 그로부터 새로운 의미를 만들어낸다는 점에서, 전복 적인 문화적 실천으로 이해되기도 한다. 파올로 페베리니Paolo Peverini는 기호가 갖고 있는 지배적인 의미를 전복시킨다는 점 에서, "리믹스는 그 자체로 정치적인 행위로 인지될 수 있다"[28] 고 말한다.

---

27. Jaimie Baron, *Reuse, Misuse, Abuse* (Rutgers University Press, New Brunswick, N.J., 2020), p. 16.
28. Paolo Peverini, "Remix Practices and Activism" in Eduardo Navas, Owen Gallagher & xtine burrough (eds.), *The Routledge Companion to Remix Studies* (Routledge, New York, 2014), p. 335.

한국 독립 다큐멘터리에서 파운드 푸티지는 공적/사적 아카이브에서 획득한 자료를 통해서 역사를 재구성하거나 디지털과 인터넷에 기초한 온라인 가상공간에 대한 감각적 경험을 형상화하는 작업이 주를 이루고 있다. 이 중 정여름 감독의 〈그라이아이 : 주둔하는 신〉2020은 파운드 푸티지가 온라인 가상공간에 대한 감각을 일깨우면서 동시에 그것을 사회적 이슈와 결합할 수 있다는 것을 보여준 작품이다. 연출자는 자신이 거주하고 있는 동네에 용산 미군기지가 있다는 사실을 막연하게 알고 있었다. 어느 날 연출자는 인터넷 지도에서 가상의 녹지로만 표현될 정도로 비밀스러운 공간이었던 용산 미군기지에 대한 약간의 정보가 증강현실 게임 〈포켓몬 GO〉를 통해서 드러난다는 사실을 알게 된다. 현실 세계에서는 비가시화된 공간이 가상세계에서는 가시화되었던 것이다. 이러한 계기로 만들어진 이 작품은, 여러 인터넷 사이트를 항해하면서 수집한 이미지와 연출자의 목소리로 녹음된 보이스오버 내레이션을 몽타주한 결과물이다. 구체적으로 3D 모델링 이미지, 위성지도, 증강현실 게임 녹화 영상, 뉴스 인터뷰, 미국 시트콤, 미군기지 소개 영상 등이 쓰였다. 그 이질적인 이미지들은 어떤 하나의 사건이 단 하나의 진실로 이루어져 있다는 편견을 깬다. 오히려 그 이미지들은 독립적으로 존재하면서 다른 이미지와 관계를 맺는 가운데 진실의 근사치에 해당하는 결과를 산출한다. 다시 말해, 이 작품은 용산 미군기지에 대한 어떤 진실을 말하는 대신 여러 이질적인 자료의 배열을 통해서 용산 미군 기지에 대한 진실의 근사치를 제시한다. 스텔라 브루치의 따르면, 이와 같이 아카이브 이미지를 재활용하고 병치하면서 근사치에 다가가는 작업은 "대안적인 관점, 시간적인 측면, 논쟁들과 함께, 서로 다른 재현들을 함께 연결해서 구성적인 충돌"[29]이 일어나게 만드는 지적인 작업이라고 할 수 있다.

이 작품은 연출자의 사유가 전개되는 과정에 따라 이미지를 배열한다. 그 사유의 흐름은 다음과 같다. 용산 미군기지는 그것의 내부를 외부의 시선으로부터 차단하고 은폐하는 비밀스러운 공간이다. 용산 미군기지의 내부는 미국적인 것을 모방하면서 구축된 시뮬라크르이다. 앞으로 용산 미군기지는 반환되는 과정에서 물질적인 흔적을 지울 것이다. 이러한 연출자의 사유는 용산 미군기지가 비가시적이며, 정체가 불분명하며, 공식적인 역사에서 누락될 것이라는 역사적 문제의식으로 이어진다. 김얼터의 표현을 빌리자면, 이 작품이 파운드 푸티지 방식을 고집하면서 서로 다른 시공간적 이미지를 교차시키는 이유는, 용산 미군기지라는 정체불명의 대상을 역사적으로나 가상적으로나 "소환"[30]하기 위해서이다. 그러한 태도는 영화가 끝나갈 즈음에 "기록은 현실의 세계에서는 사라지지만 가상의 세계에서

29. Stella Bruzzi, *Approximation*, p. 13.
30. 김얼터, 「보지 않고 보기」, 『마테리알』, 2021년 3월 22일 접속, https://ma-te-ri-al.online/20274627

는 잔존한다"는 보이스오버 내레이션을 통해서도 명료해진다. 다시 말해, 이 영화는 역사의 공백을 가상의 온라인 공간에서 수집한 파편들로 재구성함으로써 지배적인 권력과 그것을 중심으로 서술된 역사에 대항하는 일종의 대안적인 역사 쓰기의 작업이었다.

한편, 온라인 가상세계를 자본주의 이데올로기의 격전장으로 바라보면서 그와 관련된 이념을 감각적으로 일깨우는 작품이 있다. 박유정의 〈The Future of Futures 1〉[31]은 21세기 자본주의 시대를 지배하는 중단 없는 시간에 대한 감각을 여러 이질적인 이미지와 사운드의 병치를 통해 형상화한다. 영화가 시작하면 알프레드 히치콕의 〈나는 비밀을 알고 있다〉의 주제곡으로 알려진, 도리스 데이Doris Day가 부른 〈될 대로 될 거야〉Whatever Will Be, Will Be가 흘러나온다. 이어서 새로운 시대의 서막을 알리는 것 같은 종소리가 여러 버전으로 울리고, 자율주행 자동차, 스마트 공장, 화성 탐사 우주선, 그리고 금융화를 상징하는 이미지들이 몽타주된다. 관객인 우리는 디지털 기기

---

31. 이 작품은 국문 제목 없이 영문 제목으로만 소개되었다. 이 영문 제목은 크게 두 가지 방식으로 번역될 수 있다. 하나는 아직 도래하지 않은 여러 가능성의 시간을 복수의 형태로 지칭한다는 의미를 담아 '미래들의 미래'로 옮기는 것이다. 다른 하나는 'futures'가 주식을 거래하는 주요 방식으로서의 선물을 의미한다는 것을 근거로 '선물의 미래'로 옮기는 것이다. 실제로 이 작품은 현재의 시점에서 불확실한 것으로 여겨지는 미래의 다양한 모습을 상상하는 한편, 주식시장의 투기적 성격을 비판적으로 성찰한다.

의 디스플레이 양식을 전유한 것 같은 하나의 복합적인 화면과 마주한다. 그것은 세 개의 각기 다른 화면을 수직적으로 배열해 놓은 하나의 모자이크 판과 같다. 세 개의 화면은 종종 서로의 경계를 넘나들면서 하나로 합쳐진다. 또한, 각 화면은 디지털 기기의 이용자가 화면을 클릭하고, 스크롤하고, 밀어내고, 튕겨내는 등의 행위에 반응하듯이 이미지를 지속적으로 교체하거나 순환시킨다. 이 과정에서 관객인 우리에게 제시되는 이미지들은 광고, 스포츠, 밈, 뉴스, 신문 기사, 주식 그래프 등과 같이 주목경제를 떠받치는 자극적인 것들이 대부분이다.

관객은 일련의 시각적 이미지들이 중단 없이 교환되고 유통되는 가상의 세계와 마주한다. 그 세계를 지배하는 감각 중 하나는 가속성이다. 하르트무트 로자Hartmut Rosa에 따르면, 후기 근대 사회의 구조적 변화는 기술의 가속, 사회 변화의 가속, 생활의 가속이 맞물리면서 나타난 것으로, 그러한 사회는 "인상적인 기술 가속률에도 불구하고 생활속도가 빨라진다(혹은 시간이 부족해진다)는 것"[32]을 사회 병리적 현상으로 겪는다. 〈The Future of Futures 1〉에서 이미지들은 덧없는 생성과 소멸을 반복한다. 관객은 이미지의 빠른 교체 주기에 몰입하다가 자기도 모르는 사이에 강박적으로 새로운 이미지를 기대하는 상태에 빠진다. 이와 더불어 이미지의 생성과 소멸이 순환하는 속도가

---

32. 하르트무트 로자, 『소외와 가속』, 김태희 옮김, 앨피, 2020, 33쪽.

빨라지면서 그 일련의 과정은 비슷한 이미지가 반복된다는 착각과 함께 시간이 멈추어 버린 것 같은 현기증을 낳는다. 여기서 이 작품을 지배하는 또 다른 감각이 영속성이라는 것을 알 수 있다. 서로 엇비슷해 보이는 이미지들의 교환은 기존 모델과 크게 다르지 않은 신제품, 이용자에게 꾸준한 업데이트를 강요하는 소프트웨어, 상승과 하강을 반복하는 주식 그래프와 같은 것들이 우리의 눈앞에 나타나고 사라지기를 반복하는 방식과 닮았다. 조너선 크레리Jonathan Crary의 표현을 빌리자면, 이 일련의 현상들은 24/7, 즉 하루 24시간 내내 또는 일주일 내내 시간이 지속되는 자본주의에서 나타나는 "중단되지 않고 마찰도 없는 작동들로 이루어진, 변화시킬 수 없는 영속성의 환각을 찬미"[33]한다. 이미지의 범람과 그것의 쇄도가 만들어내는 혼돈의 감각은 영구적으로 깨어 있는 상태를 강제하는 자본주의의 본성에 가까운 것일지도 모른다.

이처럼 오늘날의 한국 독립 다큐멘터리는 현장의 범위를 물리적 세계에서 가상적 세계로 확장하고 있다. 디지털과 인터넷에 기초한 가상의 세계는 이미 현실을 모방하는 것을 넘어서 그 자체로 하나의 고유한 세계를 형성하고 있다. 현장-기반형 다큐멘터리와 현장-전유형 다큐멘터리가 물질적인 현실과 실제 공간을 중심에 두었다면, 현장-창출형은 현실을 넘어서는

---

33. 조너선 크레리, 『24/7 잠의 종말』, 김성호 옮김, 문학동네, 2014, 57쪽.

가상을 그 자체로 독립적인 세계이자 사건 발생적인 장소로 본다. 현장-창출형 다큐멘터리의 중심을 이루는 가상의 세계는 지나치게 거대하고, 다양하고, 복잡하여 우리의 몸과 정신을 안전하게 의탁하기 힘든 곳이다. 현실이 그러하듯이 가상의 세계에서 또한 실존적 불안이 야기되고 사회적 갈등이 드러나기 때문이다. 앞으로 한국 독립 다큐멘터리는 현실과 가상을 넘나들면서 역사적 기록과 담론을 생산하는 것으로 확장될지 모른다. 그렇기 때문에 한국 다큐멘터리에서 현장의 개념이 무엇을 의미하는지에 대한 인식론적인 전환과 개념적 범주의 확장이 필요하다.

4. 소결

이 장은 한국 독립 다큐멘터리의 전통으로 간주되는 액티비즘의 주요 원리였던 현장성의 개념이 흔들리기 시작했다는 진단으로 시작하여 현장성을 전유하거나 창출하는 작품들을 살펴보았다. 디지털과 인터넷 기술 발전으로 인해 다큐멘터리의 개념 자체가 모호해지면서, 과거 한국 독립 다큐멘터리가 현장성을 통해서 객관성과 진정성을 담보하려고 했던 방식은 연출자의 주관성을 표현하고, 사건 현장에 개입하고, 가상의 세계를 항해하면서 진실의 근사치를 찾아 나가는 방식 등으로 바뀌었다. 요컨대, 한국 독립 다큐멘터리에서 실제의 현장은 가상의 현장을 포함하는 방식으로 확장되었다.

여기서 유의해야 할 것은 한국 독립 다큐멘터리에서 현장의 범위가 확장되었다는 사실만으로 액티비즘의 전통이 약해졌다고 말하기는 힘들다는 점이다. 이 장에서 한국 독립 다큐멘터리를 현장-기반형 다큐멘터리, 현장-전유형 다큐멘터리, 현장-창출형 다큐멘터리로 분류한 이유는 단순히 양식적인 차이만을 지적하기 위해서가 아니라 각각의 작품이 사회적 의제를 드러내는 방식을 구분하기 위해서였다. 특정한 사회적 의제는 집회 현장 같은 현실 세계에서 드러나기도 하지만, 인터넷과 같은 온라인 가상의 세계에서도 드러난다. 한국 독립 다큐멘터리는 기술 발전과 미디어 환경의 변화로 인해 우리의 일상이 기술에 의해 매개되고 있다는 사실에 반응하면서, 그에 대응하기 위한 전략으로 다큐멘터리 실천이 이루어지는 현장의 범위를 가상의 세계로 확장한 것이다. 이 장은 한국 독립 다큐멘터리가 변화하는 시대적 조건에 반응하면서, 사회의 부조리를 드러내고, 사회적 이슈를 공론화하고, 사회 변화를 위해 역사적 변화를 탐구하는 방식을 고찰하고자 했다. 결론적으로 오늘날 한국 독립 다큐멘터리는 현장의 개념을 보존하면서 그것을 변화된 시대적 맥락에 맞게 수정해나가고 있다고 말할 수 있다. 모든 곳에 다큐멘터리의 현장이 있고, 모든 다큐멘터리는 저마다의 고유한 현장을 전유하기 위해 노력한다.

5장

불안에 대한
에세이적 성찰

문정현, 이원우 감독의 〈붕괴〉는 그 제목이 비유적으로 암시하듯이 작품 속 세계의 기반이 흔들리거나 무너지는 현상을 다룬다. 국내 여러 영화제를 통해 공개되었을 당시 이 영화는 한 개인의 불안을 넘어 "이 시대의 불안과 공포의 징후"[1]를 반영한다는 평가를 받았다. 이와 더불어 이 작품은 과거 문정현 감독에 대한 평가에 꼬리표처럼 붙었던 낱말들, 즉 액티비즘, 사적 다큐멘터리, 다큐공동체 푸른영상 등과 관련될 법한 양식으로부터 한 걸음 더 나아간 것으로 보인다는 점에서도 주목을 받았다. 〈붕괴〉의 형식적 시도는 에세이영화와 관련이 있다. 변성찬 영화평론가는 "언젠가부터 문정현은 '에세이영화'를 만들려는 시도를 반복"[2]해 왔고, 이 작품을 통해서 비로소 그 결실을 거두었다고 평가했다. 〈붕괴〉는 한 시대의 불안을 형상화하는 작품으로서, 전통적인 다큐멘터리의 경계를 넘나드는 에세이영화이다.

국내에서 에세이영화는 2000년대 중후반 이후 독립 다큐멘터리 진영을 중심으로 일부 감독들이 시도한 형식적 실험으로

---

1. 공영민, 「붕괴」, 제19회 부산국제영화제 프로그램 노트, 부산국제영화제 온라인 홈페이지, 2018년 7월 1일 접속, http://www.biff.kr/kor/html/archive/arc_history_tsearch.asp?mode=view&idx=14347&piff_code=2014.
2. 변성찬, 「붕괴」, 제15회 인디다큐페스티발 프로그램 노트, 인디다큐페스티발 온라인 홈페이지, 2018년 7월 1일 접속, http://www.sidof.org/program/movie_view.php?mv_idx=1314&cate_idx=&pro_idx=&sch_div=mv_kor_title&sch_dt_idx=&size=10.

알려져 있다. 대표적인 작품으로는 김응수의 〈천상고원〉2006, 〈파산의 기술〉이강현, 2006, 〈과거는 낯선 나라다〉2007, 〈물의 기원〉2009, 〈아버지 없는 삶〉, 〈오, 사랑〉, 〈초현실〉, 임철민의 〈프리즈마〉2013, 오민욱의 〈범전〉2015, 김경만의 〈미국의 바람과 불〉2011, 〈지나가는 사람들〉2015, 문정현의 〈용산〉2010, 문정현, 이원우의 〈붕괴〉, 이원우의 〈옵티그래프〉2017, 김숙현의 〈모던한 쥐선생과의 대화〉2007, 〈죽은 개를 찾아서〉2010, 〈감정의 시대: 서비스 노동의 관계미학〉2014, 백종관의 〈이빨, 다리, 깃발, 폭탄〉2012, 〈와이상〉2015, 〈순환하는 밤〉2016, 장윤미의 〈콘크리트의 불안〉2017, 박수현의 〈일〉2016, 김보람의 〈개의 역사〉 등이 있다. 이러한 작품들이 오랜 시간에 걸쳐 누적되는 과정에서 한국 독립 다큐멘터리의 양식적 변화를 설명하기 위한 새로운 개념으로 에세이영화에 대한 논의가 필요하게 되었다.

해외에서 에세이 영화에 대한 논의는 1990년대 이후 본격화되었는데, 아직 이 분야의 작품들을 아우를 수 있는 명확한 정의가 있는 것은 아니다. 하지만 연구자들 사이에서 에세이영화는 그 용례의 기원이 되는 문학의 에세이와 공유하는 바가 적지 않다는 식으로 이야기되었다. 일반적으로 문학에서 말하는 에세이란 전통적인 글쓰기 방식에서 벗어나 일기, 노트, 여행담, 르포르타주, 수필처럼 "작가의 주관적 관점이 담긴 고유한 문체로 쓰인 문학 텍스트의 양식을 가리킨다."3 에세이영화는 문학의 에세이가 실험적인 글쓰기 양식을 지향하고, 저자의 주관성을 반영하고, 다양한 주제의 사유를 전개하듯이 기존의 극영화, 실험영화, 다큐멘터리의 장르적 경계를 넘나들면서 정치, 경제, 사회, 문화, 예술 등의 다양한 영역을 가로지르는 사유를 담는 작품으로 정의되었다. 티머시 코리건은 에세이영화가 지향하는 사유의 범위와 그것의 형상화 과정을 다음과 같이 정식화하자고 제안했다. "(1) 공적 영역에서의 경험적인 마주침을 통해, (2) 표출적인 주관성을 시험하면서, (3) 그 결과물이 영화적 발화와 관객의 반응으로써 생각 혹은 사유의 형상이 되는 것."[4]

이 장은 에세이영화의 주요 특징[5] 중 하나인 사유의 형상화에 대해 살펴보기 위해 문정현, 이원우 감독이 공동 연출한 〈붕괴〉를 분석한다. 이 작품을 대상으로 삼은 이유는 다음과 같다. 첫째, 이 작품을 통해 2000년대 중반 이후 사회 참여적인 영화를 주로 만들어왔던 문정현 감독의 연출 스타일이 사적 다큐멘터리에서 에세이영화로 변화하는 과정을 살펴볼 수 있다. 둘째, 이 작품은 다큐멘터리 감독인 문정현과 실험영화 감독인 이원우의 공동 연출이라는 점에서도 기존의 장르적 경계를 넘어서 새로운 영화적 형식을 지향했을 것이라는 기대감을 자아

---

3. 차민철, 『다큐멘터리』, 커뮤니케이션북스, 2014, 50쪽.

4. Timothy Corrigan, *The Essay Film*, p. 30.

5. 에세이영화에 관한 국내외의 연구는 에세이영화의 특징을 대략 장르적 실험, 주관성의 표출, 공적 영역과의 만남으로 정의하고 있다. 이 각각의 정의 혹은 쟁점들이 형성되는 과정에 대해서는 다음을 참고하라. 이도훈, 「사유하는 영화, 에세이영화」, 『현대영화연구』, 31호, 2018.

낸다. 셋째, 이 작품의 공동 연출자 중 한 명인 문정현 감독은 자신이 개인적으로 경험한 불안을 사적인 문제로 치부하지 않고 동시대의 다양한 사회적 이슈와 연관 지어 공적인 것으로 확장했다. 다시 말해, 이 작품은 에세이영화의 지향점 가운데 하나로 지적되고 있는 사적인 사유와 공적인 사유의 만남을 추구한 작품이다. 이처럼 이 장은 〈붕괴〉를 사례로 분석함으로써 한국 독립 다큐멘터리 진영에 에세이영화라는 새로운 흐름이 나타났다는 점에 주목해보고, 더불어서 에세이영화에서 연출자의 주관적 사유가 형상화되는 구체적인 방식을 검토해 보고자 한다.

본격적인 논의에 앞서, 이 장은 〈붕괴〉의 제작 과정과 작품에 대한 정보를 확보하기 위해 문정현, 이원우 감독과 인터뷰를 진행했음을 밝힌다. 연출자와의 대화가 작품에 대한 자유로운 분석과 해석에 걸림돌이 될 수 있다는 점을 고려했음에도 불구하고, 인터뷰를 연구 방법론으로 선택한 것은 이 작품에 대한 선행연구 및 1차 자료가 절대적으로 부족했기 때문이다. 특히 〈붕괴〉는 국내 여러 영화제에 공개된 이후 극장 개봉을 하지 않았기에 이 작품에 대한 1차 문헌은 영화제 프로그램 노트에 준하는 짧은 리뷰 이외에는 찾기 힘들었다. 문정현 감독과는 2018년 5월 25일에 만나 약 2시간 30분 동안 대면 인터뷰를 진행했다. 이원우 감독은 이 연구가 진행될 당시 미국에 체류 중이었기에 2018년 6월 18일 이메일로 서면 인터뷰 질문지를 보냈고, 수일 후 그에 대한 답변을 받았다. 각각의 인터뷰 결과는 녹취록을 만들거나 별도로 정리하여 이 연구의 1차 자료로 활용했다. 또한, 두 인터뷰 모두 경어체로 진행되었지만, 본문에서는 평어체로 수정하여 인용했다.

1. 독립 다큐멘터리의 흐름과 변화 : 사적 다큐멘터리와 에세이영화

문정현, 이원우 감독 모두 2000년대 중반에 작품 활동을 시작했다. 문정현 감독은 2003년 다큐멘터리 제작 공동체 푸른영상에 가입하여 2005년 자신의 첫 작품인 〈슬로브핫의 딸들〉을 만들었고, 이원우 감독은 2007년 '핸드메이드 필름 랩 스페이스 셀 워크숍'6에 참여하면서 작품 활동을 시작했다. 두 사람은 각각 다큐멘터리와 실험영화로 분류될 수 있는 작품을 주로 만들었기 때문에 서로 추구하는 장르와 형식은 달랐다고 볼 수 있다. 하지만 두 사람 모두 연출자의 주관적인 경험을 강조하면서 영화의 형식과 매체성에 대해 탐구하는 자기 반영적인 영화를 만들었다는 공통점이 있다.

2000년대는 한국 독립 다큐멘터리 진영 내에서 사적 다큐

---

6. '핸드메이드 필름 랩 스페이스 셀'은 2004년 7월 1회 실험영화 워크숍 개최를 시작으로 전시, 상영, 교육을 위한 복합 문화 공간으로서 문을 열었다. 2006년 9월부터 필름 작업을 기반으로 하는 '핸드메이드 필름 랩'으로 전환했다.

멘터리가 하나의 지배적인 경향으로 부상한 시기로 볼 수 있다. 한국 독립 다큐멘터리의 역사에서 사적 다큐멘터리의 등장이 의미하는 바는, 급격한 단절보다는 점진적인 변화에 더 가깝다. 주지하다시피 1980년대는 민주화라는 대의를 위해 노동자 운동, 학생 운동, 빈민운동 등과 결합한 민중영화가 주요한 흐름을 형성했다.[7] 액티비즘 경향의 영화 제작은 지금까지도 독립 다큐멘터리의 중요한 전통으로 이어져 내려오고 있다. 이후 1990년대 후반을 기점으로 독립 다큐멘터리는 민주화 운동이 시민사회 운동으로 대체되고, 소비사회의 가속화로 다원화된 욕망이 출현하고, 디지털 기기의 보급으로 개인 제작이 가능해지는 등의 시대적 변화를 겪는다. 이러한 흐름 속에서 개인 제작 시스템을 추구하는 가운데 다양한 정치적 의제와 사회적 욕망을 탐구하는 작품들이 등장한다.

김선아에 따르면, 2001년 제1회 인디다큐페스티발에 출품된 주요 작품들[8]은 대체로 고전적인 다큐멘터리의 재현 방식을

---

7. 독립영화 진영 내부에서 진보적 운동의 흐름이 형성되고 그것이 역사적으로 변화하는 과정에 대해서는 다음 글을 참고할 것. 김명준, 「1980년대 이후 진보적 영화운동의 전개과정」, 진보적 미디어운동 연구센터 프리즘 엮음, 『영화운동의 역사』, 서울출판미디어, 2002.

8. 2001년, 제1회 인디다큐페스티발 국내신작전 부문에 상영된 총 13편의 작품 목록은 다음과 같다. 〈10년의 셀프 초상〉(유지숙, 2001), 〈1991년 1학년〉(김환태, 2001), 〈나의 아버지〉(김희철, 2001), 〈녹색 발자국〉(공미연, 2001), 〈다비드의 별〉(사유진, 2001), 〈동강 NT운동, 1년의 기록: 포기할 수 없는 약속〉(신동진, 2001), 〈뻑큐멘터리: 박통진리교〉, 〈옥천 전투〉(황철민, 2001), 〈작별〉(황윤, 2001), 〈주마등〉(김이진, 2001), 〈주민등록증을 찢어라〉, 〈철로 위의 사람

탈피하면서 "주관적인 '나'를 전경화한"[9] 경우가 많았다. 그 작품들은 대상을 권위적으로 설명하는 대신 연출자와 대상의 상호작용을 강조했다. 그것은 연출자가 카메라 뒤편에서 한 명의 관찰자를 자처하는 대신 카메라 앞에서 한 명의 출연자를 자처하는 방식이었다. 자기 스스로를 작품 안에 기입하는 이러한 연출 방식은 다큐멘터리에 대한 전통적인 믿음, 즉 다큐멘터리는 객관적인 기록과 그 기록의 보존, 기록을 기초로 한 설득을 통해 진실을 생산한다는 일종의 교리가 도전받기 시작했음을 의미했다. 한 가지 더 주목해야 할 것은 이 시기에 훗날 국내 독립 다큐멘터리에서 초상영화의 대표작으로 꼽히게 될 〈10년의 셀프초상〉유지숙, 2001, 〈김진아의 비디오 일기〉김진아, 2002가 제작되었다는 점이다. 마이클 레노프Michael Renov의 표현을 빌려 말하자면, 2000년 초반 한국 독립 다큐멘터리의 지배적인 경향은 연출자의 자기-질문, 자기-기입, 자기-드러내기를 중심으로 자기 고백적인[10] 이야기를 만드는 것이었다.

들: 첫번째 이야기〉(이지영, 2001), 〈친구: 나는 행복하다 2〉(류미례, 2001), 이 중 감독이 직접 출연하거나, 관찰자로서의 자기 자신의 존재를 노출하거나, 영화 속 대상과 상호작용하거나, 자기 자신을 주요 발화의 주체로 설정한 작품으로 꼽힐 수 있는 것으로는 〈10년의 셀프 초상〉, 〈나의 아버지〉, 〈빽큐멘터리: 박통진리교〉, 〈옥천 전투〉, 〈주마등〉, 〈주민등록증을 찢어라〉 등이 있다.

9. 김선아, 「포스트 고전 다큐멘터리의 기억과 정치학」, 『독립영화』, 통권 11호, 2001, 13쪽.

10. 이와 관련해서는 마이클 레노프의 다음 책을 참고할 것. Michael Renov, *The Subject of Documentary* (University of Minnesota Press, Minneapolis,

일반적으로 사적 다큐멘터리는 자전적 다큐멘터리, 홈 비디오, 가족민족지, 초상영화, 다이어리 필름 등과 유사한 의미로 쓰이고 있다.[11] 서현석의 정의를 따르자면, 사적 다큐멘터리는 "자신을 관찰하거나 주관적인 관점에서 일상을 재구성하는 창작 행위"[12]이다. 그는 국내에서 통용되고 있는 사적 다큐멘터리의 영화사적 계보를 1950년대 이후 미국 아방가르드 영화를 중심으로 시작된 자전적 다큐멘터리와 홈 무비 사이에 위치시킨다. 그리고 사적 혹은 자전적 다큐멘터리의 특징으로 발화자의 권력 분산, 주체와 대상의 동일시, 다중적 주체, 기표의 조합으로서의 주체, 일차적 주체, 자아성찰과 매체성찰의 일치, 수행적 사실로서의 자기 탐구를 주장한다. 이러한 관점에 따르면, 사적 혹은 자전적 다큐멘터리에서 연출자의 자아는 단일하고, 완전하고, 절대적인 것이 아니라 언제든지 분열, 혼합, 융합될 수 있는 불안전한 것이다.

하지만 위에서 언급한 사적 다큐멘터리의 특징은 서구의 이

2004).

11. 자전적 다큐멘터리, 홈 무비, 가족 민족지에 대해서는 각각 다음의 글을 참고할 것. Jim Lane, *The Autobiographical Documentary in America* (University of Wisconsin Press, London, 2002); James, M. Moran, *There's No Place Like Home Video* (University of Minnesota Press, Minneapolis, 2002); Michael Renov, *The Subject of Documentary* (University of Minnesota Press, Minneapolis, 2004).

12. 서현석, 「스스로를 향해 카메라를 든 사람들」, 『한국언론학보』, 50권, 6호, 2006, 118쪽.

론과 역사에 기초한 것이기 때문에 국내 사적 다큐멘터리의 고유성을 설명하는 데 한계가 있었다. 국내 사적 다큐멘터리는 사적인 것과 공적인 것 사이의 연결 고리를 염두에 두고 만들어지는 경우가 많았다. 이는 국내에서 사적 다큐멘터리가 개인의 내밀한 영역을 다루는 자전적 다큐멘터리, 홈 무비, 초상영화, 다이어리 필름 등과 동일한 것으로 간주되기보다는 사회적 개인의 일상, 책무, 권리, 도덕, 의무 등을 다루는 것으로 이해되는 상황과도 무관치 않았다. 김선아가 분석한 것처럼 전통적인 독립 다큐멘터리는 지배적인 역사에서 생략된 부분을 채우는 보철로서의 역사 쓰기였던 반면, 사적 다큐멘터리는 일인칭 시점에서의 개인사 쓰기였거나 개인의 기억과 공적인 역사를 변증법적으로 통합하는 대안적인 역사 쓰기였다.[13]

국내에서 사적 다큐멘터리는 제작자와 비평가 사이에서 적지 않은 오해를 불러일으켰다. 황미요조는 사적 다큐멘터리의 의의는 사적인 것을 공적인 것으로 확장하는 것이 아니라 사적인 것과 공적인 것의 관계에 문제를 제기하고 그 관계의 모순을 드러내는 것이라고 지적했다.[14] 사적인 것에 대한 탐구의 의의는 일상의 미시적인 영역까지 침투하고 있는 권력의 구조를 해

---

13. 다음 글을 참고할 것. 김선아, 「'나의 작품은 초점을 잃고 새로운 방향을 찾아가야 했다'」, 『영상예술연구』, 12호, 2008.

14. 황미요조, 「공/사 관계를 해체하기」, 서울독립영화제 엮음, 『21세기의 독립영화』, 한국독립영화협회, 2014, 144쪽.

부하는 데 있다는 것이다. 하지만 정치적 목적의식이 분명하게 나타난다고 해서 그것이 곧 사적 다큐멘터리의 미학적 성과를 보장한다고 보기는 힘들다. 비교적 최근에는 여성 감독과 신진 감독을 중심으로 사적 다큐멘터리라는 용어를 사용하여 특정 작품을 평가하는 관행에 대한 비판이 제기되었다. 그들은 자신을 포함한 다른 감독들의 작품이 사적 다큐멘터리라는 명칭으로 일반화될 때 각 작품의 고유한 시선, 메시지, 형식이 무시될 수 있다고 주장했다.[15] 이는 사적 다큐멘터리라는 용어 자체가 한국 독립 다큐멘터리 내부의 담론 권력에 의해서 오염되었다는 것을, 그리고 그러한 부류의 작품이 과잉 제작되면서 사적인 것을 다루는 작품의 가치가 평가절하되고 있음을 의미한다.

몇몇 논평가가 지적하였듯이 최근 한국 독립 다큐멘터리 진영 내에서 사적 다큐멘터리의 흐름이 세분화되고 확장되면서, 이 분야에 속하는 작품들을 재고할 필요성이 날로 커지고 있다. 채희숙은 민중운동의 흐름을 계승하면서 사적인 것을 공적인 것과 변증법적으로 결합했던 사적 다큐멘터리들의 흐름이 오늘날에는 "공적인 것이나 사적인 것으로 구획되지 않는 그 둘

---

15. 제9회 DMZ국제다큐영화제에서는 정수은, 윤가은, 김숙현 감독과 변성찬 평론가가 참석한 가운데 국내 독립 다큐멘터리 진영 내부에서 사적 다큐멘터리의 정의와 개념을 둘러싼 담론이 어떻게 형성되고 있는지에 대한 대담이 있었다. 이 포럼의 녹취록은 해당 영화제 홈페이지를 통해서 확인해 볼 수 있다. 도상희, 「포럼 현장기록 : 사적다큐」, DMZ국제다큐영화제 홈페이지, 2018년 7월 1일 접속, http://dmzdocs.com/archives/15968.

사이의 식별불가능한 지대"[16]를 탐구한다고 주장한다. 비슷한 관점에서 김소희는 자기 서사화 과정을 통해 사적인 영역에 관한 이야기를 강화하거나 그와 반대로 형식적인 측면에서 실험적인 요소를 강화하는 사적 다큐멘터리의 등장에 주목한다. 다만 그는 사적 다큐멘터리가 고수해왔던 '사적인 것이 정치적인 것이다'라는 의제를 유지하면서도 그것을 넘어서는 작품들을 위한 새로운 범주로 무엇이 적합한 것인지에 대해서는 뚜렷한 견해를 밝히지 않는다. 그는 글의 후반부에 사적 다큐멘터리의 정의 자체가 모호해지고 있기에 그에 대한 대안으로 제기되는 "에세이 필름이라는 용어는 차별화의 필요성에서 나온 단어 중 하나로 보인다"[17]고 지적하면서도, 사적 다큐멘터리와 에세이영화를 구분하는 것이 그 범주들 사이의 위계를 작동시킬 수 있다며 우려를 표한다. 사적 다큐멘터리와 에세이영화 사이에 위계가 발생할 수 있다는 김소희의 지적은 사적 다큐멘터리가 괄시받고 있다는 일부 한국 독립 다큐멘터리 영화감독의 불만과도 일맥상통하는 지점이 있다. 하지만 사적 다큐멘터리와 에세이영화가 대립적 관계에 있는 것이 아니기에 한국 독립 다큐멘터리 진영 내부에서 제기되는 에세이영화에 대한 비판과 우려

---

16. 박기웅·채희숙, 「사적인 것과 공적인 것의 식별불가능한 지대를 탐색하는 다큐멘터리 현장」, 『영화연구』, 65호, 2015, 51쪽.

17. 김소희, 「자기 기록의 가치는 어디에서 비롯되는가?」, 『영상문화』, 23호, 2017, 117쪽.

는 오히려 지나친 기우일 수 있다.

에세이영화는 논픽션 계열의 전통을 계승한 형식적 실험으로 간주되기도 한다. 이와 관련된 대표적인 논자로는 아방가르드 영화감독이었던 한스 리히터Hans Richter가 있다. 그는 영화사에서 최초의 장편 다큐멘터리로 평가받는 로버트 플래허티의 〈북극의 나누크〉Nanook of North 이후 본격화된 다큐멘터리 제작과 관련하여 하나의 경향이 생겨났다는 사실에 주목한다. 그는 그러한 경향이 우편엽서에 있을 법한 이국적인 풍경을 담아내는 관습으로 굳어졌다고 설명한다. 나아가 리히터는 1930년대 이후 단순히 어떤 대상을 기록하는 것이 아니라 그 대상의 관념을 다루는 다큐멘터리를 만들기 위한 시도가 이루어졌다고 주장한다. 그에 따르면 이러한 영화들, 즉 에세이영화는 "스크린에 사유를 시각화"[18]는 것을 지향한다. 이처럼 에세이영화가 논픽션 계열의 전통으로부터 분기되었다고 이해하는 입장[19]

---

18. Hans Richter, "The Film Essay" in Nora M. Alter & Timothy Corrigan (eds.), *Essays on the Essay Film* (Columbia University Press, New York, 2017), p. 91.

19. 논픽션 영화와 에세이영화의 상관관계에 대해서 고찰한 또 다른 논자로는 노엘 버치가 있다. 그는 존 그리어슨으로 대표되는 다큐멘터리 전통, 즉 현실에 대한 객관적 기록과 사회적 주제를 우선시하는 경향이 1940년대 이후에 등장한 성찰(reflection)과 의례(ritual)를 중심으로 한 영화들에 의해 와해된 것으로 보고 있다. 두 부류의 영화 모두 논픽션의 주제 선택이 메시지의 전달이 아니라 그 자체로 하나의 미적 선택이며 형식을 만드는 창조적 행위임을 입증했다는 공통점이 있다. 특히 버치는 조르주 프랑쥐(Georges Franju)의 〈짐승의 피〉(Le Sang Des Bêtes, 1949), 〈앵발리드〉(Hôtel des Invalides,

은 1990년대 이후 본격화된 에세이영화의 논쟁들 속에서도 다시 나타난다. 로라 라스카롤리Laura Rascaroli는 연출자의 주관적인 경험이 반영된 다큐멘터리와 에세이영화를 구분하기 힘들다는 태도를 보인다.[20] 그는 연출자의 주관성과 사유를 반영한 텍스트의 생산과 그것을 매개로 관객과의 가상의 대화를 형성하는 것이 에세이영화의 핵심적인 특징이라고 지적하면서, 일반적으로 다큐멘터리로 분류되는 마이클 무어Michael Moore의 〈화씨 9/11〉Fahrenheit 9/11, 2004을 예로 든다. 라스카롤리에 따르면, 이 작품은 연출자 스스로가 일인칭 시점의 강력한 발화자를 자처하면서 작품 속 사건에 깊숙이 개입하는 저널리즘적인 르포르타주 형식을 따르고 있기에 문학의 에세이를 형식적으로 차용한 에세이영화로 분류할 수 있다. 또한, 그는 이 작품에서 마이클 무어가 발화자, 내레이터, 캐릭터, 그리고 그 모든 것과 동일시되는 "초과−텍스트적인 저자"extra-textual author[21]라고 주장

1952), 프란체스코 로시(Francesco Rosi)의 〈살바토레 줄리아노〉(Salvatore Giuliano, 1962), 그리고 장-뤽 고다르(Jean-Luc Godard)의 〈그녀의 삶을 살다〉(Vivre Sa Vie, 1960), 〈남성, 여성〉(Masculin, Feminin, 1966), 〈그녀에 대해 알고 있는 두세 가지 것들〉(2 ou 3 Choses que je Sais d'Elle, 1967) 등을 관습적이고 강제적인 영화적 주제의 기능에서 벗어나 주제 속에 있는 이념들 간의 대립을 다루었다는 점에서 성찰의 형식을 갖는 에세이영화라고 본다. 다음 글을 참고하라. 노엘 버치, 「논픽션의 주제」, 『영화의 실천』, 이윤영 옮김, 아카넷, 2013.

20. Laura Rascaroli, *The Personal Camera* (Wallflower Press, London ; New York, 2009), pp. 39~43.

21. 같은 책, p. 41.

한다. 이러한 논의에 기초할 때 사적 다큐멘터리는 일인칭 저자의 주관성을 반영한다는 점에서 에세이영화와 같은 계열로 분류할 수 있다. 다만, 에세이영화는 연출자의 위치와 역할을 한정하지 않고 그의 주관성을 다양한 방법으로 표출하여 복합적인 텍스트와 사유를 생산한다는 점에서 기존의 다큐멘터리와 뚜렷하게 구분된다. 정리하자면, 에세이영화는 특정 대상에 대한 객관적인 지식을 생산하기보다는 그것을 둘러싼 감정, 정서, 분위기, 정동, 무의식과 같은 관념적인 것에 대한 복합적인 사유를 지향하는 형식적 실험이다.

문정현 감독의 기존 작품과 그가 이원우 감독과 공동 연출한 〈붕괴〉를 함께 놓고 보면, 한국 독립 다큐멘터리의 주요 경향인 사적 다큐멘터리의 특징은 물론 그것과 차별화되는 에세이영화의 특징을 식별하게 된다. 문정현 감독은 〈슬로브핫의 딸들〉, 〈아프리카의 싱글맘〉2006, 〈할매꽃〉2007, 〈용산〉2010, 〈가면놀이〉2012, 〈붕괴〉, 〈경계〉2014, 〈이산자〉2017 등의 작품을 연출했다. 그가 추구했던 다큐멘터리의 주제는 사회적 불평등과 차별 등에 관한 것이었고, 주요 소재는 여성, 장애인, 근현대사, 도시 재개발, 디아스포라 등으로 다양했다. 문정현 감독이 소재의 일관성이나 연속성을 유지하지 않았던 것은, 그가 푸른영상 소속으로 활동하면서 외부로부터 의뢰를 받아 작품을 제작한 경우와 그렇지 않은 경우가 분명하게 구분되기 때문이다.[22] 다만, 제작 동기가 무엇이었건 간에 그의 작품은 항상 사회운동을 지향하면서 사회적 약자들의 목소리를 담았다는 공통점이 있다.

문정현 감독의 작품 궤적을 살펴보면 그가 추구했던 다큐멘터리의 형식이 점진적으로 변화했음을 알 수 있다. 초창기에는 대상과의 상호작용과 현장에서의 사건 발생을 중시했지만, 시간이 지날수록 자전적인 이야기를 서사화하는 방식에 좀 더 집중했다. 이와 관련해서 〈할매꽃〉에 주목할 필요가 있다. 이 작품은 문정현 감독의 어머니와 그의 외할머니의 일대기를 추적하면서 감독의 가족사를 재구성한다. 그리고 그 과정에서 가족사에 은폐되어 있었던 현대사의 비극을 폭로한다. 문정현 감독은 이 작품을 만드는 동안 연출자의 위치와 개입의 중요성, 특히 "영화 속의 내가 영화의 주제나 소재와 맞닿을 수 있는 지점을 찾는" 것에 역점을 두었다고 말한다.[23] 이후로도 그는 연출자의 사적인 이야기가 공적인 이야기와 만나는 지점을 탐색하는 작업을 해나간다.

하지만 사적인 다큐멘터리가 연출자의 주관적인 영역을 탐구하는 것을 목표로 삼는다고 하더라도, 그러한 작품들 또한 전통적인 다큐멘터리 작법에 의존하고 있기에 객관성의 신화로부터 완벽하게 탈피했다고 보기 힘들다. 따라서 사적 다큐멘터리 또한 전통적인 다큐멘터리의 고질적인 약점으로 지목되는

22. 문정현 감독이 특정 단체로부터 제작 의뢰를 받아서 만든 작품으로는 〈슬로브핫의 딸들〉, 〈가면놀이〉, 〈용산〉이 있다.

23. 문정현 감독 인터뷰, 2018년 5월 25일.

재현의 한계에 봉착할 수 있다. 다큐멘터리라는 도식적인 장르적 구분과 그것이 암암리에 강제하는 형식적 틀에서 벗어나지 않으면, 감정·정서·무의식·관념 같은 비가시적인 것들을 재현할 가능성이 사전에 차단될 수 있는 것이다. 이와 같은 재현의 한계는 〈용산〉의 문제의식으로 나타나기도 했다. 이 작품은 다큐멘터리가 비가시적인 대상을 가시화할 수 있는가에 대해 질문을 던진다. 문정현 감독은 보이스오버 내레이션을 통해 자신이 용산참사 당시 현장에 있지 않았으며, 자신의 뇌리에 강렬하게 남아 있는 것은 용산참사의 죽음과 관련된 것이라고 고백한다. 이 각각의 고백은 크게 두 가지를 시사한다. 첫째, 용산참사에 관한 다큐멘터리를 제작해야 할 연출자가 현장의 활동가로 결합한 것이 아니라 외부자의 위치에 있었다는 것은, 애초에 이 영화가 사회적 약자들과의 연대를 지향하는 액티비즘 경향의 작품들과 다른 행보를 보였다는 것을 의미한다. 둘째, 용산참사의 죽음에 대한 인상을 영화 만들기의 출발점으로 삼고 싶었다는 연출자의 기획 의도는, 이 작품이 그간 다큐멘터리스트의 소명으로 이해되었던 대상의 객관화나 진실의 규명과는 거리두기를 하면서 죽음이라는 관념적인 것을 형상화할 의도를 가지고 있었음을 암시한다.

이런 점에서 보자면, 〈용산〉은 연출자가 다루고자 하는 소재와 주제에 적합한 영화적 형식이 무엇인지에 대한 고민을 반영한 것으로 볼 수 있다. 문정현 감독은 본격적인 작품 제작에 앞서 자신의 감정을 담은 한 편의 글을 쓴 다음 그것을 바탕으로 직접 관찰하고 기록한 영상과 여러 경로를 통해 수집한 다양한 푸티지들을 결합했다. 그는 이 작품을 제작하는 과정에서 우연한 기회로 접한 두 개의 영상에 깊은 인상을 받았다고 한다. 하나는 당시에 서울시 동작구 상도4동 철거민이었던 천주석이 디지털 캠코더로 찍은 어느 재개발 지역의 영상이었고, 다른 하나는 장은주 감독의 실험영화 〈교미기 — Part II. 비밀스러운 짐승〉2009이었다. 이 중 천주석의 영상은 굴착기를 통해 재개발 지역을 부수는 장면을 담고 있는 것으로, 문정현 감독은 이 영상을 보면서 김동원 감독의 〈상계동 올림픽〉을 떠올릴 정도의 강렬한 인상을 받았다고 한다.[24] 문정현 감독은 "용산참사에 관해 인터넷에 올라온 영상, 천주석 씨의 영상, 그리고 장은주 감독의 영화를 보면서, 〈용산〉은 나의 고백과 내가 가지고 있는 어떤 인상들을 중심으로 구상하게 되었던 것 같다"고 말했다.[25] 실제로 〈용산〉은 용산참사, 이한열 열사, 노무현 대통령 서거 등과 관련된 다양한 영상과 그것에 대한 연출자의 보이스오버 내레이션을 수평적으로 결합함으로써 죽음을 형상화했다. 이 작품은 죽음이라는 비가시적인 대상을 가시화하기 위해 전통

---

24. 천주석은 용산참사 철거민 중 한 명으로 그는 용산참사의 공동정범으로 기소되어 실형을 선고받고 수감생활을 했다. 그는 〈공동정범〉의 출연자 중 한 명이었다. 문정현 감독이 인상적으로 보았다고 말한 천주석이 찍은 재개발 지역의 영상은 〈용산〉의 한 장면으로 쓰였다.

25. 문정현 감독 인터뷰, 2018년 5월 25일.

적인 다큐멘터리의 형식적 한계를 넘어서려고 했다는 점에서, 한 시대의 불안에 대한 복합적인 사유를 추구한 〈붕괴〉의 에세이영화적인 특징들을 예비했던 작품이라고 할 수 있다. 이처럼 문정현 감독은 주로 주관적 경험에 기초해 특정 대상·사건·현상을 다루었지만, 〈용산〉을 기점으로 서서히 에세이영화를 향한 열망과 충동을 드러내게 된다.

2. 불안의 얼굴들 : 자아, 타자, 세계

문정현, 이원우 감독이 공동 연출한 〈붕괴〉는 문정현 감독이 일상적으로 경험한 불안을 바탕으로 자아의 외면과 내면, 자아와 타자, 자아와 세계 사이에서 감지되는 불안을 총체적으로 형상화한다. 수사적으로 표현하자면, 이 작품은 불안의 몽타주라고 할 수 있다. 작품의 내용을 영화의 구성을 따라서 크게 세 부분으로 구분해서 살펴볼 수 있다. 첫째, 영화 초반에 해당하는 내용으로, 문정현 감독이 2004년부터 대략 4년간 관계를 맺었던 청년 장애인 공동체 '꿈이 자라는 땅'을 중점적으로 다룬다. 둘째, 영화 중반부에 해당하는 내용으로, 문정현 감독이 2004년부터 대략 10년 동안 관계를 맺어온 장년 장애인 작업장 '함께 사는 세상'을 중요하게 다룬다. 셋째, 영화 전반에 흩어져 있는 내용으로, 문정현 감독이 경험한 다양한 유형의 불안이 그가 직접 촬영하거나 수집한 다양한 영상, 전화 통화, 문자 메시지, 텔레비전 뉴스 등을 통해 제시된다. 이처럼 영화는 문정현 감독과 장애인에 관한 이야기와 함께 문정현 감독이 사적인 영역과 공적인 영역에서 두루 경험한 불안을 하나의 거대한 직물처럼 교직해 나간다.

게오르그 루카치Georg Lukacs에 따르면, 에세이는 기존의 지식 체계에 의해서 굴절되지 않는 현실 그 자체에 대한 경험을 직접적으로 전달하는 예술형식을 띠고 있다. 에세이는 이미 존재하는 어떤 지식에 의해서 경험의 개별성과 특수성이 일반성으로 환원되는 방식을 지양한다. 다시 말해, 에세이는 현실이 추상화되는 것을 거부하고 그것의 구체성, 즉 현실 그 자체의 투명성이 드러나는 것을 지향한다. 루카치에 따르면, 문학은 이미지를 통해서 그리고 철학은 의미를 통해서 세계를 굴절시키지만 에세이는 "어떤 이미지에 의해서도 완전히 표현될 수 없는 투명한 그 어떤 것"[26], 즉 "자외선"[27]처럼 감지하기 힘든 삶의 경험을 다룬다. 문학의 에세이와 에세이영화 모두 주관적인 경험을 투명하게 전달한다는 공통점이 있지만, 사유를 전달하는 과정에서 전자는 글쓰기에 의존하는 반면 후자는 이미지, 사운드, 텍스트 같은 복합적인 시청각 자료를 활용한다는 차이가 있다.

---

26. 게오르그 루카치, 「에세이의 본질과 형식」, 반성완 옮김, 『靈魂과 形式』, 尋雪堂, 1988, 12쪽.
27. 같은 책, 15쪽.

〈붕괴〉가 제시하는 굴절되지 않은 현실은 문정현 감독이 일상적으로 경험한 불안의 순간들과 관련이 있다. 그 불안은 2011년 문정현 감독의 아내가 임신한 둘째 아이가 다운증후군일 수도 있다는 병원 측의 진단을 받으면서부터 시작된다. 문정현 감독에 따르면, "아이에 관한 이야기를 듣고 나서 한참 힘들었던 시기가 있었고, 그래서 일부러 그 힘든 시간을 극복해보자는 것이 초창기 기획의도"였다.[28] 하지만 자아의 정서적 반응을 다루는 것, 즉 비가시적인 대상을 시각화하는 작업은 그 자체로 전통적인 다큐멘터리 연출 방식을 넘어서는 일이었다. 이를 고려하여 문정현 감독은 2011년 홍대 두리반 농성장에서 만난 이원우 감독에게 공동 연출을 제안한다.

이원우 감독은 2007년 '핸드메이드 필름랩 스페이스 셀'의 워크숍에 참여한 이후 본격적인 작품 활동을 시작했다. 그녀의 초창기 작품인 〈꿈나라 ― 묘지이야기1〉[2007], 〈오토바이〉[2008], 〈난시청〉[2008], 〈촌, 타운〉[2009], 〈거울과 시계〉[2009], 〈살 중의 살〉[2010] 등은 16mm 셀룰로이드 필름의 물질성을 드러내는 실험영화로 분류할 수 있다. 이 작품들은 대부분 감독 자신의 경험과 기억을 필름 표면에 색을 입히거나, 스크래치를 내거나, 그림을 그리는 방식을 통해 몽환적인 이미지로 재현한 것이었다. 이후 이원우 감독은 옴니버스영화인 〈강정 인터뷰 프로젝트〉[김

---

28. 문정현, 2018년 5월 25일 인터뷰.

성균 외, 2012에 참여하고, 젠트리피케이션으로 홍역을 치른 홍대 두리반에 관한 〈두리반 발전기〉, 강정 해군 기지 건설에 대한 저항적 메시지를 수행적 퍼포먼스를 중심으로 구성한 〈막〉2013을 연출하면서 사회 참여적인 성격이 강한 실험영화를 만들었다. 비록 장르적으로 주로 실험영화를 추구했지만, 이원우 감독은 자전적인 이야기를 중심으로 정치적 의식이 반영된 작품을 만들었다는 점에서 문정현 감독과 유사한 연출 방식을 활용하고 있었던 것으로 볼 수 있다. 문정현 감독은 이원우 감독을 공동 연출자로 섭외한 이유에 대해 다음과 같이 말했다. "재현방식이 가장 중요한 부분이었다면 나를 객관적으로 봐줄 수 있는 것도 중요했다. … 그리고 기획하고, 편집하는 과정에서 서로 작업하는 스타일이 비슷했다. 이원우 감독은 일단 키워드나 주제가 정해지면 일상을 찍어나가면서 그 안에서 이야기를 찾는다. 비록 실험영화이기 때문에 잘 드러나지는 않지만, 항상 자기만의 드라마를 갖고 있다. 일상의 기록을 이야기로 바꾸는 것이 나랑 비슷했다."29

　문정현 감독이 말했듯이, 이원우 감독은 〈붕괴〉의 주요 주제인 불안을 재현하는 방식과 그것을 중심으로 드라마를 구축하는 데 중요한 역할을 담당했다. 일반적으로 다큐멘터리가 대상에 대한 객관적 정보, 사실, 진실의 전달을 중시하는 반면, 이

---

29. 문정현 감독 인터뷰, 2018년 5월 25일.

원우 감독의 실험영화는 대상에 대한 주관적인 기억, 인상, 감정, 무의식 등의 표현에 초점을 둔다. 〈붕괴〉에서 이원우 감독의 존재감은 이질적인 이미지가 생산되는 지점에서 감지된다. 예를 들어, 필름 카메라로 찍은 흑백의 영상이 삽입된 장면들이나 디지털로 촬영한 영상이 중첩, 합성, 변조되는 장면들이 그러하다. 이처럼 문정현 감독은 이원우 감독과의 협업을 통해서 다큐멘터리의 재현 범위를 가시적인 것에서 비가시적인 것으로 확장하고 필름에서 디지털을 아우르는 다양한 포맷을 함께 활용함으로써 영화의 매체적인 특성을 실험하게 된다. 한편, 이원우 감독은 이 영화의 구성 과정에도 적극적으로 관여했다. 공동 연출을 제안받은 후 이원우 감독은 100시간이 넘는 촬영본을 모두 프리뷰한 다음 문정현 감독과 함께 작품 전체를 구성했고, 필름 카메라와 디지털 캠코더로 보충 촬영을 했다.[30] 특히 이원우 감독은 보이스오버 내레이션을 맡음으로써 영화 전체의 이야기를 중재하고 이끌어가는 역할을 담당했다. 문정현 감독이

30. 문정현 감독과 이원우 감독의 역할 분담에 대해서는 이원우 감독의 다음 발언을 참고하라. "일단 촬영본을 보는 시간이 굉장히 길었다. 작업에 비중이 얼마가 될지도 모르는 촬영본을 오랜 시간 동안 계속 보면서 중간중간 문정현 감독과 이야기를 나누었고, 그런 대화를 이어 나가면서 영화 전체의 방향이나 추가 촬영의 방향을 어떻게 할 것인지를 정할 수 있었다. 문정현 감독님이 생각한 게 있었겠지만, 내가 제안하면 거의 대부분 수용되었다. 어떤 부분이 누구의 아이디어였는지 구분하기 힘든데, 그게 기억력의 문제인지 아니면 그만큼 작업 방식이 자연스러운 것이었는지는 시간이 꽤 지났기 때문에 정확히 대답하기 힘들다." 이원우 감독 인터뷰, 2018년 6월 18일.

삼인칭 시점으로 작성한 내레이션을 이원우 감독의 목소리로 녹음했다. 이원우 감독에 따르면, 그는 내레이션을 할 때 스스로를 "비난하는 사람, 심판자, 꾸짖는 사람"[31]의 위치에서 서 있는 것으로 설정했다. 실제 영화에 쓰인 보이스오버 내레이션은 2차 녹음본을 활용한 것이다. 최초의 가이드 버전은 핸드폰 음성 녹음 애플리케이션으로 녹음한 것이었는데, 문정현 감독과 이원우 감독 모두 최초의 버전이 더 경직된 목소리 톤이었던 것으로 기억하고 있다.[32] 다음 장에서 보다 상세히 살펴보겠지만, 총 16개의 숫자로 구분되는 이 영화의 보이스오버 내레이션은 문정현 감독의 주관적 경험을 투명하게 반영하면서도 그것을 다양한 측면에서 사유해볼 수 있게 한다.

〈붕괴〉는 일상의 불안으로부터 거리두기를 하는 작품이다. 오프닝에는 다음과 같은 자막이 등장한다. "어떤 것을 아름답다고 경험한다는 것. 그것은 부득이하게 잘못 경험하고 있는 것이다." 영화는 이러한 관점, 즉 친숙한 것을 낯설게 바라보는 방식으로 일상에 만연한 불안에 접근한다. 작품의 핵심적인 모티

31. 이원우 감독 인터뷰, 2018년 6월 18일.
32. 이와 관련해서 이원우 감독은 다음과 같이 말했다. "(가이드 버전) 녹음을 하던 2014년에 아이를 낳았는데, 아이가 낮잠을 자는 사이 옆에서 했다. 이후 녹음실에 갔을 때는 온종일 아이를 보고 모유 수유를 하고 달려간 터라 몸이 너무 피곤한 상태였다. 원했던 피도 눈물도 없이 잔인한 심판자의 느낌이 나지 않아 속상했지만, 그것이 그때의 최선이라고 또 그것이 그 녹음의 운명이라고 생각해 버렸다." 이원우 감독 인터뷰, 2018년 6월 18일.

브인 불안은 두려운 낯설음unheimlich/uncanny로 개념화할 수 있다. 일찍이 지그문트 프로이트Sigmund Freud는 문학과 미학의 소재로 종종 활용되는 "공포감의 일종이고 극도의 불안과 공황 상태를 불러일으키는 감정"[33], 즉 두려운 낯설음에 대해서 고찰한 바 있다. 프로이트는 두려운 낯설음의 어원이 집과 같은 것, 고향 같은 것, 친숙한 것을 의미하는 하임리히heimlich에 있다고 설명하면서, 두려운 낯설음이라는 단어의 의미는 그것의 반대말에 해당하는 단어의 의미를 포함한다고 주장한다. 프로이트는 두려운 낯설음이 자아가 자신을 관찰할 때 주로 나타난다고 설명한다. 자아에 대한 관찰은 자아가 현재의 자신 속에서 과거의 자아를 발견하거나 현재의 자아로부터 과거의 자아를 분리하는 과정들을 통칭한다. 분신의 모티브를 예로 들 수 있다. 먼저 자아는 죽음에 대한 공포와 나르시시즘적인 욕망 등의 이유로 분신을 만들어 안정을 찾지만, 자아로부터 분리된 분신을 하나의 사물처럼 다루면서 혼란을 겪는다. 어린 시절의 애착 인형이 두려움의 대상이 되는 경우가 그러하다. 프로이트는 여러 사례를 분석하면서 두려운 낯설음이 쾌락 원칙을 넘어설 정도의 반복과 회귀의 구조로 되어 있으며, 환상과 현실의 경계를 허무는 억압된 친숙한 것이라고 정리한다.

---

33. 지그문트 프로이트, 「두려운 낯섦」, 『프로이트 전집 : 예술, 문학, 정신분석』, 정장진 옮김, 열린책들, 2009, 404쪽.

이와 같은 두려운 낯설음의 모티브와 원리는 〈붕괴〉에서도 잘 나타난다. 문정현 감독은 자신의 아이가 다운증후군일 수 있다는 의사의 진단을 통보받고 공황 장애와 같은 불안을 경험한다. 그 불안은 가정의 평화가 위협받고 연출자의 자아가 분열되는 것과 관련이 있다. 곧 태어날 아이가 지적장애인이 될 수도 있다는 진단은 문정현 감독과 그의 가족의 평화를 위협했을 것이며, 이는 곧 사적 영역이 외부의 뜻하지 않은 위험으로 인해 붕괴될 수도 있다는 불길한 징조였을 것이다. 한편, 영화는 다운증후군이 의심되는 태아의 상태를 암시하는 초음파 사진 이미지를 문정현 감독이 약 10년 동안 친밀하게 지냈던 장애인들의 얼굴과 유비 관계에 놓는다. 문정현 감독의 입장에서 보자면, 태아의 이미지는 아직 도래하지 않은 미래의 시간과 미지의 대상이며, 장애인들의 얼굴은 이미 겪은 과거의 시간과 익숙한 대상이었을 것이다. 이 두 개의 대립적인 이미지는 단순히 시간적으로만 충돌하는 것이 아니라 문정현 감독의 내면 안에 있는 모순과 갈등을 드러내는 역할을 한다. 문정현 감독에게 다운증후군은 그 자체로 두려운 낯설음이었다고 볼 수 있는데, 왜냐하면 그는 이미 자신의 아내가 둘째 아이를 임신하기 이전부터 장애인과 친교적인 관계를 맺고 있었기 때문이다. 이처럼 다운증후군에 대한 문정현 감독의 두려운 낯설음은 기억의 형태로 회귀하고 그 과정에서 장애인을 바라보는 감독 자신의 시선과 태도는 달라진다.

둘째 아이가 다운증후군일 수 있다는 이야기를 들었을 때 '함께 사는 세상'의 장애인분들과 영화를 제작하고 있었고, 그게 거의 끝나갈 무렵이었다. 그때 병원에서 아이가 다운증후군일 수 있는데, 양수검사를 하면 확실히 알 수 있다는 말을 전해왔다. 그런데 그게 위험하고 너무 폭력적이잖은가. 아내한테 물어봤더니 이틀 정도 고민하고는 낳아야지 뭐 어떻게 하겠냐는 대답이 돌아왔다. 그 이후로 내가 할 수 있는 게 없었다. 그리고는 거짓말처럼 과거 장애인들과 함께했던 것을 기록한 푸티지가 생각났다. 기억이 떠오르는 데 영상이 먼저 떠오르는 재미난 경험을 했다. 그래서 과거 영상들을 돌려보기 시작했다. 그 친구들하고 내가 어떻게 어울렸는지를 되돌아보면서 내 위선을 볼 수 있었다.[34]

이 영화에서 간헐적으로 등장하는 태아의 초음파 사진과 그것에 대응하는 여러 장애인의 얼굴은 문정현 감독의 불안을 구체화하는 역할을 한다. 문정현 감독은 아직 태어나지 않은 아이의 상태를 보여주는 초음파 사진을 보고 난 이후 자신이 실제 경험한 장애인들의 모습을 떠올린 것으로 보인다.[35] 따

34. 문정현 감독 인터뷰, 2018년 5월 25일.
35. 문정현 감독은 자신이 교류했던 장애인 집단과 함께 영상 작업을 한 이력을 갖고 있다. '꿈이 자라는 땅'의 장애인들을 기록한 영상물이 2006년 KBS〈열린 채널〉에서 방영되었으며, '함께 사는 세상'의 장애인들과는 약 6년 동안의 제작 기간 끝에〈옛날 여자〉(곽수호, 2010)라는 작품을 완성한 바 있다.

라서 이 영화에서 태아의 초음파 사진, 즉 두려운 낯설음의 대상은 과거의 기억을 떠올리게 하는 잠재적인 이미지로 볼 수 있다. 데이비드 노먼 로도윅D. N. Rodowick에 따르면, 두려운 낯설음의 지각 혹은 정동은 단순히 억압으로부터 발생하는 것이 아니라 기억과 지각, 과거와 현재, 가상적인 것과 실제적인 것 사이의 강도 높은 감각 관계로부터 기인한다.[36] 이 영화에서 태아가 다운증후군일 수도 있다는 의사의 진단과 그 말에 어느 정도의 신빙성을 실어주는 초음파 사진은 문정현 감독에게 두려운 낯설음을 일으키는 매개물이자 감독 자신의 과거를 출현시키는 기억 이미지였다.

한편, 두 집단으로 구분되는 장애인들의 얼굴은 문정현 감독의 자아와 인격의 분열을 초래한다. 영화 초반부에 등장하는 '꿈이 자라는 땅'의 장애인들과 영화 중반부의 '함께 사는 세상'의 장애인들 사이에는 크게 두 가지 차이가 있다. 하나는 연령대가 다르다는 점이며, 다른 하나는 그들을 기록하고 그들과 상호작용하는 문정현 감독의 태도가 다르다는 점이다. '꿈이 자라는 땅'을 기록한 영상들은 관찰자적인 양식과 수행적인 양식을 주로 활용하고 있다. 그 영상은 문정현 감독과 장애인들이 서로를 번갈아 가면서 찍은 것으로, 문정현 감독은 카메라 앞으로

---

36. D. N. Rodowick, *What Philosophy Wants from Images* (The University of Chicago Press, Chicago and London, 2017), p. 12.

직접 나서서 청년 장애인과 다양한 행사와 활동을 함께하는 모습을 보여준다. 연출자와 출연자가 카메라를 매개로 긴밀하게 상호작용하는 모습이 반복적으로 화면에 드러나기에 이를 근거로 관객인 우리는 문정현 감독과 청년 장애인들이 친밀한 관계였다고 판단할 수 있다. 반면, '함께 사는 세상'의 장년 장애인들이 등장하는 영상은 대부분 관찰자적인 양식, 특히 다이렉트 시네마 기법에 가까운 방식을 따르면서 중립적인 시선을 유지하고 있다. 그 영상들은 장애인들이 문정현 감독과 함께 〈옛날 여자〉라는 영화를 제작하는 과정을 담고 있는데, 문정현 감독과 장애인들의 관계가 다소 위계적이거나 사무적인 것 같다는 인상을 준다. 이처럼 〈붕괴〉는 서로 다른 두 집단의 장애인들과 관계를 맺는 연출자의 상반된 태도를 보여줌으로써, 어쩌면 문정현 감독 스스로가 장애인에 대해서 양가적인 태도와 감정을 가졌던 것은 아닌지 되묻는다. 이러한 의심은 장애인들이 연애, 결혼, 출산, 양육에 관한 고민을 털어놓고 문정현 감독이 그에 대해 덤덤하게 대답해주는 장면들에서 더욱 커진다. 어쩌면 문정현 감독 스스로 무의식적으로 억압했을지도 모르는 장애인에 대한 거리감, 즉 자기 자신과 장애인을 구분하려는 그 태도는 문정현 감독의 아내가 다운증후군으로 의심되는 둘째 아이를 임신하면서 드러난 것일지도 모른다. 그리고 이 과정에서 과거 장애인들이 가지고 있던 고민은 문정현 감독 본인이 앞으로 당면해야 할지 모르는 고민으로 바뀌게 된다. 문정현 감독의 내면에서 억압되어 있던 타자의 불안이 특정 사건을 계기로 자아의 불안으로 변했던 것이다.

이어서 영화는 불안의 원인을 자아와 타자의 관계가 아닌 자아와 사회의 관계 속에서 찾는다. 불안은 잠재적으로 모든 사람에게 일어날 수 있다는 점에서 위계가 없다. 일찍이 위험사회론을 주창한 울리히 벡Ulrich Beck에 따르면, 전통적인 근대 사회는 부의 배분에 따른 계급사회였지만, 산업화가 가속화된 새로운 근대는 위험이 계급과 지위 여하를 막론하고 모든 사람에게 민주적으로 배분되는 사회이다. 성찰적 근대라고도 할 수 있는 이러한 위험사회에서는 과학적 지식이 전문화되고, 복지사회가 발달하고, 개인주의가 증대하고, 삶이 표준화되는 정도에 비례해서 불안이 커진다. 위험은 결과가 아니라 상태를 지칭한다. 예를 들어, 우리가 위험한 상황이라고 말할 때 그것은 이미 일어난 일에 대한 평가일 수도 있지만 앞으로 일어날 일에 대한 경고의 의미도 포함한다. 미래의 어느 시점에 일어날 상태가 우리 삶 속에 있다는 것은, 우리가 시한폭탄을 껴안고 살고 있다는 의미와도 같다. 위험은 "예방될 수 없는 미래"[37]라는 점에서 사회적인 공포로 인지된다. 〈붕괴〉에서는 도처에 위험이 도사리고 있으며 그 위험은 위계 없이 모든 사람에게 고루 배분된다는 위험사회의 특징이 영화 후반부의 주요 소재 중 하나인 도

---

37. 울리히 벡, 『위험사회』, 홍성태 옮김, 새물결, 2006, 73쪽.

시 재개발을 통해서 비교적 구체적으로 묘사된다. 실제 문정현 감독이 거주하고 있던 서울시 서대문구 북아현동 일대는 뉴타운 재개발로 철거가 진행되고 있었다. 영화 곳곳에는 굴착기에 의해서 무너진 집들과 그 폐허의 자리에서 떠나는 사람들의 모습이 보인다. 이외에도 용산참사 현장인 남일당 건물이 철거되는 모습, 아현동 고가도로가 철거되기 직전의 모습, 갑작스러운 폭우에 쓸려 내려온 토사로 인해서 집이 무너져 내린 한 장애인 부부의 이야기, 서울시에서 하위계층의 복지지원체계 구축을 위해서 만들었던 희망플러스통장과 꿈나래통장의 약정식 행사, 뉴타운 재개발 반대 집회를 담은 영상이 순간순간 지나간다. 이 각각의 영상 속에는 주거 젠트리피케이션에 의해 도시 공간이 파괴되는 현장을 지켜보면서 당장의 불안과 미래의 불안을 어떻게 해서든지 해소해보려는 사람들의 생기 없는 얼굴이 담겨 있다.

〈붕괴〉가 최종적으로 드러내고자 하는 집단적 불안은 희망을 죽음으로 탈바꿈시킬 정도의 파괴력을 가지고 있는 것으로 보인다. 후반부의 한 장면을 살펴보자. 서울시에서 주최하는 희망플러스통장 및 꿈나래통장의 약정식 행사가 끝나고 여러 이질적인 이미지들이 몽타주된다. 그 약정식 행사는 참석자들이 각자의 소망을 적은 종이비행기를 날리는 것으로 끝이 난다. 카메라는 일부 종이비행기에 희망이라는 단어가 공통으로 적혀 있는 것을 보여준다. 이어서 서울시 뉴타운 재개발 반대 집회에 참석한 사람들의 성난 얼굴, 고개 숙인 얼굴, 넋이 나간 얼굴이 화면에 비친다. 그리고 화면이 바뀌면 용산참사가 벌어졌던 남일당 건물이 굴착기에 의해 철거되는 장면이 나온다. 이어서 아스팔트 위에 흰색 래커로 사람의 형상을 그려 놓은 교통사고 현장이 보인다. 이 일련의 몽타주에서 도시의 거리 같은 공적 공간들은 상이한 순간들이 중첩되고 그 흔적이 표면에 남은 거대한 양피지palimpsest와 같은 상태이다.[38] 거기에는 희망이 절망으로, 절망이 다시 죽음으로 코드화된 상태로 기입되어 있다. 이러한 이미지들의 연쇄를 통해 영화는 동시대의 장밋빛 희망의 이면에 죽음이 도사리고 있다는 암시를 준다.

이제 〈붕괴〉가 말하는 불안이 사적인 동시에 공적인 것이라고 확신할 수 있다. 영화가 진행되는 과정에서 문정현 감독 자신의 불안은 타인의 것으로, 특정 집단의 것으로, 사회 전체의 것으로 확장되는 순서를 따랐다. 이 과정에서 불안의 대상과 주체 모두 모호해졌다. 그리고 불안의 범위는 사적인 것에서 공적인 것으로 바뀌었다.[39] 불안에 대한 이러한 인식은 문정현 감독

---

38. 라스카롤리는 에세이영화가 도시의 공적 공간을 주요 소재로 활용한다는 것을 지적하면서, 도시라는 공간이 다층적인 의미가 기록과 흔적의 형태로 남아 있는 양피지 사본과 같다고 해석한 바 있다. Laura Rascaroli, *How the Essay Film Thinks* (Oxford University Press, New York, 2017), p. 94.

39. 이 영화에서 불안의 얼굴이 자아와 타자의 경계를 초월한 대상이라는 것은 이 영화의 보이스오버 내레이션 중 한 부분에 암시되어 있다. "#11. 얼굴들. 그 안에 새겨진 이야기와 사연들을 받아들여야만 한다. 세상에 현현하는 얼굴의 반영이 바로 나의 얼굴이기 때문이다, 라고 그는 마치 새로운 것을 발견한

이 유리창을 사이에 두고 누군가와 마주하는 장면들에서 더욱 구체적으로 감지된다. 이러한 장면은 영화에서 총 세 번에 걸쳐서 등장하는데, 그중 문정현 감독이 두바이영화제에 참석했다가 자신이 투숙하는 호텔에서 유리창을 청소하는 노동자와 창을 하나 사이에 두고 마주 서는 장면이 있다. 이 장면을 전후로 이원우 감독의 보이스오버 내레이션이 두 번에 걸쳐 진행된다. 그 내레이션은 문정현 감독이 경험한 불안의 정체가 무엇인지를 추측할 수 있게 해준다.

#3. 당시 그는 전화가 오면 무의식적으로 녹음을 했다고 한다. 그는 두바이영화제 초청 길에 누나와 통화를 한다. 항상 가지고 다니던 카메라로 그는 일상의 모든 것을 찍을 기세였다고도 했다.

#4. 어릴 적 그의 기형적인 중지 손톱만은 항상 어머니가 깎아주셨다. 그는 항상 물었다. 내가 94년도에도 물을 사 먹었을까요? 그날부터 그의 꿈속에는 그 남자의 얼굴이 나타나기 시작했다고 한다. 공포스럽게 변한 그 남자의 얼굴은 난생처음 경

듯 마냥 떠들어댔다. 그리고 과거와 현재 기록이 그것들로부터 우리를 얼마나 멀어지게 하는 것인지 아무에게나 떠벌리고 다녔다. 정글 속 생존을 위해 공포와 불안이 기형적으로 덧입혀져 있는 인형들에게 무뎌진 감정으로 매일 똑같은 인사를 할 뿐이라고 그는 건조하게 이야기했다."

험해 본 두려움이었다. 그때부터 누군가 죽이는 꿈을 꾸기 시작했다고 한다. 그날부터 그의 꿈속에는 그 남자가 나타나기 시작했다.

위 두 내레이션이 암시하는 문정현 감독이 경험한 공포는 그가 두바이영화제에 참석하기 위해 투숙했던 호텔 특유의 건축적 구조와 그것이 만들어내는 기이한 응시의 구조로부터 발생한 것이다. 두바이영화제에 참석한 문정현 감독은 투숙 중이던 호텔에서 유리창을 사이에 두고 유리창 청소부와 눈이 마주친다. 이 장면의 공포는 가장 사적인 공간조차도 정체 모를 시선의 침범을 받을 수 있다는 사실로 인해 발생한다. 흥미로운 것은 그 두바이 호텔의 창문이 외부에서 내부를 들여다보지 못하게 되어 있다는 점이다. 그 유리창은 내부에서 외부를 바라볼 수 있게 만드는 투명성을 가지고 있지만, 반대로 외부에서 내부를 바라보지 못하게 만드는 불투명성도 가지고 있었다. 그 결과 문정현 감독과 유리창 청소부 사이의 시선은 일방향적인 것이 된다. 바라보는 자(문정현 감독)는 자기 자신을 은폐하면서 외부의 대상을 관음증적으로 응시할 수 있지만, 바라보는 자의 시선을 받는 대상(유리창 청소부)은 자신이 누군가의 응시를 받고 있다는 사실을 알지 못한다. 흥미로운 것은 그 유리창이 거울의 기능도 하고 있다는 점이다. 문정현 감독이 창문 밖을 응시하는 동안 유리창에는 감독 자신의 모습이 비치고, 그로 인해 문정현 감독과 유리창 청소부의 얼굴은 마치 하나의 합성된 이미지처럼 보이게 된다. 이처럼 유리창이 유사 거울로 기능하면서 연출자의 얼굴이 타인의 얼굴과 겹치는 장면은 영화 속에서 몇 차례 더 등장한다. 문정현 감독은 유리창을 사이에 두고 타인의 얼굴을 바라보는 장면을 반복적으로 사용한 이유에 대해 다음과 같이 이야기했다.

두바이 청소부의 얼굴, 철거용역 아저씨의 얼굴, 그리고 이사 간 집에서 본 용역 아저씨의 얼굴이 나오는 중간에 내 얼굴이 슬로우로 지나간다. 그 얼굴들이 모두 내 얼굴인 것 같았다. 다른 이들의 얼굴을 통해서 내 얼굴을 보고 있구나. 그 외에 영화 속에 나오는 얼굴들은 어느 특정 공간과 연관이 되거나 어떤 이름과 연결이 될 수 있다고 볼 수 있다. 그런데 내게 공포를 준 그 얼굴들은 어떤 이름이나 어떤 공간과 연결될 수 없는 얼굴들이었다. 그렇게 잠시 스쳐 지나갔지만 나를 계속해서 압박했던 그 얼굴들이 어쩌면 내 얼굴일지도 모르겠다고 생각한 거다. 그리고 그 얼굴들이 보이는 방식도 재미있었다. 유리가 있고, 철조망이 있고, 그 뒤에 또 유리가 있는 식인데, 나는 그들을 볼 수 있지만 그들은 나를 볼 수 없는, 무언가를 통해 필터링이 되는 얼굴들이다. 그 얼굴들이 보이는 방식이 영상이 스크린에 비치는 방식과 닮았다고 생각한다.[40]

지금까지 살펴본 것처럼 이원우, 문정현 감독이 공동 연출한 〈붕괴〉는 문정현 감독이 사적으로 경험한 불안을 자아와의 관계 속에서, 타인과의 관계 속에서, 사회 전체와의 관계 속에서 풀어냈다. 이 작품에서 불안은 과거의 것이면서 현재의 것이고, 사적인 것이면서 공적인 것이고, 자기 자신의 것이면서 모두의 것이며, 실체가 있는 것이면서도 실체가 없는 것이다. 영화는 문정현 감독 자신이 경험한 불안을 추적하기 위해서 그의 자아, 인격, 도덕성, 사회성을 심층적으로 분해했으며, 그 과정에서 획득한 기억, 인상, 감정, 무의식 등을 다양하고 이질적인 이미지, 텍스트, 사운드의 몽타주로 제시했다. 이처럼 〈붕괴〉는 불안이라는 관념을 복합적으로 형상화하기 위해 연출자의 삶 그 자체를 재료로 활용한 에세이영화였다.

3. 불안의 시간들 : 보이스오버 내레이션과 아카이브 효과

〈붕괴〉는 불안에 대한 사유를 표출하기 위해 연출자의 주관성이 반영된 보이스오버 내레이션과 사적 아카이브에서 선별한 다양한 영상을 활용한다. 보이스오버 내레이션이 생산하는 일련의 텍스트는 연출자의 주관적 사유를 표출하는 것은 물론 연출자와 관객 사이의 대화를 매개한다. 사적 아카이브를 이용

40. 문정현 감독 인터뷰, 2018년 5월 25일.

한 파운드 푸티지들은 선형적인 시간의 질서를 교란하여 과거, 현재, 미래의 구분을 모호하게 만드는 비선형적인 시간의 질서를 구축한다. 이처럼 이 작품은 보이스오버 내레이션의 텍스트와 파운드 푸티지의 시간성을 중심으로 불안을 복합적으로 형상화한다. 여기서 경계해야 할 것은 에세이영화에서 사유는 오직 텍스트를 통해서만 생성될 수 있다는 선입견이다. 만약 우리가 에세이영화를 문학적 전통 속에서 이해한다면, 에세이영화가 지향하는 사유는 텍스트를 통해서 표출되어야 마땅하다. 그러나 텍스트를 매개로 하는 문학과 달리 영화는 다양한 시청각적인 이미지를 매개로 한다. 따라서 〈붕괴〉가 보이스오버 내레이션(텍스트)과 파운드 푸티지(이미지)를 주요한 형식으로 활용했다는 것은 이 영화가 단순히 문학적 전통을 계승한 에세이영화가 아니라 영화라는 매체의 특정성을 성찰하는 에세이영화를 지향했음을 의미한다.

에세이영화의 특징으로 자주 거론되는 것 중 하나는 텍스트성이다. 일반적으로 에세이영화는 문학의 일기, 편지, 여행담, 르포타주, 보고서 등과 같은 일인칭 시점의 글쓰기 방식을 참조하여 다양한 텍스트와 이미지를 연출자의 단일한 목소리single voice를 중심으로 통합하는 것으로 이해된다. 필립 로페이트 Phillip Lopate는 에세이영화가 선행적으로 갖추어야 할 조건으로, 발화되거나, 자막이 달리거나, 제목이 달리는 식의 말word을 가지고 있어야 한다고 주장한다.[41] 하지만 좁은 의미의 텍스트를 에세이영화의 필요충분조건으로 규정하면서 이미지의 잠재성을 간과했던 로페이트와는 다르게 로라 라스카롤리는 에세이영화가 사운드와 이미지를 포함한 다양한 텍스트를 통해서 연출자와 관객 사이의 대화 구조를 형성한다고 주장한다.[42] 에세이영화에서 연출자로서의 '나'I는 관객으로서의 '당신'You을 염두에 두고 있으며, 이러한 대화 구조는 부단한 질문의 연쇄 속에서 능동적이고, 지적이고, 감정적이고, 상호작용적인 텍스트를 생산한다는 것이다. 라스카롤리는 에세이영화의 핵심적인 특징 중 하나가 관객을 향해 직접 발화하는 것임을 강조하면서, 특히 보이스오버와 같은 목소리는 "정보 전달의 수단일 뿐만 아니라 대위법적이거나 아이러니하거나 논쟁적인 것이 될 수 있다"[43]고 말한다.

〈붕괴〉는 보이스오버 내레이션에 기초한 텍스트와 연출자와 출연자 사이의 상호작용에 기초한 텍스트, 즉 이중의 텍스트 구조로 이루어져 있다. 우선, 이 영화가 보이스오버 내레이션

41. 다음 글을 참고할 것. Phillip Lopate, "In Search of the Centaur" in Nora M. Alter & Timothy Corrigan (eds.), *Essays on the Essay Film* (Columbia University Press, New York, 2017).

42. 여기서 텍스트에 대한 로페이트와 라스카롤리의 입장이 다르다는 사실에 유의해야 한다. 로페이트는 텍스트를 문자로 쓰이거나 발화된 말에 한정하지만, 라스카롤리는 시청각적 이미지 일반을 텍스트로 간주한다. 라스카롤리에게 시청각적 이미지는 연출자가 자신의 메시지를 누군가에게 전달하기 위한 수단이다.

43. Laura Rascaroli, *The Personal Camera*, p. 38.

을 통해 텍스트를 생산하고 다시 그것을 바탕으로 가상의 대화를 구축하는 과정을 살펴보자. 상술한 바대로, 이 영화의 보이스오버 내레이션은 두 단계를 거쳐 만들어졌다. 먼저, 문정현 감독은 삼인칭 시제로 자신이 과거에 경험한 일들에 대한 한 편의 에세이를 썼다. 이 에세이는 〈붕괴〉의 내레이션 대본이 되었고, 최종적으로 그 내레이션은 이원우 감독의 목소리로 녹음되었다. 문정현 감독은 이 일련의 과정을 거치면서 자기 자신으로부터 거리두기를 시도한 것으로 혹은 자신의 자아를 관찰하면서 자신으로부터 자아의 분리를 시도한 것으로 보인다. 영화사에서 연출자와 내레이터의 역할을 뚜렷하게 구분하는 방식을 통해 작품 속에 이중의 저자 혹은 복수의 저자를 위치시키는 에세이영화로는 알랭 레네Alain Resnais의 〈밤과 안개〉Night And Fog, 1955, 장-뤽 고다르Jean-Luc Godard와 안느-마리 미에빌Anne-Marie Mieville의 〈여기, 저기〉Here And Elsewhere, 1976, 크리스 마커의 〈레벨 5〉Level 5, 1997 등이 있다. 복수의 자아를 등장시켜 텍스트의 주체와 목소리의 주체를 분리하는 이러한 방식은 한편으로는 영화 속 다양한 주체들 간의 가상의 대화를 구축하는 데 기여하고, 다른 한편으로는 영화 전반에 걸쳐 시점과 시제의 혼란을 초래하여 텍스트의 의미를 불투명하게 만든다.

〈붕괴〉의 흐름을 이끌어가는 텍스트는 보이스오버 내레이션이다. 그 텍스트는 출연자로서의 문정현 감독과 내레이터로서의 이원우 감독이 가상의 대화를 나누었다는 것을 전제로 한다. 이 영화 초반부에 둘째 아이가 다운증후군일 수 있다는 의사의 소견을 전달받은 직후 문정현 감독의 불안을 간접적으로 설명하는 2번 내레이션을 살펴보자. "#2. 그들(장애인)을 촬영하면서 춤추는 그들의 모습과 행복해하는 표정들이 사랑스럽다고, 세상에 아름다운 무엇을 경험하고 있다고 그는 자신 있게 이야기하고는 했다. 둘째의 산전검사 결과도 전혀 문제 되지 않을 거라고 자신했었다." 이 내레이션을 통해서 문정현 감독이 이원우 감독에게 자신의 경험을 사전에 이미 이야기했으며, 이원우 감독은 문정현 감독에게 전해 들은 이야기를 삼인칭 과거 시제로 발화했을 것이라는 추론을 해 볼 수 있다. 이 내레이션이 품고 있는 가상의 대화 구조에서 문정현 감독은 연출자인 동시에 이야기의 당사자로, 이원우 감독은 문정현 감독의 이야기를 전해 들은 청자인 동시에 그 이야기를 관객에게 전달하는 발화자로 위치한다. 이처럼 〈붕괴〉는 한 편의 영화 안에서 이중의 자아를 설정하고 그 둘 사이에 오가는 가상의 대화를 구축한다. 그리하여 관객은 이 가상의 대화가 생산하는 텍스트의 독자로 초대될 수 있다.

한편, 이 작품 곳곳에 보이스오버 내레이션의 범위를 초과하는 이질적인 텍스트들이 있다. 앞서 로라 라스카롤리의 논의를 통해 살펴본 것처럼 에세이영화는 일인칭 시점으로 저자의 주관성을 반영한다는 점에서 사적 다큐멘터리와 부분적으로 유사하다. 그러나 에세이영화는 연출자가 작품 속에서 다양한 역할과 위치를 동시에 점유하여 초과-텍스트적인 저자로 위치한다는 점에서 기존 다큐멘터리의 장르적 경계를 넘어선다. 즉, 에세이영화는 연출자가 작품 속에 적극적으로 개입하여 다양한 역할을 수행함으로써 작품의 핵심 주제로부터 분기되고, 이탈하고, 그것을 초과하는 텍스트를 과잉 생산하는 것이다. 〈붕괴〉에서는 보이스오버 내레이션이 작품 전체의 중심적인 텍스트로 존재하고 있지만, 그 중심에서 벗어나는 텍스트들 또한 상당한 비중을 차지하고 있다. 후자의 경우는 주로 문정현 감독 본인이 작품 내부로 들어가 출연자, 인터뷰어, 캐릭터, 퍼포머, 발화자 등으로서 초과-텍스트적인 저자의 역할을 수행할 때 만들어진다.

영화가 암시하는 바에 따르면, 문정현 감독은 불안을 경험하기 시작하면서 습관적으로 일상을 기록하는 버릇이 생겼고 그 결과 다양한 음성 및 문자 텍스트를 기록, 보관, 수집하게 되었다. 그 초과-텍스트들은 문정현 감독과 타인의 관계를 중심으로 다음과 같이 분류할 수 있다. (1) 산부인과 의사와 문정현 감독의 전화 통화. 산부인과 의사는 문정현 감독에게 태아가 다운증후군일 수 있으니 이를 확인하기 위해 몇 가지 검사를 해볼 것을 권장한다. (2) 문정현 감독이 가족, 친지, 지인과 주고받은 전화 통화 혹은 문자 메시지. 이 텍스트들은 문정현 감독이 아내, 누나, 친구와 주고받은 사적인 이야기를 담고 있으며, 그중 일부는 문정현 감독이 영화를 제작하는 동안 생계의 불안정을 겪었고, 그가 한 집안의 가장으로서 불안감과 죄책감을 느꼈을 것이라는 암시를 준다. (3) 문정현 감독과 장애인들의 대화. 문정현 감독은 약 10년 동안 여러 장애인과 함께 활동하면서 그들의 모습을 기록했으며, 그 영상에는 문정현 감독이 장애인과 나눈 대화와 인터뷰가 담겨 있다. 이외에도 문정현 감독은 장애인들과의 전화 통화를 녹음해두었다가 그것을 사운드 트랙의 일부로 활용하기도 했다. (4) 문정현 감독의 공적 발언. 문정현 감독이 집회 현장에서 발언하거나, 그가 한 영화 상영회에서 관객과 대화를 나누는 모습이 푸티지로 삽입되어 있다.

이 초과–텍스트들은 문정현 감독의 내적 분열을 암시한다. 대체로 (1)과 (2)의 유형에 속하는 텍스트들은 문정현 감독 본인이 겪은 내적 불안의 원인과 결과를 설명해준다. 예를 들어, 산부인과 의사와 문정현 감독의 전화 통화 내용이 공개되는 일부 장면에서 산부인과 의사는 문정현 감독에게 태아를 위해 양수검사를 해볼 것을 제안한다. 양수검사는 태아가 다운증후군일 가능성이 있는지를 확실하게 판별해줄 수 있지만, 산모와 태아 모두의 건강을 위태롭게 할 수 있다는 단점이 있다. 문정현 감독은 미래의 불안을 잠식시키기 위해 또 다른 불안을 감수할 것인지를 선택해야 하는 딜레마에 빠진다. 이처럼 문정현 감독이 타인과 주고받은 전화 통화, 문자메시지, 대화를 기록한 시청각 자료는 그것이 기록될 당시에 감독 자신이 느꼈던 두려움과 떨림을 반영하고 있다. 한편, (3)과 (4)의 유형에 속하는 텍스트들은 문정현 감독 본인이 외부 상황에 의해서 자아 정체성의 혼란을 겪었다는 것을 말해준다. 예를 들어, 문정현 감독이 과거 장애인들과 대화, 전화, 문자 메시지를 주고받을 당시 그가 장애인에 대해 온정적인 시선을 갖고 있었음을 알 수 있다. 그러나 문정현 감독이 장애인에 대해 가졌던 기존의 일관된 태도는 그의 아이가 다운증후군일 수 있다는 진단을 통보받고 난 이후에 흔들린다. 이것은 감독 본인이 평소에 가지고 있었던 가치관과 윤리가 흔들리고 있었다는 것을 뜻한다. 더불어 문정현 감독의 공적 발언을 살펴보면, 그가 자신의 심리적 상태에 아랑곳하지 않고 정치적으로 올바르고 진보적인 것으로 간주될 만한 발언을 했다는 것을 알 수 있다. 문정현 감독의 공적 발언은 그가 (1), (2), (3)의 유형에서 보여주었던 사적 발언과 일치하는 경우도 있지만 종종 그것들과 어긋나기도 한다. 이를 통해서 문정현 감독의 사적 자아와 그의 공적 자아가 불일치했다는 결론에 다다를 수 있다. 영화 속에서 나타나는 문정현 감독의 복합적이고 분열적인 모습은 그의 자아 정체성이 내적으로나 외적으로나 흔들리고 있었다는 것을 암시한다. 이처럼 〈붕괴〉의 초과–텍스트들은 문정현 감독이 겪었던 불안이 단 하나의 사건에서 비롯된 것이 아니라 오랜 시간에 걸쳐 다양한 사건, 대상, 인물과 관계를 맺으면서 누적된 것임을 말해주고 있다.

다음으로 살펴볼 〈붕괴〉의 또 다른 에세이영화적인 특징은 파운드 푸티지, 아카이브 푸티지archival footage, 컴필레이션 영화 등과 관련이 있다. 이 각각의 용례를 포괄할 수 있는 명칭이 학계 내에서 합의된 것은 아니지만, 이들은 모두 과거의 사건에 관한 증거가 되는 시청각적 자료를 전유하여 새로운 영화적 효과를 산출하는 것을 지향한다. 이러한 영화적 실천은 공적인 아카이브가 제도화되고, 디지털 기술의 발달에 힘입어 이용자가 쉽게 접근할 수 있는 온라인 데이터베이스가 구축되고, 사적으로 수집한 자료가 누적되고 있는 오늘날 활용할 수 있는 영화 제작 방식 중 하나로 자리 잡았다. 제이미 배런은 관객의 수용성에 초점을 두고 파운드 푸티지로 불리는 일련의 영화적 실천에서 나타나는 아카이브 효과의 주요 특징으로 시간의 불일치, 의도적인 불일치, 아이러니를 꼽았다.[44] 아카이브 자료가 본래의 맥락에서 탈각되고 다른 곳에서 재맥락화되면서 새로운 시간성과 의미를 획득한다는 것이다. 이와 유사한 관점에서, 캐서린 러셀Catherine Russell은 시청각적 아카이브 자료가 전-영화적인profilmic [45] 특성과 영화적인 특성을 동시에 갖고 있음에 주목한다. 그녀는 기존의 컴필레이션, 전유, 콜라주 등이 비선형적인 내러티브와 이미지의 충격적인 수용을 강조했던 반면에 자신이 아카이브학archiveology이라고 부르는 영화적 실천은 에세이적인 특성을 갖는다면서 다음과 같이 말한다. "다양한 출처

---

44. Jamie Baron, *The Archive Effect* (Routledge, New York, 2014), pp. 16~45.
45. 이 책에서 '전-영화적'이라는 용어는 '카메라 앞에 존재하는'이라는 뜻이다.

를 가진 이미지들은 그것이 역사를 어떻게 영화화했는지 그리고 그 영화가 무엇을 생산하는지를 포함하면서 병렬되며, 또한 그것들은 새로운 지식과 문화적 역사를 산출하기 위해서 구성되고 구조화된다. 이런 점에서 아카이브학은 에세이적인 것과 만난다."[46] 다시 말해, 시청각적인 아카이브 자료는 새로운 내러티브 전략에 유용할 뿐만 아니라 그것이 재맥락화되는 과정에서 새로운 경험, 지식, 문화, 역사 등에 관한 에세이적인 사유를 촉발할 수 있는 잠재적인 이미지인 것이다.

〈붕괴〉는 문정현 감독 본인의 사적인 아카이브에서 선별한 영상들을 배열하여 현실적이면서도 가상적인 기묘한 시간의 흐름을 시각화한다. 앞서 언급한 것처럼, 이 영화를 기획할 당시 문정현 감독은 과거 자신이 2004년부터 지속해서 관계를 맺었던 장애인의 모습이 담긴 영상을 떠올렸다. 그 영상은 청년 장애인 공동체인 '꿈이 자라는 땅'과 장년 장애인 공동체 '함께 사는 세상'을 기록한 것으로, 작품 내부에서 다른 일상적인 푸티지들과 결합하여 긴 시간의 흐름을 만들어낸다. 영화는 2006년부터 2014년까지의 연도를 표시하는 중간 자막을 순차적으로 배치하여 선형적인 시간의 질서를 구축한다. 그러나 연도를 표시한 자막을 중심으로 배열되는 일련의 영상이 모두 비슷한 시

---

46. Catherine Russell, *Archiveology* (Duke University Press, Durham 2018), p. 25.

기에 촬영된 것은 아니다. 예를 들어, 영화 초반 2006년을 표시하는 중간 자막이 등장한 다음 '꿈이 자라는 땅'의 장애인들과 함께 어울리고 있는 문정현 감독의 모습이 보인다. 이어서 그가 집에서 첫째 아이를 안고 있는 모습이 나오고, 컷이 바뀌면 문정현 감독의 아내가 보낸 문자 메시지가 화면에 등장한다. 곧이어 어느 동네의 골목길 풍경 위로 산부인과 의사의 목소리가 오버랩된다. 이 이질적인 사운드와 영상의 몽타주는 2006년의 '꿈이 자라는 공동체'에 소속된 장애인들의 모습과 2011년의 문정현 감독이 일상적으로 경험한 불안의 순간을 뒤섞은 것이다. 시간의 질서가 뒤틀린 이 몽타주의 효과는 과거의 기억이 현재로 연장되고 있거나 현재의 특정 순간들로 인해 인간의 의지와 무관하게 과거가 현재로 소환되는 것 같은 인상을 준다. 사적인 아카이브에서 선별된 영상들이 이질적인 이미지, 텍스트, 사운드와 만나 잠재되어 있던 기억, 인상, 감정, 무의식 등을 끌어낸 것이다. 이처럼 이 영화는 한편으로는 선형적인 시간 질서에 따라서 과거에서 현재로 이어지는 시간의 흐름을 구축하면서도, 다른 한편으로는 그 선형적인 시간 질서를 교란하면서 과거와 현재의 구분을 무효화시키는 전략을 구사한다. 실제로 문정현 감독은 사적인 아카이브 영상을 활용하여 그것을 전유하고 기존과 다른 맥락 속에 배치하는 방식을 통해서 새로운 영화적 효과를 기대했었다고 말한 바 있다.

제가 약간의 일 중독 같은 게 있어요. 그래서 어떤 상황에 있건 많이 찍어요. 왜 찍었던 건지 맥락도 기억나지 않는 장면들도 꽤 있었는데, 제가 주체가 되어서 기록된 산물들이 또다시 나에게 새로운 정보와 이야기와 정서를 준다는 것이 신기했던 것 같아요. 각자 그 시간에서 가졌던 정서가, 변하지 않고 제게 꾸준히 똑같은 정서라는 의미가 하나 있었고요. 또 하나는 분명 어떤 다른 의미로 찍었을 화면인데, 이 맥락 안에 들어오면 어떻게 새 생명을 얻어 낼 수 있을까 하는 게 제겐 재미있는 시도였던 것 같아요.[47]

문정현 감독이 의도한 대로, 그의 사적 아카이브에서 선별된 영상들은 감독 본인이 경험한 불안의 맥락 안으로 들어와 새로운 시간성과 그에 상응하는 서사를 만들어냈다. 선형적인 시간 축을 중심으로 본다면, 이 영화는 2011년 문정현 감독이 개인적으로 경험한 불안의 기원을 추적하는 서사를 갖는다. 비선형적인 시간 축을 중심으로 본다면, 이 영화는 오랜 시간에 걸쳐 다양한 사건, 대상, 인물, 환경으로부터 영향을 받은 문정현 감독의 불안한 심리를 복합적으로 묘사한다. 여기서 한 걸음 더 나아가 보면, 영화가 진행되는 동안 선형적인 시간과 비

47. 이원우·문정현·이승민, 「붕괴」, 『2015 독립영화 쇼케이스』, 한국독립영화협회, 2015, 253~254쪽.

선형적인 시간은 변증법적으로 결합한다. 그 결과 불안이 반복, 지속, 되풀이되는 새로운 시간의 질서가 창출된다. 이런 지속과 반복의 시간성은 14번 보이스오버 내레이션과 16번 보이스오버 내레이션이 등장하는 이 영화의 후반부에 잘 드러난다.

#14. 무슨 일이 있었는지 모른다고 했다. 긴 시간이 지났고 2200년 어느 날 눈을 떴다. 아침 7시까지 먹은 술로 머리가 아파 아무 말도 할 수 없었다. 옆집에서 들려오는 쇠를 깎는 소리에 잠을 깼다.

#16. 무슨 일이 있었는지 모르겠다. 긴 시간이 흘렀고 2200년 어느 날 눈을 뜬다. 아침 8시까지 먹은 술로 머리가 아파 아무 일도 할 수 없었다. 여전히 무기력하고 불안해하는 나는 옆집 공사 소음에 잠을 깼다.

두 보이스오버 내레이션은 객관성과 신뢰성을 보장해야 할 다큐멘터리적 요소에 어긋나는 허구적인 이야기로 그것은 SF 소설의 한 구절 같은 느낌을 자아낸다. 14번 내레이션과 16번 내레이션 모두 문정현 감독이 2200년 어느 날, 과음으로 인한 숙취에 시달리다가 옆집에서 들려오는 공사 소리에 잠에서 깨어나는 상황을 묘사한다. 흥미로운 것은 두 내레이션이 차이와 반복을 형성하고 있다는 점이다. 두 텍스트는 문정현 감독이 경험하는 특정한 사건에 대한 서술이라는 점에서 유사한 서사를 갖는다. 그러나 전자는 삼인칭 과거 시제로 발화되었으며, 후자는 일인칭 현재 시제로 발화되었다. 따라서 14번 내레이션은 이야기 당사자인 문정현 감독이 자신의 경험을 이원우 감독에게 말한 것을 다시 내레이터인 이원우 감독이 발화한 것으로, 16번 내레이션은 문정현 감독이 과거에 직접 겪었던 일과 비슷한 일을 현재에도 반복적으로 경험하고 있다는 것을 내레이터인 이원우 감독의 목소리를 빌려 발화한 것으로 볼 수 있다. 두 내레이션을 통해서 우리는 이야기 당사자인 문정현 감독이 마치 되풀이되는 악몽을 꾸듯이 미래의 어떤 일을 상상적으로 그리고 반복해서 경험하고 있다는 것을 알 수 있다. 긴 악몽에서 헤어나지 못하는 사람처럼 문정현 감독의 시간은 미래를 향해 무한히 확장하던 도중에 어느 시점에 멈춰버린 것인지도 모른다.

두 보이스오버 내레이션의 또 다른 공통점은 도시 재개발의 풍경과 수평적으로 결합하고 있다는 것이다. 14번 보이스오버 내레이션은 곧 철거를 앞에 두고 있는 아현동 고가도로의 을씨년스러운 풍경과 몽타주되며, 16번 보이스오버내레이션은 문정현 감독의 가족이 북아현동을 떠나 새로 이사한 집의 풍경과 몽타주된다. 문정현 감독의 가족이 새롭게 이사한 집 주변에는 건물을 올리는 공사가 한창이다. 한때 재개발 지역에서 갖은 공사 소음에 시달렸던 문정현 감독은 새로 이사한 동네에서도 공사 소음에서 벗어나지 못한다. 도시의 파괴적인 질서에서 벗어나기 위해 이사한 곳에서 또다시 도시의 야만성과 만난 것이다. 도시 사회학의 선구자로 평가받는 앙리 르페브르는 "사회는 완벽하게 도시화되었다"[48]는 강력한 가설로 확장과 팽창을 거듭하는 도시적인 질서가 전 사회를 지배할 것이라고 경고한 바 있다. 도시를 지배하는 파괴와 창조의 끊임없는 악순환은 아직 완성되지 않은 가상의 도시를 단시간 내에 실재의 도시로 바꾸어 놓는다. 따라서 도시적인 질서 속에서 도시는 구체적이면서도 추상적인 것, 즉 어디에나 있으면서도 어디에도 없는 것이 된다. 이런 관점에 따르자면, 문정현 감독은 도시적인 질서 속에서 악몽과도 같은 시간의 지속과 반복을 경험했던 것으로 볼 수 있다. 그가 경험한 그 기묘한 시간은 불안, 파괴, 죽음, 비극의 지속과 반복이었다.

〈붕괴〉의 대미를 장식하는 것은 시간에 대한 영화적 경험이다. 이 영화의 엔딩 장면은 텔레비전 브라운관을 통해 두 편의 영상이 상영되는 것을 보여준다. 각각의 영상은 KBS 〈열린 채널〉에 방영된 '꿈이 자라는 땅'의 장애인들을 기록한 텔레비전 다큐멘터리, '함께 사는 세상'의 장애인들이 문정현 감독과 함께 제작한 〈옛날 여자〉라는 영화이다. 문정현 감독이 불안을 경험하면서 가장 먼저 떠올린 기억이 자신이 찍은 장애인들에 관

48. Henry Lefebvre, *The Urban Revolution*, Neil Smith (trans.) (University of Minnesota Press, London, 2003), p. 1.

한 영상이었다는 점을 환기해본다면, 〈붕괴〉는 시작과 끝이 한 지점에서 맞물리는 뫼비우스 띠의 구조를 갖는다고 볼 수 있다. 문정현 감독의 사적 아카이브에서 선별된 그 영상들은 과거에 관한 기록과 경험을 넘어서 과거에 관한 영화적 기록과 경험이다. 이처럼 전-영화적 현실과 영화적 현실을 동시에 지닌 아카이브 자료는 현실의 지각 방식과는 다른 영화적 지각 방식으로 과거를 새롭게 감각할 수 있게 만든다. 그리하여 실재와 가상, 의식과 무의식, 픽션과 논픽션의 경계는 한 편의 영화 안에서 사라진다. 이 엔딩의 영화적 효과들이 암시하고 있듯이 〈붕괴〉는 현실의 기이하고 낯선 경험을 영화적으로 전유하여 새롭게 사유해보려는 시도였다.

4. 소결

지금까지 이 장을 통해서 문정현, 이원우 감독이 공동 연출한 〈붕괴〉의 에세이영화적 특징을 살펴보았다. 이 작품은 연출자의 자전적인 이야기에 기초하고 있다는 점에서 국내 사적 다큐멘터리의 전통을 계승한 것으로 볼 수 있다. 하지만 이 작품은 다양한 장르적 양식의 경계를 넘나들고 불안이라는 비가시적인 대상에 대한 사유를 전개했다는 점에서 에세이영화로 분류할 수 있다. 문정현 감독이 일상적으로 경험한 불안은 자아의 내면, 타자와의 관계, 더 나아가 사회와의 관계 속에서 지속해서 나타났다. 이와 같이 복합적인 불안을 형상화하기 위해 영화는 보이스오버 내레이션을 포함한 다양한 텍스트 자료를 활용하여 대화 구조를 창출하고, 사적 아카이브에서 선별한 영상을 다양한 방식으로 조직하여 새로운 영화적 시간성을 만들어낸다. 결론적으로 이 작품은 장르 경계를 넘나드는 다양한 영화적 형식을 활용해서 한 개인의 내면과 한 시대의 분위기 전체를 장악한 불안을 복합적으로 묘사했다.

〈붕괴〉를 분석해나가면서 에세이영화가 사유를 형상화하는 과정에 대해서 대략 다음과 같은 결론을 얻을 수 있었다. 첫째, 에세이영화는 연출자의 주관적 경험을 통해서 그가 자아, 타자, 세계와의 만남에서 획득한 사유를 형상화한다. 둘째, 에세이영화는 저자의 초과-텍스트적 역할을 통해서 이질적인 텍스트들을 생산하고 이를 통해 복합적인 사유를 형상화한다. 셋째, 에세이영화는 보이스오버 내레이션 같은 텍스트에만 의지하는 것이 아니라 영화 고유의 시청각적인 이미지들의 잠재성을 통하여 예측할 수 없는 새로운 사유를 도출한다. 그리하여 에세이영화는 관념을 형상화하기 위한 형식적 실험을 통해 사유의 해방을 지향한다고 말할 수 있다.

에세이영화의 가능성은 보이지 않는 세계에 대한 비판적 성찰에 있다. 그것은 현실을 기반으로 하여 작성된 자료를 활용하면서도 가시적인 세계에서는 쉬이 포착되지 않는 관념들을 사유하고 성찰한다. 픽션과 논픽션의 대립을 가로지르는 이 새로운 영화들은 눈에 보이지 않는 세계를 영화적으로 탐구하는 과정에서 끊임없이 새로운 주제와 형식에 대해 고민한다. 그리고 그 과정에서 마주하게 될 실패와 모험마저도 포용한다. 에세이영화는 사유에 관한 영화이며, 사유를 위한 영화이다. 그것은 이미 확고하게 체계를 갖추고 있는 대문자적인 영화의 세계에 맹점으로 남아 있는 주제를 선별하여 새로운 영화적 형식에 담아낸다. 그러한 부단한 도전과 실험 끝에 비로소 영화는 자율적인 의식을 획득하여 사유의 해방을 만끽하게 될 것이다. 어쩌면 에세이영화는 아직 완성되지 않은 미래의 영화를 완성할 수 있는 작지만 중요한 퍼즐 조각의 하나일지도 모른다.

6장
포스트 시네마적 상상

임철민 감독의 〈프리즈마〉2013는 영화 제작 과정의 실패를 여과 없이 드러낸다. 사전 제작 당시 시나리오에 기초한 한 편의 영화를 찍으려던 감독은 지인들과 어울려 촬영을 하던 도중에 갑자기 길거리로 나가 계획에 없던 다른 영화를 찍기 시작한다. 예측할 수 없는 방향으로 진행되던 영화는 스태프들이 거리를 배회하는 장면을 한동안 보여주다가 그전까지의 이야기 전개와 무관한 영상들을 보여준다. 감독의 지인들이 핸드폰 카메라로 일상의 모습을 찍은, 약 50편에 이르는 짧은 영상들이다. 그 영상들은 어느 순간 연출자의 통제를 벗어나 자유롭게 변화를 거듭하면서 기묘한 형상을 만들어낸다. 이처럼 이 영화는 전통적인 개념에 부합하는 영화를 만들려고 했던 최초의 목적과 방향으로부터 이탈해 디지털 이미지의 자율성을 실험하고 있다. 관점에 따라서 이 영화는 영화 만들기의 실패, 즉 연출자가 한 편의 영화에 대해 구상하고 계획한 것이 무산되는 과정을 보여주는 것처럼 보일 수 있다. 왜냐하면 시나리오를 바탕으로 한 편의 영화를 만들려고 했던 감독의 본래 계획은 그가 시나리오를 바탕으로 배우들이 연기하는 모습을 촬영하는 과정에서 무산되었기 때문이다. 그러나 이 영화는 그 실패를 지인들이 찍은 영상을 수집하고 배열하는 방식으로 극복한다. 그리하여 이 작품은 디지털 고유의 우연성에 대한 실험을 성공적으로 이루어낸다. 임철민 감독의 〈프리즈마〉는 과거의 영화가 자취를 감추고 미래의 영화가 고개를 드는 작품이라고 할 수 있다.

이 장은 임철민 감독의 장편 영화인 〈프리즈마〉와 〈야광〉을 중심으로 포스트 시네마 시대에 변화하는 영화의 위상, 지위, 경험 등을 가늠해보려는 시도이다. 포스트 시네마는 문자 그대로 영화 '이후'에 나타난 변화를 가리키는 용어로, 이를 중심으로 구축된 학술적 담론은 대체로 디지털 영화의 등장 이후 영화의 기능·위상·개념이 근본적으로 달라졌다는 진단을 포함한다. 포스트 시네마와 관련된 논의는 전통적인 영화 모델이 새로운 영화 모델로 이미 대체되었거나 이후 대체될 것이라는 인식에 기초한다. 그것은 영화가 테크놀로지의 발전을 중심으로 나날이 변화하는 매체 환경의 영향을 받아 제작, 유통, 소비 분야에서 새로운 모델을 적용하고 있음에 주목한다. 여기서 유의해야 할 것은 포스트 시네마와 관련된 논의에서 새로운 영화의 개념을 제시하는 방식이 주술사, 도박사, 예언가가 미래를 예측하면서 그것에 대해 내기를 거는 방식과는 다르다는 점이다. 예언가들의 말은 근거 없는 신비주의로 빠질 수 있지만, 포스트 시네마에 관한 연구가 미래의 영화를 상상하기 위해 근거로 삼는 것은 과거의 영화에 대한 진단과 현재 영화에서 일어나고 있는 실질적인 변화에 대한 분석이다. 포스트 시네마를 연구한다는 것은 영화의 과거, 현재, 미래를 냉정하게 진단하고 그로부터 영화의 개념을 재정립하려는 시도라고 말할 수 있다.

포스트 시네마라는 문제에는 영화의 과거, 현재, 미래가 복합적으로 얽혀 있으며, 영화를 역사적으로 구성하는 사실들로부터 구체적인 것과 추상적인 것을 동시에 살피는 작업이다. 포스트 시네마는 영화의 생산 조건, 영화를 구성하는 물질과 속성, 영화를 소비하는 양식 등에서 나타나는 일련의 변화를 가리킨다. 동시에 그것은 아직 우리가 경험하지 못한 더 큰 변화가 일어날 조짐이기도 하다. 이런 관점에서, 이 장은 포스트 시네마가 현실이기도 하고 미래이기도 하다고 주장한다. 포스트 시네마와 관련된 선행 논의를 대략 살펴보면서 과거의 영화 모델과 오늘날의 영화 모델의 연속성과 불연속성을 논한다. 다음으로, 임철민 감독의 두 장편 영화 〈프리즈마〉와 〈야광〉에 대한 분석을 통해서 과거의 영화 모델이 위기에 처하고, 부정되고, 혁신되는 과정에서 미지의 영화가 출현하고 있음을 확인한다. 아래에서 상세히 논의하겠지만, 과거의 영화 모델은 우리가 전통적으로 알고 있는 영화 제작 양식, 영화 유통 양식, 영화 소비 양식과 관련이 있다. 임철민 감독의 영화는 과거의 영화적 모델을 해체하면서 미지의 영화가 등장하는 순간을 그린다. 임철민 감독의 작업을 중심으로, 아직 그 총체를 완벽하게 파악하기 힘든 포스트 시네마 시대에 영화의 위상·지위·모델·경험에서 어떤 변화가 일어나게 될지를 상상적으로 그려보는 것이 이 장이 달성하고자 하는 바이다.

1. 포스트 시네마가 꿈꾸는 새로운 영화 모델

포스트 시네마란 무엇인가? 그것은 영화의 역사를 통시적으로 구분하기 위해 도입된 용어로, 과거에 영화 개념을 구성하는 데서 가장 중요한 요소 중 하나이자 영화의 물질적 지지체support로 여겨졌던 필름이 그 기반을 상실하면서 차츰 디지털 영화의 시대로 접어들었다는 진단에 기초한다. 또한 그것은 영화 이미지가 생산되는 공정 자체가 디지털 기기의 알고리즘, 이진법 코드, 그리고 인터넷망의 원리에 의존하면서 나타나는 변화를 포함한다. 이는 "영화의 영구적인 변화 속 한 순간을 스냅숏"[1]으로 찍듯이, 과거의 영화 개념이 어떤 역사적 순간에 임계점을 지나 새롭게 변화하는 모습을 서술하려는 시도라고 할 수 있다.

포스트 시네마와 관련된 논의는 우리가 영화cinema로 명명해온 것의 개념적 변화에 관심을 둔다. 이와 관련해서 포스트 시네마라는 조어가 함의하는 바에 대해서 생각해보자. 영어 접두사 포스트post는 보통 시기를 구분할 때 사용한다. 포스트라는 접두사는 역사의 연속성을 강조하면서 앞의 시기를 이어지는 시기가 계승한다는 점을 설명하기 위해서 사용되기도 하고,

---

1. Miriam De Rosa and Vinzenz Hediger, "Post-what? Post-when?", *Cinéma&Cie*, vol. XVI, no. 26/27(2016), p. 11.

역사의 단절성을 강조하면서 앞선 시기와는 질적으로 다른 새로운 시기가 도래했음을 지시하기 위해서 사용되기도 한다. 포스트라는 접두사가 갖는 이 두 가지 의미를 고려할 때, 포스트 시네마라는 조어는 어떤 특정한 시기를 기준으로 그 이전의 영화와 그 이후의 영화가 달라졌다는 점을 가정한다. 그리고 그것은 우리가 오랜 시간 동안 하나의 단일한 개념으로 생각해왔던 영화가 사실은 복합적인 개념들의 구성물임을 암시한다. 예를 들어, 영화라는 개념은 카메라, 스크린, 영사기와 같은 물질적 지지체로 설명될 수 있을 뿐만 아니라 그런 물질적 지지체를 통해서 생산된 시각적 이미지의 운동으로 설명할 수도 있다. 이처럼 영화라는 개념의 정의는 다양할 수 있다. 포스트 시네마는 영화란 무엇이냐는 질문에 대한 답은 시대적 조건의 영향을 받아 바뀔 수 있다고 가정한다. 그러면서 그 조건을 아날로그 영화에서 디지털 영화로 전환하는 시대적 배경에서 찾는다. 그런 점에서, 포스트 시네마가 지시하는 영화의 개념은 복합적이고, 가변적이고, 유동적이다.

관련된 논의로 가장 먼저 살펴볼 것은, 포스트 시네마를 영화의 죽음과 연결 짓는 종말론적 접근이다. 1995년, 니콜라스 네그로폰테Nicholas Negroponte는 아톰의 시대가 저물었으며 이제 우리는 비트의 시대로 진입했다고 선언한 바 있다.[2] 이 디지

---

2. 니콜라스 네그로폰테, 『디지털이다』, 백욱인 옮김, 커뮤니케이션북스, 2010,

털 시대의 정언에 응답이라도 하듯이 데이비드 노먼 로도윅은 디지털 영화와 달리 필름 영화에 기입된 전-영화적 현실은 우리에게 '두려운 낯설음'의 감정을 유발할 정도의 강력한 경험을 선사한다고 주장한 바 있다. 로도윅이 말하는 필름 영화가 선사하는 기묘한 경험은 셀룰로이드 필름이 보장하는 지표성에 의해서 나타날 뿐만 아니라 빛의 광학 작용, 염화은의 화학 반응, 이미지의 환영에 의해 나타난다. 필름 영화는 물질적으로 현존하는 실제 세계를 빛의 흔적으로 필름에 새기는 작업이라는 점에서 현실과 모방의 관계를 이루거나 지시적 대응의 관계를 이룬다. 그런 점에서 필름 영화는 물질적 흔적의 기록이다. 이와 달리 디지털 영화는 전-영화적 현실의 물질적 흔적을 비물질적으로 바꾸거나, 전-영화적 현실을 배제한 완벽한 가상의 세계를 만들 수 있다. 디지털 이미지에 코드화된 정보는 더 이상 현실의 객관성을 담보할 수 있는 지표가 아니라 코드화된 상징에 가깝다.[3] 여기서 관건은 디지털 혁명이 기술의 발전에 의해서만 결정되는 것이 아니라 그것을 수용하는 관객의 지각 상태에 달려 있다는 것이다. 이는 존 벨톤John Belton이 디지털 영화를 혁

13~22쪽.

3. 이와 관련해서 로도윅의 다음과 같은 말을 참고해볼 수 있다. "결국 디지털 이미지에 대한 최후의 성배로 남는 것은 '사진적' 리얼리즘일 수밖에 없다. 만약 디지털이 진짜로 이미지 혁명이 맞는다면, 그것의 기술적, 예술적 목표는 이미지 제작의 초기 형태들과 지각적으로 구분될 수밖에 없다." 데이비드 노먼 로도윅, 『디지털 영화 미학』, 정헌 옮김, 커뮤니케이션북스, 2012, 15쪽.

명의 수사로 포장했던 일각의 논의를 비판하면서 했던 다음과 같은 말을 떠올리게 한다. "진정으로 디지털이 되고자 한다면, 그것은 또한 반드시 관객을 위한 디지털이어야만 한다."[4]

영화의 죽음을 비탄의 어조로 서술했던 파올로 체르시 우사이Paolo Cherchi Usai에게 필름 시대의 영화는 애도의 대상이었다. 그는 '모델 이미지'model image라는 자신의 조어를 중심으로 영화의 매체적인 특정성을 넘어서는 영화의 문화적 경험이 필름이라는 물질적 지지체의 죽음과 부식에, 그리고 필름에 맺힌 이미지에 대한 관객의 망각에 있다고 주장한다. 모델 이미지는 가설적, 규범적, 이상적 영화의 형식으로 상정되며, 그것은 개념적으로 셀룰로이드 필름의 물질성이 가진 유한성에 대한 고찰을 영화의 본성과 연결한 것이다. 영화의 죽음은 크게 두 가지 차원에서 일어난다. 우선, 필름은 복제되고, 상영되는 과정에서 계속해서 부식되면서 원본을 망가뜨린다. 이것은 영화의 물질적 죽음에 해당한다. 다음으로, 관객은 영화를 보는 동안 주의 산만한 관람 환경과 관람 양태에 의해 영화를 보는 동안에도 지나간 이미지와 이야기를 망각한다. 또한, 관객은 관람 이후에도 자신이 본 영화를 기억하지 못하는 자기 자신에 실망하기도 한다. 관객은 영화와 관련한 자신의 경험과 관련해서 늘 기

---

4. John Belton, "Digital Cinema" in Marc Furstenau (ed.), *The Film Theory Reader* (Routledge, London, New York, 2010), p. 286.

억상실에 맞서 싸워야 한다. 이것은 영화의 상상적 죽음에 해당한다. 필름이 부식에 저항하기 힘들고, 관객이 망각에 저항하기 힘든 것처럼, 영화는 필연적으로 죽음이라는 예정된 길을 걷는다. 이로 인해 움직이는 이미지의 파멸이 영화의 역사를 가능케 한다는 결론이 도출된다. 영화의 죽음에 대한 우사이의 이러한 고찰은 "모델 이미지는 기원적이고 반복될 수 없는 개체"[5], 즉 영화는 그 총체를 알 수 없는 것이라는 진단으로 수렴되고, 그것은 다시 "영화는 복제에 기초하지 않는다. 그것은 반복의 예술이다"[6]는 주장으로 확장된다.

영화의 죽음에 대한 우사이의 견해는 디지털 영화에 대한 부정적·역진적 해석과 긍정적·전진적 해석을 각각 가능케 한다. 우선, 영화의 죽음에 대한 부정적·역진적 해석을 디지털 영화에 접목해보자. 이 접근 방식에 따르면, 디지털 시대의 영화는 필름의 물질성에 의존하지 않기에 기존의 영화적 속성과 존재론적 지위를 모두 배반한 것으로 이해된다. 이것은 문자 그대로 영화의 죽음에 불과하며, 그렇기에 필름 시대의 영화들은 향수와 애도의 대상이 된다. 다음으로, 영화의 죽음에 대한 긍정적·전진적 해석을 디지털 영화에 접목해보자. 이 접근 방식은, 영화의 형식과 문화는 필연적으로 죽음·쇠퇴·부식·망각에 노출될

---

5. Paolo Cherchi Usai, *The Death of Cinema* (British Film Institute, London, 2001), p. 47.
6. 같은 책, p. 59.

수밖에 없다는 점을 수긍하기 때문에, 디지털 영화에서도 그러한 불가피함이 출현하고 있음에 주목할 여지가 생긴다. 디지털 기술은 고정적인 동시에 가변적이다. 그것은 종종 원본의 완벽한 복제를 가능케 하지만, 경우에 따라서 원본과는 전혀 다른 형태로 가공되고, 복제되고, 압축될 수 있다.[7]

두 번째로 포스트 시네마에 대해서 제도적 접근을 하는 경우가 있다. 디지털을 기술결정론적인 시각에서 바라보거나 낭만주의적 시선에서 필름 시대의 종언을 애도하는 수준에 머물 수 있다는 종말론적 접근의 한계를 인식한 일부 논평가들은 포스트 시네마 시대에 나타난 영화 문화의 이변성mutability에 주목한다. 대표적인 논자로는 앙드레 고드로André Gaudreault와 필립 마리옹Philippe Marion이 있다. 두 사람은 디지털 시대에 나타난 영화의 변화가 혁명인지 종말인지 단언하기 힘들지만, 분명 "영화는 중요한 정체성의 위기를 통과하고 있다"[8]고 지적한다. 그들은 여러 영화 모델의 역사적 변화를 파악하려고 한다. 흥미로운 것은 이들이 영화 모델을 이상화하거나 그것을 고정

---

7. 레프 마노비치의 표현을 빌자면 "디지털 영화란 라이브 액션 녹화분을 구성의 일부분으로 사용하는 애니메이션의 일종"이 되고 있다. 레프 마노비치, 『뉴미디어의 언어』, 서정신 옮김, 커뮤니케이션북스, 2014, 413쪽. 한편, 또 다른 예로, 인터넷에 넘쳐나는 저해상도의 영상들은 모두 원본의 완벽한 복제를 입증하는 것이라기보다는 그 원본들의 여러 가능한 판본, 사본, 변형의 하나로 간주할 수 있다.

8. André Gaudreault & Philippe Marion, *The End of Cinema?*, Timothy Barnard (trans.) (Columbia University Press, New York, 2015), p. 10.

불변의 것으로 간주하지 않는다는 사실이다. 왜냐하면 그들이 보기에 영화 모델은 기원적으로 정해져 있었던 것이 아니라 산업의 발달과 제도화 과정을 거치면서 획득된 것이기 때문이다. 즉, 영화의 모델은 사회적으로 구성된 것이다.

영화는 포스트 시네마 시대 이전부터 수차례에 걸쳐 정체성의 위기를 경험한 바 있다. 주지하다시피 텔레비전 수상기, 비디오, DVD가 등장할 때마다 영화는 항상 변화의 국면에 돌입했다. 이러한 역사적 과정을 고려해보면, 영화라는 "매체는 항상 두 번 태어난다"[9]는 것을 알 수 있다. 영화는 기술적으로 태어난 다음 제도적으로 다시 태어나는, 이중의 탄생double birth of cinema을 겪는다. 기술적 탄생 이후의 제도적 탄생은 크게 다음과 같은 방식을 따른다. 예를 들어, 영화 초창기 필름, 카메라, 영사기와 같은 새로운 발명품이 등장한 이후 그러한 새로운 기술을 산업적으로 수용할 수 있는 사회적 규범, 법적 장치, 문화적 양식 등이 만들어졌다. 이는 영화라는 것이 기술적으로 발명되면서 개념화되기도 하지만, 기술이 초래한 제도화 과정을 통해서 재개념화되기도 한다는 것을 의미한다. 그렇다면 디지털이라는 기술 발전이 일으킨 포스트 시네마 시대의 영화는 어떠한 제도화를 거치면서 새 생명을 얻고 있는 것일까? 이와 관련해서 고드로와 마리옹은 ATAWAD 신드롬을 예로 든다. 이 신드

---

9. 같은 책, p. 107.

롬은 "언제, 어디서나, 어떤 장치로나"anytime, anywhere, any device 10 영화를 볼 수 있는 시대가 되었다는 의미를 품고 있다. 두 저자가 지적한 것처럼, 디지털 기기의 등장으로 영화의 본성을 결정하던 필름의 지위가 약화되고, 영화의 제작이 민주화되었다. 영화의 소비가 극장에 의존했던 정착적인 소비 방식에서 벗어나 디지털과 인터넷에 기초한 유목민적인 소비 방식으로 바뀌었다.

영화의 변화를 매체 환경의 변화 내지는 제도적 차원의 변화로 바라보는 관점은 프란체스코 카세티Francesco Casetti의 연구에서도 비슷하게 나타난다. 그는 영화에 단일한 개념이 있다고 가정하는 본질주의적인 접근을 부정한다. 나아가 영화의 변화는 특정 지지체와 장치device의 발달로 설명될 수 있는 것이 아니며 그러한 물질적 토대가 달라지면서 새로운 문화적 형식이 나타나고 영화가 재배치되는 것으로 이해해야 마땅하다고 주장한다. 영화가 재배치된다는 것은 오늘날의 영화가 새로운 환경 속에서 전과는 다른 장치들에 의해서 재활성화된다는 것을 의미한다. 이는 영화를 구성하는 장치 또는 지지체가 다른 것으로 대체되거나 다른 장소에 위치하게 되는 상황을 가리킨다. 더불어, 영화의 재배치는 영화를 구성하는 물질적 하부구조 그리고 영화에 대한 관객의 경험도 변화시킨다. 예를 들어, 영화 관객은 영사기, 스크린, 좌석이 있는 극장이 아닌 다른 장

---

10. 같은 책, p. 137.

소에서도 스스로를 그 환경으로부터 고립시키면서, 영화에 집중할 수 있다. 그들은 책상 앞에서, 열차나 비행기 안에서, 걸어가는 도중에 헤드폰을 쓰고 컴퓨터나 모바일 기기에 눈을 가까이 가져다 놓음으로써 마치 영화관에서 영화를 보는 것 같은 경험을 스스로 만들어낸다. 이와 같은 카세티의 논의를 질문의 형태로 단순화해보면, 그것은 "영화는 무엇인가?"라는 질문을 "영화는 어디에 있는가?"라는 질문으로 뒤집은 것에 가깝다. "영화, 그것은 더 이상 어두운 극장 속에서 프로젝터를 통해 돌아가는 필름 롤에 매여 있는 것이 아니라, 이제는 공적 스크린에, 가정에, 나의 핸드폰과 컴퓨터에도 있다."[11]

영화의 존재론적 변화를 경험의 차원으로 확장해서 바라본다는 점에서, 카세티의 논의는 마셜 매클루언Marshall McLuhan이 『미디어의 이해』에서 한 주장의 연장선상에 놓일 수 있다. 주지하다시피, 매클루언은 미디어에 대한 이해는 그것의 내용으로 환원되어서는 안 되며 인간의 지각 경험의 변화를 살펴보는 수준에 이르러야 한다고 주장했다.[12] 카세티는 매클루언이 텔레비전 시대를 중심으로 미디어의 유형을 뜨거운 미디어와 차가운 미디어로 구분한 것에 착안하여, 포스트 시네마 시대에 영화

---

11. Francesco Casetti, *The Lumiére Galaxy* (Columbia University Press, New York, 2015), p. 28.

12. 마셜 매클루언, 『미디어의 이해』, 김상호 옮김, 커뮤니케이션북스, 2011, 31~57쪽.

의 화질definition이 갖는 중요성에 대해 역설한다.[13] 여기서 미디어의 화질은 정보량과 관련지어 설명할 수 있다. 정보량이 높은 미디어일수록 수용자는 수동적인 관람 태도를 보이고, 반대로 정보량이 낮은 미디어일수록 수용자는 능동적인 관람 태도를 보인다. 전자는 뜨거운 미디어의 유형 그리고 후자는 차가운 미디어의 유형으로 구분된다. 매클루언의 관점에서 영화는 뜨거운 미디어에 속했다. 하지만 오늘날 영화는 뜨거운 것과 차가운 것의 이분법으로 더는 설명되지 않는다. 우선, 오늘날에는 영화 이외에도 선명한 화질과 큰 스크린을 가지고 있는 매체와 장르가 출연하고 있기에 선명한 화질이 영화만의 고유한 매체적인 특성이라고 확언하기 힘들다. 이와 더불어 디지털 시대로 접어들면서 스크린이 축소되자 영화는 작은 화면에 적합한 영상으로 압축되었다. 오늘날 영화가 극장의 큰 스크린에서만 상영되는 것이 아니라 미디어 이용자의 핸드폰, 컴퓨터, 노트북, 태블릿 피시에서도 재생되는 것을 떠올려보면 된다.

세 번째로 살펴볼 포스트 시네마 논의는 예술적 실천과 관련된 대안적 접근이다. 위에서 언급한 제도적 접근에서 포스트 시네마 시대의 영화 모델은 산업적인 범위를 벗어나지 못한다. 실제로 고드로와 마리옹, 그리고 카세티의 논의에서 아방가르드 영화, 실험영화, 독립영화 등에 대한 논의는 극히 적거나 찾

---

13. Francesco Casetti, *The Lumiére Galaxy*, pp. 114~121.

아보기 힘들다. 일례로, 극영화에 저항했던 다큐멘터리와 아방 가르드 영화의 일련의 실천들, 극장을 탈피해 영화가 상영되는 장소와 영화가 상영되는 방식을 바꾸어 보려고 했던 확장영화 expanded-cinema 등이 포스트 시네마에 대한 제도적인 접근에서 는 논의되지 않는다. 영화사에서, 포스트 시네마와 관련된 기존 의 연구에서 간과되었던 대안적 영화 운동을 발견하는 것은 그 리 어렵지 않다. 예를 들어, 16mm 필름이 등장한 이후 단편영 화 제작과 텔레비전 영화 제작이 활성화되었다. 비디오 매체의 등장 이후에는 홈무비, 사적 다큐멘터리처럼 사적인 영역을 기 록하는 작품이 대거 제작되었으며, 일부 미술 작가는 설치와 퍼 포먼스에 비디오 영상을 활용하기도 했다. 이 역사적 변화들은 영화가 다른 매체로 확장될 수 있으며, 영화가 극장이 아닌 다 른 장소에 존재할 수 있으며, 영화가 다른 예술 장르의 형식으 로 만들어질 수 있다는 것을 의미한다. 다시 말해, 영화에 관한 단일한 개념, 장소, 언어는 존재하지 않는다.

에리카 발솜의 작업은 우리가 앞서 살펴본 필름의 물질성, 영화의 제도적 위기, 그리고 할리우드 영화 산업과 관련된 포 스트 시네마 담론과 거리를 둔다.[14] 그에게 영화의 죽음은 문자

---

14. "과거와 현재의 상호작용 속에서 계속해서 변화하는 개체들의 현현에 질문 을 던지기 위하여 '포스트 시네마'라는 용어를 전면적으로 거부한다." Erika Balsom, *Exhibiting Cinema in Contemporary Art* (Amsterdam University Press, Amsterdam, 2013), p. 16.

그대로 영화의 역사가 완벽하게 멈춘 상태를 뜻하는 것이 아니라 특정한 영화적 개념의 쇠퇴를 뜻한다.[15] 에리카 발솜이 새로운 영화적 개념이 출현하는 장소로 간주하는 곳은 갤러리의 화이트 큐브이다. 극장의 어두운 분위기와 그곳의 몰입적 관람 방식과는 달리 갤러리는 상대적으로 밝은 분위기와 산만한 관람 방식을 가능케 한다. 갤러리는 영화의 세속성을 정화하는 곳이며 그와 동시에 영화의 세속성을 유희의 차원으로 끌어올릴 수 있는 곳이다. 갤러리를 중심으로 영화의 개념을 전유하고 변화시키려는 일련의 실천은 움직이는 이미지를 스펙터클적인 것으로 대상화하는 작품, 파운드 푸티지 필름 작업으로 영화의 죽음을 애도하면서 미디어의 특정성을 탐구하는 작품, 고전 영화들을 리메이크하여 영화의 가변성을 실험하는 작품, 그리고 픽션과 논픽션을 가로지르는 작품을 두루 포함한다. 이처럼 새로운 영화 모델은 제도화된 표준을 벗어나기 위한 실천 속에서 태어난다.

한편, 예술적 실천의 관점에서 접근하는 발솜의 연구는 영화의 전시, 상영, 유통, 배급을 아우른다. 그는 이미지의 이동성을 원활하게 만드는 복제 메커니즘의 역할에 주목하면서, 복제 가능성을 제한하면서 작품의 이동성을 부정하는 유통 및 상영 방식과 복제 가능성을 옹호하면서 작품의 이동성을 부정하

---

15. 같은 책, p. 146.

는 유통 및 상영 방식 사이의 대립과 긴장을 역사적으로 기술한다.[16] 작품의 복제와 이동을 금지하는 조치는 작품에 대한 권리 또는 작가의 권리를 보장하기 위함이다. 작품의 복제와 이동을 허용하는 조치는 작품에 대한 대중의 권리와 작품에 부여되는 공공의 가치를 보장하기 위함이다. 과거로부터 아방가르드 영화인들은 전통적인 극장의 유통, 배급 시스템을 벗어나 대안적인 상영 공간에서 자신의 영화를 상영할 방법을 모색했다. 그들의 이러한 대안적인 상영 실천은 8mm, 16mm, 비디오, DVD, 온라인 플랫폼이 출현하는 매체적 환경의 변화에 따라 그 방식이 달라졌다. 예를 들어, 과거 아방가르드 영화인들은, 시장 판매라는 작품 유통 방식이 갖는 한계를 극복하기 위해 작품을 대여해주는 유통 방식을 시도한 적이 있다. 그러나 시간이 지나면서 작품 대여 방식 역시 한계를 드러냈고, 다시 판매를 통한 유통 방식으로의 선회가 이루어졌다.

에리카 발솜이 대안적인 유통과 관련해서 특별히 관심을 기울이는 것 중에는 불법복제[17]와 관련된 실천들이 있다. 디지털

---

16. Erika Balsom, *After Uniqueness* (Columbia University Press, New York, 2017), p. 11.

17. 이와 관련해서 비디오의 역사와 함께 불법복제에 대해서 다룬 루카스 힐더브랜드(Lucas Hilderbrand)의 『내재적 악』을 참고해볼 수 있다. 이 책은 VHS의 권위가 DVD로 옮겨가는 디지털 시대에 과거 VHS와 VCR이 등장하던 시절부터 논쟁적이었던 불법복제, 저작권 침해가 다시 수면 위로 부상하고 있다는 인식에서 출발한다. 이 책은 역사적으로 VHS와 VCR을 둘러싼 대중적 수사, 시장의 변화, 법적 규제, 그리고 그 모든 것에 대한 노스탤지어에 관해서

시대로 접어들면서 불법복제는 영상문화 전반에 걸쳐서 꽤 성가신 문제들을 일으켰고, 실험영화도 예외는 아니었다. 디지털 미디어 환경은 작품 접근성을 높이는 데 기여했지만, 승인받지 않은 유통과 허가받지 않은 조작에 대한 두려움을 증가시켰다. 디지털 시대에 실험영화 감독들이 처한 딜레마는 작품에 대한 대중의 자유로운 접근을 보장하면 무단 복제로 인해 작품의 질이 저하될 수 있다는 것이다. 이러한 현상을 전략적으로 활용해서 아방가르드 예술 본연의 가치로 여겨지는, 예술의 삶으로의 복귀 자체를 지향점으로 삼은 사례로는 우부웹UbuWeb이 있다. 우부웹은 1996년 실험적인 시詩에 집중한 사이트로 시작했다가 2002년부터 avi 파일 형식으로 된 영상을 본격적으로 스트리밍하기 시작했다. 이 사이트는 실험영화와 비디오 아트를 온라인에 전시한 최초의 사례로 알려져 있지만, 스트리밍에 최적화된 형태를 구축하기 위해 주로 저화질의 영상을 스트리밍했다는 한계점이 있다. 하지만 그런 단점에도 불구하고, 에리카 발솜은 우부웹을 사이버유토피아주의자들의 선물 경제가 작동하는 곳으로 보았다. 이처럼 에리카 발솜은 아방가르드 영화인들이 매체 환경과 제도 변화에 대응해온 여러 역사적 실천에 주목하면서, 그 실천들이 작품의 아우라를 보존하려는 욕망과 작

이야기하면서도, 이러한 논쟁이 영화라는 매체의 고유한 속성인 복제 가능성으로부터 기인한 것임을 주장한다. Lucas Hilderbrand, *Inherent Vice* (Duke University Press, Durham [N.C.], 2009).

품을 세속화하려는 욕망 사이에 위치했다는 사실을 드러낸다.

지금까지 포스트 시네마 시대를 바라보는 세 가지 입장을 살펴보았다. 그 세 가지는 첫째, 영화의 물질적 지지체인 필름의 소멸을 애도하는 종말론적 접근, 둘째, 영화의 개념은 미디어 환경의 변화와 발전 과정에 따라서 달라질 수 있다는 제도적 접근, 그리고 셋째, 영화의 개념은 가변적이며 기존의 개념에 이의를 제기하는 예술적 실천에 의해서 변화한다는 대안적 접근이었다. 포스트 시네마 담론은 영화의 과거, 현재, 미래를 연속과 불연속의 시간성 속에서 두루 고찰할 때 구축될 수 있으며, 나아가 오늘날 급격한 변화의 소용돌이 속에 있는 영화의 개념이 앞으로 어떻게 변화할 것인지를 전망하려 한다. 이러한 관점을 견지하면서 임철민 감독의 장편 작업을 중심으로 그가 상상하는 포스트 시네마 시대의 청사진이 무엇인지를 탐구해보고자 한다.

2. 실패의 논리 : 서사의 중단과 해방된 이미지

임철민 감독의 첫 장편 〈프리즈마〉는 전통적인 영화 모델의 위기로부터 새로운 영화 모델을 찾아가는 여정을 그린다. 여기서 전통적인 영화 모델이란 극영화 전통의 서사 양식, 각 분야의 전문가들로 분업화되고 체계화된 제작 과정, 극장 중심의 영화 관람 방식 등을 포함한다. 흥미로운 것은 이 영화가 전통적인 영화 모델을 무조건 부정하지 않고, 오히려 그것을 시도하는 과정에서 실패를 경험한 다음 그에 대한 차선책으로 새로운 영화 모델을 제시하고 있다는 점이다.

이 영화의 실제 제작 과정을 고려하면서, 오프닝부터 엔딩까지의 이야기 흐름을 단계적으로 따라가 보자. 2012년 봄, 임철민 감독은 "말과 내러티브로 구체화될 수 없는 에너지나 원초적인 움직임"[18]에 관한 한 편의 시나리오를 쓰고 있었다. 그는 상황과 인물을 더하고 덜어내면서 시나리오를 여러 차례 수정했지만, 결국 완성하지 못했다. 〈프리즈마〉의 촬영은 미완성의 시나리오를 가지고 시작되었다. 감독은 영화 제작 경험이 전혀 없었던 지인들을 불러 함께 촬영을 시작한다. 이 단계에서 감독은 시나리오가 불안정하기에 자신의 영화가 실패할 것임을 어느 정도 예측했으며, 도리어 자신의 영화가 붕괴하는 순간을 기록해 볼 생각을 하고 있었다.[19] 결과적으로 촬영 현장에서 얻을

---

18. 임철민 감독이 직접 쓴 〈프리즈마〉 제작일지를 참고하라. 임철민·변성찬, 「임철민 감독 작품선」, 한국독립영화협회 엮음, 『2013 독립영화 쇼케이스』, 2014, 109쪽.

19. "당시 시나리오가 확실하지 않은 상태였기 때문에 정상적인 현장 촬영 방식으로는 무리가 있다고 봤다. 어쨌든 현장에는 시나리오가 있어야 중심이 잡히고 진행이 되는데, 이미 시나리오가 붕괴된 상태였고 그 붕괴된 상태를 찍으려 했기 때문에, 기왕에 이렇게 된 거 내가 찍고 싶을 때 시간 되는 친구들 불러서, 그 친구들에게 장비 설명해가면서 놀이처럼 찍으려고 했다. 그리고 이런 말은 조금 조심스럽긴 한데, 뭔가를 부수고 그걸 다시 조립해나가는 과정에서 영화가 만들어지는 걸 보고 싶었다." 인디포럼 작가회의 엮음, 『인디포럼 20년, 기억들과의 대화』, 인디포럼 20주년 자료집, 2015, 178쪽.

수 있었던 것은 카메라 테스트 영상이나 NG 영상과 같은 잉여들이었다. 이처럼 〈프리즘마〉는 미완성의 시나리오를 가지고 전통적인 영화 제작 모델에 따라서 촬영·연기·연출이 이루어지는 과정을 보여주면서 제작 과정이 실수와 실패의 연속으로 이루어져 있었음을 드러낸다.

이후 감독과 스태프는 촬영 장비를 챙겨 들고 밖으로 나가 무계획적으로 주변의 일상을 찍기 시작한다. 그들은 계획과 통제에서 벗어나 유희적인 영화 만들기를 실천한다. 스태프들이 길거리를 배회하면서 찍은 영상들은 영화라고 하는 것 자체가 누구나 쉽게 만들 수 있는 것임을 예증한다. 또한 그것은 저가의 디지털 장비가 보급되면서 나타난 영화 제작 민주화의 한 단면을 보여준다. 이러한 영화 만들기의 논리, 즉 〈프리즘마〉가 실천하는 디지털 시대의, 유희적이고, 능동적이며, 즉흥적인 영화 만들기는 지인들이 직접 찍은 영상을 수집하고 배열하는 부분에서 더 구체화된다. 임철민 감독은 이 영화의 시나리오 작업 단계에 "모바일 메신저를 통해 친구에게서 영상 메시지 한 통을 전송"[20]받게 되고, 그 일을 계기로 지인들이 직접 찍은 영상을 수집하게 된다. 실제 영화 속에는 임철민 감독이 9명의 지인으로부터 받은 영상들이 배열되는데, 총 49개의 쇼트로 이루어져 있다. 그리고 마지막 영상에서 돌연 픽셀이 깨지는 오류가 일어

---

20. 임철민·변성찬, 「임철민 감독 작품선」, 109쪽.

나면서 기묘한 이미지가 출현한다. 그것은 기술적으로 완벽함을 자랑하는 디지털 기기나 소프트웨어 또한 무수한 오류와 실패를 피해 갈 수 없다는 것을 암시한다.

영화 제작 과정의 실패를 포용하고 그 안에서 발생하는 우연을 수용하려는 자세는 이 영화의 오프닝에서부터 명확하게 드러난다. 영화가 시작하면 피사체를 알아볼 수 없을 정도로 흐릿하고 입자가 부서진 영상이 계속해서 화면에 나타난다. 이 영상은 소리를 채집하기 위한 목적으로 한밤중에 길거리를 돌아다니면서 찍은 것이다. 애초부터 어떤 장면을 영상으로 기록하기 위한 것이 아니라 주변의 소리를 채집하기 위한 목적으로, 저가의 보급용 홈비디오 카메라로 밤거리를 찍은 것이기에 그 결과물은 비정형적이고, 불규칙적이고, 단속적인 이미지들일 수밖에 없었다.[21] 이 영상에서 시각적인 이미지들은 구체가 가

---

21. "〈프리즈마〉의 앞부분의 시각적인 부분은 원래 사운드 채집을 위해 홈비디오 카메라를 들고 나갔다가 의도치 않게 촬영하게 된 이미지들입니다. 어떤 영상이 기록되는지는 중요하지 않았기 때문에 영상은 보지 않고 소리를 따라가며 찍은 것입니다. 카메라가 저가형 홈비디오 카메라다 보니 빛을 수용하는 능력이 떨어지더라고요. 당시가 밤이었고 주변의 빛이 거의 없었기 때문에 카메라 내부에서 자동적으로 게인 값이 변하면서 그 과정이 그대로 녹화되었어요. 그리고 장면이 계속해서 툭 툭 끊기는데, 그것도 제가 의도적으로 편집한 것이 아니고 셔터 스피드가 자동 조정된 결과입니다. 광량이 적을 때는 프레임 재현 속도가 느려 움직임이 굉장히 둔해지고 많을 때는 부드러워지는 식으로 카메라가 반응한 것을 나중에 사용한 것이죠. 결국에는 그때 녹음된 소리를 쓰지 않고 영상만 가져오게 되고 다른 촬영 때 녹음된 윈드 노이즈를 쌓아가면서 그 장면을 완성하게 되었습니다." 홍철기, 「꿈처럼 흐르는 '프리즈마'」, 『인문예술잡지 F』, 11호, 2013, 20~21쪽.

늠되지 않는 추상에 가깝다. 이런 이유로 인해, 오프닝에 배치된 영상들은 그것이 셀룰로이드 필름을 지지체로 갖는지와 무관하게 물질적 이미지의 흔적이 최소화된 이미지가 되며, 그로인해 지표·기호·상징으로부터 해방된 자율적인 이미지로 지각된다. 또한, 약 7분 정도 지속되면서 끊임없이 형상을 변화시키는 그 영상들은 의미로 환원되기보다는 정상적인 지각 범위를 벗어나는 초과적인 시각적 자극에 더 가깝다고 할 수 있다. 정보는 적고 정보가 되지 못하는 소음이 압도적으로 많다. 이 오프닝의 사운드 또한 같은 논리로 구축돼 있다. 바람 소리, 발소리, 옷깃이 스치는 소리, 카메라를 만지는 소리가 누적되면서 불협화음이 만들어지고, 오프닝이 끝나갈 즈음에는 가청 범위를 벗어나는 소음이 크게 들린다. 이러한 시청각적 소음들의 과잉은 관객이 영화에 대한 순수한 지각적 경험에 집중할 수 있게 만든다.

〈프리즈마〉는 영화의 본성이 실패와 오류에 있다는 다소 급진적인 주장을 넌지시 전개한다. 예를 들어, 전통적인 영화의 서사 양식은 선형적인 시간의 질서, 인과적인 내러티브, 현실과 허구의 명확한 경계 등에 의존하지만, 오히려 이 영화는 기존의 영화 모델을 배반하는, 그리하여 부정되고, 버려지고, 폐기될 영상, 소음, NG 컷, 오류 등을 적극적으로 포용한다. 이는 앞서 이론적 논의에서 살펴본 것처럼 셀룰로이드 필름은 태생적으로 부식·소멸·죽음에서 자유롭지 못하며, 그것이 곧 영화의 본성에 해당한다는 우사이의 주장과 크게 다르지 않다. 셀룰로이드 필름의 본성에 죽음이 있듯이 디지털 영상의 본성에도 죽음이 있었던 것이다. 오히려 디지털 영화는 더 많은 망각과 더 많은 죽음을 만들어낸다. 예를 들어, 과거 필름 시대에는 제작비가 촬영 시간에 비례했지만, 오늘날 디지털 시대에는 경제적인 부담에서 벗어나 누구나, 언제, 어디서나 영상을 찍을 수 있다. 이로 인해 디지털 기기의 경제성, 편이성, 휴대성이 영상 제작의 과잉을 초래하기도 한다. 디지털 시대에 가능해진 제작의 민주화가 더 많은 영화의 탄생과 함께 더 많은 영화의 죽음이라는 모순을 낳은 것이다. 그렇다면 디지털 영화의 본성 또한 실패, 오류, 죽음 등에 있다고 보는 〈프리즈마〉는 영화의 죽음을 애도하는 영화라고 볼 수 있을까?

임철민 감독은 실패, 오류, 죽음과 관련된 부정적인 수사를 즉흥, 능동, 우연이라는 긍정적인 수사로 바꾼다. 이러한 시도는 영화의 죽음에 대한 낭만적 태도를 경계하면서, 영화의 미래를 진취적으로 그려보려는 자세에 가깝다. 이 영화에서 임철민 감독과 그의 스태프가 미리 계획된 영화 촬영을 포기하고 거리로 나가 유희적으로 찍은 영상들이 그러한 연출자적인 태도를 단적으로 드러낸다. 감독을 제외하고 영화 제작 경험이 전혀 없었던 스태프들의 입장에서 보자면, 분명 계획과 통제가 지배하는 촬영보다는 우연과 즉흥이 허용되는 촬영이 더 편안하고 자유로웠을 터이다. 이와 관련해서 인상적인 장면 중 하나는 카메라가 공중에서 춤을 추듯이 골목길을 이동하면서 촬영된 부분이다. 임철민 감독에 따르면, 그 장면은 스테디캠을 활용해서 찍은 것이지만, 당시 헤드가 망가져 있었던 까닭에 촬영자가 카메라의 움직임을 통제하지 못했다. 촬영 기기의 고장은 자연스럽게 카메라의 해방된 시선과 운동성의 획득으로 이어졌을 것이다. 한 가지 더 주목할 것은, 이 영상이 비전문 영화인들에 의해서 찍혔다는 점이다. 〈프리즈마〉의 스태프는 영화 제작에 요구되는 영화 언어, 문법, 형식에 대한 이해는 물론이고 영화 제작에 필요한 장비에 대한 지식과 테크닉을 갖추고 있지 않았다. 여기에 아이러니가 있다. 디지털 시대는 누구나 쉽게 영화를 찍을 수 있는 물질적인 조건을 제공했다. 그와 동시에 디지털 시대는 전통적인 영화 모델에 충실하지 않은 영화가 출현할 가능성을 제공했다.

〈프리즈마〉는 아방가르드 영화의 전통을 계승하면서도 그것을 디지털 시대에 적용할 방법을 고심한다. 이와 관련해서 가장 먼저 이 영화에서 임철민 감독의 지인들이 만든 영상을 살펴보아야 한다. 20세기 초의 아방가르드 운동이 유미주의로 빠지면서 삶으로부터 괴리되었던 예술을 다시 삶 속으로 돌려놓으려고 했던 점을 기억할 필요가 있다. 모든 예술은 삶 속에 있어야 한다는 20세기의 아방가르드 정신은 21세기 디지털 시대에 이르러서 민주적인 제작 방식과 자유분방한 영상 언어의 등장으로 인해서 새로운 기회를 획득한다. 〈프리즈마〉에는 감독이

9명의 지인으로부터 건네받은 짧은 영상들이 배열되어 있다. 그 영상들은 한편으로는 영화의 역사를 부분적으로 계승하면서도 다른 한편으로는 디지털 시대에 특화된 영상 언어의 특징들을 드러낸다.

첫째, 지인들의 영상은 서사 영화가 등장하기 이전, 즉 어트랙션 시네마cinema of attraction 시대의 액추얼리티 필름을 닮았다. 임철민 감독이 수집한 지인들의 영상은 대부분 1분 내외의 지속 시간을 갖고 있으며, 편집 없이 단일 컷으로 이루어져 있다. 이것은 과거 픽션과 논픽션의 구분이 없는 상태에서 편집에 대한 개념이 정착되기 이전에 무언가를 말하기보다는 무언가를 보여줄 목적을 가지고 있었던 어트랙션 시네마와 유사하다. 예를 들어, 뤼미에르 형제의 영화에 등장하는 사람들이 열차를 기다리고, 공장에서 퇴근하고, 정원에 물을 뿌리고, 아기에게 밥을 먹였던 것처럼 기원적으로 영화는 말하기telling보다는 보여주기showing에 더 집중했다. 마찬가지로 〈프리즈마〉에 나오는 지인들의 영상 또한 주변의 일상을 보여준다. 그것은 친구의 생일을 축하하는 자리에서, 관광지에서 이국적인 풍경을 바라보면서, 집으로 돌아가는 버스 안에서 차창 밖을 바라보면서, 주말에 여가를 만끽하면서 찍은 것이다. 그 영상들은 초기 영화들보다 더 즉흥적이며, 카메라의 이동성은 강하고, 큰 스크린보다는 작은 스크린에 더 적합한 포맷을 가지고 있다. 결정적으로 초기 영화는 익명의 대중적인 관객을 겨냥했지만, 임철민 감독이 지인들로부터 수집한 영상들은 관객이 명확하게 설정되어 있지 않다. 그렇다면 그 영상들은 누구를 위해서 어디에서 유통될 운명을 타고난 것일까?

둘째, 지인들의 영상은 디지털과 인터넷에 기초한 친교적인 네트워크 속에서 교환되고 확산된다. 앞서 언급했던 것처럼 임철민 감독은 어느 날 자신의 지인 중 한 명이 모바일 채팅을 이용해서 보낸 영상 편지를 보게 되고, 이를 계기로 주변 사람들의 영상을 본격적으로 수집한다. 대부분은 촬영자가 휴대할 수 있는 디지털 사진기, 스마트폰 등을 통해서 일상의 찰나를 기록한 것이다. 아마도 촬영자의 모바일 기기 또는 컴퓨터에 일시적으로 보관되었다가 인터넷을 통해 누군가에게 전달되었을 것이다. 그렇다면, 〈프리즈마〉에서 지인들의 영상은 일상적인 의례와 친교를 목적으로 만들어지고 배포되면서 "네트워크-시네마"[22]의 가능성을 보여준 것으로 간주할 수 있다. 이때 그 영

---

22. 이지영은 디지털 시대의 영화의 존재론적 지위를 영화의 물질성으로 환원시키는 기존의 논의를 비판적으로 검토하면서, 영화의 이미지는 사유를 촉발하는 것이라는 질 들뢰즈의 주장을 차용해 모바일 네트워크 플랫폼 시대에 영화의 존재론적 지위를 고찰할 방법을 새롭게 모색한다. 그에 따르면, 오늘날 독립적으로 존재하던 미디어들이 서로 융합하면서 새로운 미디어 환경을 구축하고, 미디어 이용자들은 변화된 환경 속에서 영상의 배치를 끊임없이 바꾼다. 예를 들어, 하나의 영화가 모바일 플랫폼에서 공유되고 확산되는 과정에서 이용자들은 그 영상이 업로드된 곳에 댓글을 달거나 그 영상을 새롭게 리믹스한다. 이처럼 디지털 시대에 영화의 자리는 이용자들의 참여에 의해 끊임없이 영토화, 탈영토화된다. 다음을 참고하라. 이지영, 「모바일 네트워크 플랫폼 사회의 디지털 시네마에 대한 연구」, 『시대와 철학』, 25권 1호, 2014.

상들은 웹 2.0 시대의 "확산되지 않은 것은 죽은 것이나 다름 없다"[23]는 정언을 따라 어딘가에 고정되는 것을 거부하고 어딘 가로 끊임없이 이동한다. 흥미로운 것은, 임철민 감독은 지인들 과 핸드폰이나 이메일로 영상을 교환하면서 만든 그 영화가 디 지털 가상 세계에서 자유롭게 유통되기를 바랐다는 점이다. 그 는 실제로 〈프리즈마〉를 국내 영화제에서 공개한 다음 온라인 에 업로드하여 누구나 볼 수 있도록 개방해두었다.[24] 히토 슈타 이얼의 표현을 빌리자면, 임철민은 자신의 영화가 다양한 곳에 서 생산된 자료의 시각적 유대visual bond를 통해서 제작되고, 다 양한 채널과 플랫폼을 통해 유통되는 "디지털 무인지대의 여행 자"[25]가 되기를 꿈꾸었다.

셋째, 지인들의 영상은 대체로 화질이 낮다. 그 이유는 여러 가지로 추측할 수 있다. 애초에 화소가 낮은 핸드폰 카메라로 촬영되었을 가능성이 크다. 인코딩 과정에서 화질이 떨어졌을

---

23. Henry Jenkins, Sam Ford & Josua Green, *Spreadable Media* (New York University, New York, London, 2013), p. 1.
24. 임철민은 필자와의 한 대화 자리에서 이렇게 말했다. "〈프리즈마〉를 극장에 서 상영했으면 좋겠다고 생각은 했지만, 이 영화가 극장에서 상영될 수 있을 지 확신이 없었어요. 물론 이 작품은 극장에서 상영이 되어야 뭔가 하나의 맥 락으로 묶여지는 게 있긴 하지만, 좀 여기저기 떠돌아다녔으면 좋겠다고 생각 했어요. 그래서 그냥 영화제에 출품도 안 하고 토렌트에 풀려고 했어요."
25. Hito Steyerl, "The Essay as Coformism?" in Nora M. Alter & Timothy Corrigan (eds.), *Essays on the Essay Film* (Columbia University Press, New York, 2017), p. 284.

수도 있다. 이외에도 임철민 감독 그 자신도 확인하지 못하는 이유로 화질이 떨어지는 경우가 발생했을 수 있다. 예를 들어, 최초의 원본 영상이 만들어지고, 그것이 저장되고, 확산되는 과정에서 포맷을 바꾸거나 용량을 압축하면서 화질이 낮아졌을 수 있다. 따라서 〈프리즈마〉에 활용된 지인들의 영상은 "빈곤한 이미지"[26]에 가깝다. 빈곤한 이미지는 고화질의 영상과 구분되는 저화질의 영상으로 이해될 수 있다. 화질이 낮은 이유는 그 이미지가 처음부터 저가의 디지털 기기로 제작되었거나 인터넷에 유통되는 과정에서 원본의 해상도가 저하되었기 때문이다. 빈곤한 이미지는 영상의 제작과 소비에 대한 접근이 용이해졌음을 그리고 그 두 영역에서 계급 불평등이 심화되었음을 시사한다. 쉽게 말해 가진 자는 고화질의 영상을 만들고 소비하고, 가지지 못한 자는 저화질의 영상을 만들고 소비한다. 물론,

---

26. 히토 슈타이얼은 이미지의 생산, 유통, 소비에서 나타나는 계급적 위계를 나타내기 위해 빈곤한 이미지라는 조어를 사용한다. 빈곤한 이미지는 화질이 낮고 해상도가 평균 이하의 것을 뜻하는데, 그것은 인터넷망을 통해서 급속도로 유포되고, 복제되고, 리핑되고, 리믹스되는 과정에서 끊임없이 그 가치가 저하된다. 특히 빈곤한 이미지는 고화질과 고해상도를 유지하는 표준적인 영상들의 생산, 유통, 소비에서 벗어나 있기에 그것의 출현 자체는 이미지들 사이에 계급적 위계가 발생했음을 암시한다. 빈곤한 이미지는 디지털 시대, 인터넷 시대, 그리고 포스트 시네마 시대가 만들어낸 잉여이자 변종이다. "빈곤한 이미지는 동시대 스크린의 추방된 존재이며 시청각적 제작의 잔해이자 디지털 경제의 해변으로 밀려온 쓰레기이다. 그것은 이미지의 급격한 위치 상실, 전이, 변위를, 즉 시청각적 자본주의하에서 악순환하는 이미지의 가속과 유통을 증명한다." 히토 슈타이얼, 『스크린의 추방자들』, 김실비 옮김, 워크룸 프레스, 2018, 42쪽.

임철민은 영상 제작과 소비의 민주화를 정치적이거나 경제적인 차원에서 접근하지 않는다. 대신 디지털 시대로 접어들면서 영화가 저렴한 장비, 작은 스크린에 적합한 형태로 변했고, 그러한 영화적 경험이 디지털 원주민에게는 자연적인 것이 되었음을 드러낸다.

넷째, 지인들의 영상은 영화의 죽음과 탄생에 대한 이중적인 은유이다. 이는 〈프리즈마〉가 작품 전체를 통해서 보여주고자 하는 영화 만들기에서의 실패와 관련이 있다. 마지막 지인 영상에서 오류가 발생한다. 그 영상은 비가 갠 뒤의 하늘에 무지개가 나타난 풍경을 찍은 것으로, 원인을 알 수 없는 디지털 오류로 인해서 화면의 색상과 형태가 왜곡되어 있다. 이 장면은 과거에 인화성 필름 스트립이 연소하면서 필름 이미지가 변형되고 급기야 영화 상영이 중단되곤 했던 현상을 연상시키는 면이 있다. 셰인 덴슨Shane Denson에 따르면, "디지털 이미지는 매우 변덕스럽고 생성적인 알고리즘의 과정 안에 있기에 그것은 '동일한' 이미지를 계속해서 재생산할 수 없으며, 사실상 재생과 동시에 전혀 새로운 이미지를 만들어낸다."[27] 필름 시대에나 디지털 시대에나 영화는 계속해서 원본으로부터 멀어지며, 기술적 결함에 시달리고, 급기야 그러한 불안정으로 인해 갖은 사고와 위

---

27. Shane Denson, "Speculation Transition and the Passing of Post-cinema", *Cinéma&Cie*, vol. XVI, no. 26/27(2016), p. 28.

기에 처한다. 임철민 감독은 디지털 시대가 낳은 이미지의 이러한 불안정성을 자신의 영화적 논리로 끌어들인다. 그는 지인들의 영상 중 하나가 오류가 나는 것을 보여준 다음 그와 유사한 영상을 또 하나 보여준다. 그 새로운 영상은 감독이 가지고 있던 손상된 파일의 일부 장면을 캡처해서 만들어낸 추상적인 애니메이션이다.[28] 바로 이 부분에서 우리는 영화의 죽음만이 아니라 영화의 탄생 또한 목격할 수 있다. 컴퓨터 게임이 중단되었을 때 리셋을 하는 것처럼, 임철민 감독은 기존의 영화가 죽은 자리에서 새로운 영화를 만들어낸다. 실패의 논리, 그것은 과거와 현재를 아우르는 영화의 논리와도 같다.

결과적으로, 〈프리즈마〉는 새로운 영화는 새로운 자리에 위치해야 한다고 주장한다. 영화의 마지막 부분에서 임철민 감독은 디지털 오류를 바탕으로 새롭게 만들어낸 애니메이션을 자기 방의 창문에 투사한다. 그 방은 임철민 감독이 실제로 거주했던 장소이며, 그가 미완성된 시나리오로 비전문 스태프와 함

---

28. 이와 관련하여 임철민 감독은 다음과 같이 말한 바 있다. "마지막에 굉장히 추상적인 이미지 에러가 영사되잖아요. 그 이미지는 제가 편집을 하는 중에 제가 감추려고 하거나 드러내고 싶지 않았던 영상들을 찾으면서 찾게 된 영상이에요. 그게 코드의 에러 때문인지, 온라인으로 전송되던 중 데이터 문제가 발생한 것인지 확인을 할 수가 없더라고요. 이미 부서진 영상이고 그 자체로는 사용할 수 없는 영상이어서 한 장 한 장 캡처를 해서 애니메이션을 돌리고 소리를 자체 녹음해서 다시 만들어낸 영상인데 그 이미지의 실체는 저도 복구할 수 없는 상태였고 제가 가진 오래된 영상들 중 하나였어요. 저도 알 수 없는 영상이었고, 이 영화를 통해서 다시 의미를 생기게 하고 싶었어요." 임철민·변성찬, 「임철민 감독 작품선」, 121쪽.

께 영화를 찍었던 곳이다. 거주의 장소가 제작의 장소로, 그리고 다시 제작의 장소가 관람의 장소로 탈바꿈한 것이다. 영화는 더는 스튜디오에, 촬영 현장에, 극장에 매여 있지 않고 우리의 일상에 편재해 있다. 과거에는 영화가 있는 곳으로 우리가 가야 했지만, 이제 우리가 있는 곳으로 영화를 호출할 수 있게 된 것이다.

3. 미지의 세계 : 이미지의 비가시성과 영화의 장소감 상실

임철민 감독은 〈프리즈마〉의 엔딩을 통해서 다음과 같은 질문을 던진다. 영화를 본다는 것은 무엇을 의미하며, 영화는 어디에 위치하며, 스크린 속의 세계는 어떤 곳인가 등이다. 이러한 질문들은 게이들의 크루징 스팟[29] 중 하나였던 오래된 극장들이 사라지고 그 장소의 기능을 데이팅 애플리케이션이 대체하는 상황을 다루는 〈야광〉으로 이어진다. 이 작품은 2017년 12월 광주 아시아문화전당ACC의 '젊은 공연예술 창작자 인큐베이팅 쇼케이스'에 선정되어 공연 버전으로 먼저 소개된 다음 2018년 8월 DMZ국제다큐멘터리 영화제를 통해서 영화 버전이 공개되었는데, 이 장은 영화 버전을 집중적으로 분석한다.

---

29. 크루징은 공공장소에서 이성을 유혹하는 행위를 의미한다. 성소수자의 은어로서의 크루징은 성적 파트너를 찾는 행위를 가리킨다. 성소수자들의 전통적인 크루징 스팟으로는 극장, 터미널, 공중화장실 등이 있다.

〈야광〉이 극장 관객과 게이들이 공유하는 경험과 관련해서 가장 먼저 제시하는 것은 어둠이다. 이때의 어둠은 특정한 문화사적 맥락 속에서 획득된 부정, 부패, 타락, 매혹, 우울, 죽음과 같은 의미보다는 우리가 이미지를 지각하기 위해서 전제되어야 할 조건에 가깝다. 노엄 엘콧Noam M. Elcott에 따르면, 근대시각 문화는 어둠이 그 자체로 혼돈과 부재, 밤과 그림자, 선과악 등에 관련된 것임을 일찍이 간파했다. 그리고 이미지의 생산과 소비가 이루어지는 장소를 만들기 위해 "인공적인 어둠"[30]을 기술적으로 발전시켰다. 〈야광〉의 오프닝을 포함한 초반부는 바로 그러한 인공적인 어둠과의 마주침을 다루고 있다. 영화 시작과 동시에 암전된 화면이 보이고 외화면에서 정체를 가늠하기 힘든 잡음이 들려온다. 그 잡음은 관객의 지각 경험에 따라 빗소리처럼 들리기도 하고 필름을 영사기에 넣고 돌릴 때 나는 둔탁한 소리처럼 들리기도 한다. 실제 이 사운드는 임철민 감독이 크루징 스팟으로 쓰였던 극장들에 관한 문헌 조사를 하던중 '스크린에 비가 내린다'는 표현을 재현하기 위해 인위적으로 만든 것이다. 이 오프닝에서 알 수 있듯이 〈야광〉은 오래된 극장에서의 영화 경험을 감각적으로 구현해보려는 기획 의도를 가지고 있다.

---

30. Noam M. Elcott, *Artificial Darkness* (The University of Chicago Press, Chicago and London, 2016), p. 5.

이어서 어둠 속에서 어슴푸레하게 그 자신의 형체를 드러내는 풍경, 사물, 인물 들이 보인다. 전체적으로 어두운 화면이 유지되는 가운데 외화면에서 풀벌레 소리가 들린다. 이로 인해 그 장면의 시간대가 밤이고, 그 장면을 찍은 현장이 산, 숲, 공원과 같은 자연적인 공간이라고 추측할 수 있다. 곧이어 카메라를 등진 채 나란히 앉아 있는 두 여성이 등장한다. 그들은 각자가 경험한 인상적인 꿈에 대한 이야기를 나눈다. 그 대화는 꿈이라는 것이 미지의 다른 세계로 진입하는 통로와 같다는 합의된 의견으로 수렴된다. 어두운 화면 속 두 여성의 대화가 지속되는 동안 관객은 어둠, 수면, 꿈에 대해 지각하고 인지할 수 있다. 그것은 극장이라는 어두운 공간에서 영화를 본다는 것, 어둠 속에서 형체를 분간하기 힘든 이미지를 바라보면서 그것을 식별한다는 것, 그리고 깊은 잠에 빠져 꿈을 꾼다는 것은 결과적으로 미지의 세계로 진입하는 것과 같다는 식으로 전개된다.

주목해야 할 것은 이 도입부에서 어둠이 이미지의 가시성보다는 이미지의 비가시성을 위해 존재한다는 점이다. 그 어둠은 무언가를 드러내기 위해서가 아니라 오히려 무언가를 감추기 위해서 존재한다. 이 점은 이 영화가 빛을 활용하는 부분에서 확인할 수 있다. 초반부의 어두컴컴한 화면이 지나고 나면 갑자기 밝은 화면으로 전환된다. 바뀐 화면 속에는 어느 숲속에서 영화 촬영을 하는 임철민 감독과 그의 스태프들이 있다. 임철민 감독은 한 스태프를 향해 배우의 얼굴에 그림자가 생기지 않도록 해달라고 요청한다. 그러자 스태프가 조명을 조작하고, 조명의 강한 빛을 받은 배우의 얼굴에서 입체감이 사라진다. 이 장면은 〈야광〉의 초반부에 어둠 속에서 풍경, 사물, 인물 들이 희미하게 형체를 드러냈던 장면들과 관련이 있다. 실제 임철민 감독은 낮 시간대에 밤 장면을 찍기 위해 데이 포 나이트day for night 촬영 방식으로 특정 대상의 그림자를 지운 다음, 색 보정 단계에서 화면 전체를 어둡게 처리하여 마치 밤에 찍은 것 같은 효과를 만들어냈다. 즉, 강한 빛으로 특정 대상의 그림자, 윤곽, 형상을 지우는 실험 끝에 어둠에 적합한 이미지를 만들어낸 것이다. 이런 제작 배경을 알게 됨으로써, 우리는 두 가지 서로 다른 영화 모델을 비교해볼 수 있다. 일반적으로 영화의 메커니즘은 어두컴컴한 극장의 건축적 공간 속에서 영사기에서 발산된 강한 빛이 스크린에 이미지를 만들어내는 것으로 이해되지만, 임철민 감독은 어둠 속에서 이미지의 형체가 서서히 드러나는 과정으로 영화를 이해하고 있다. 그리고 어둠 속에서 어떤 형상이 드러나는 것이 관객의 지각 경험과 관련이 있다고 넌지시 말한다. 즉, 임철민 감독이 제안하는 영화적 경험이란 어둠과 빛의 대립이라기보다는 어둠과 빛의 변증법이다.

미술사학자 조르주 디디-위베르만Georges Didi-Huberman은 강한 빛의 형상과 약한 빛의 형상을 구분한다. 그에 따르면 이미지는 서치라이트처럼 무언가를 소멸시키는 강한 빛의 형상과 반딧불처럼 "희소하고 미세한 광채"[31]를 가지고 있는 약한 빛의 형상으로 구분된다. 그는 역사, 이미지, 상상력의 변증법은 약한 빛에 대한 지각, 즉 서치라이트의 사나운 빛이 있음에도 "아직 완전히 소멸하지 않은", "그럼에도 불구하고 출현하는"[32] 형상들을 지각하는 것으로부터 시작된다고 말한다. 그렇다면 〈야광〉은 반딧불처럼 약한 빛의 형상을 가지고 있는 오래된 극장과 게이들에 관한 이야기이다. 오래된 극장은 새로운 극장에 의해, 홈시어터에 의해, 온라인 스트리밍 사이트에 의해 사라질 위기에 처한다. 오래된 극장은 소멸하는 형상이다. 남성 게이들 또한 사회적 소외를 겪는다. 그들은 사회로부터 차별·소외·배제를 받고 살아가면서, 어두컴컴한 크루징 스팟에 자신의 몸을 숨기고, 그 어둠 속에서 더듬거리면서 누군가를 찾는다. 그들은 강한 빛을 피해 짙은 어둠 속에서 안식처를 구하는 소외된 형상이다.

다음으로, 〈야광〉이 극장 관객과 게이들의 또 다른 공통의 경험으로 제시하는 것은 극장이라는 공간과 관련이 있다. 이 작품은 극장을 중심으로 두 개의 경험을 교차시킨다. 하나는 관객이 극장에서 영화를 보는 행위이며, 다른 하나는 게이들이 극장에서 성적 파트너를 찾는 행위이다. 관객의 극장 경험은 포스트 시네마 시대에 이르러 그것의 특권적인 지위를 상실했다.

---

31. 조르주 디디 위베르만, 『반딧불의 잔존』, 김홍기 옮김, 도서출판 길, 2016, 30쪽.
32. 같은 책, 63쪽.

오늘날에는 극장 밖에서 다양한 디지털 기기를 활용해 언제, 어디에서나 영화를 볼 수 있게 되었기 때문이다. 한편, 게이들의 크루징은 과거의 술집, 공원, 사우나, 극장, 버스터미널 등의 공적 공간을 벗어나 이제는 애플리케이션이라는 디지털의 가상공간을 중심으로 이루어지고 있다. 이제 영화 관객도 게이들도 극장의 큰 스크린 앞이 아니라 손에 든 모바일 기기의 작은 스크린 앞에 있다. 그들은 더는 특정한 물리적 기기, 장치, 장소에 구속되지 않는다.

오늘날 오래된 극장은 그 공간 고유의 장소감을 잃고 있다. 통상적으로 공간은 어떤 내용을 담는 형식을 뜻하며, 장소는 방·집·고향이 그러하듯이 어떤 존재론적 귀속감을 내포한다. 극장이라는 공간을 집단적 기억과 문화적 관습이 누적된 곳으로 간주한다면, 극장이 사라진다는 것은 물리적 공간의 사라짐을 의미할 뿐만 아니라 그 공간에 깃든 장소감 또한 사라진다는 것을 의미한다. 조슈아 메이로위츠Joshua Meyrowitz의 경우, 미디어가 감각의 확장이라는 매클루언의 논의를 계승하면서도 미디어가 사회적 상호작용에 미치는 영향에 주목한다. 그러면서 텔레비전과 컴퓨터로 대표되는 전자 미디어 시대에 이르러 미디어가 만들어내는 고유의 장소감이 쇠퇴했다고 주장한다.[33]

---

33. 조슈아 메이로위츠, 『장소감의 상실 I』, 김병선 옮김, 커뮤니케이션북스, 2018, 25~162쪽 참고.

그에 따르면, 전통적인 미디어는 특정한 사회적 공간에 결속되어 그에 적합한 상황, 행동, 정체성을 만들어낸다. 그러나 전자 미디어는 더 이상 물리적 장소에 귀속된 사회적 장소라고 할 수 없다. 왜냐하면 전자 미디어는 시공간의 한계를 넘어서 계층, 인종, 성별, 지역에 차등을 두지 않고 평등하게 정보를 제공할 수 있기 때문이다. 따라서 미디어의 기술적 진화는 기존에 분리되어 있던 사회적 장소를 통합할 수 있다. 그리고 그와 함께 특정 물리적 공간에 귀속되는 장소감을 사라지게 한다.

이와 관련하여 하나의 장면을 예로 들 수 있다. 〈야광〉의 중반부에 실제 게이들의 크루징 스팟 중의 하나로 널리 알려져 있는 서울 종로구의 바다극장이 등장한다. 바다극장의 실내는 스산한 기운으로 가득하다. 영사기는 멈추었고, 객석에는 사람이 없다. 그 고독한 공간에 대한 감각을 불러일으키는 것은 뜻밖에도 외화면에서 들려오는 소리이다. 그것은 짐승들이 자신이 속한 무리의 동료를 찾을 때 길게 울부짖으면서 내는 하울링howling처럼 들린다.[34] 그 유아기적인, 본능적인, 짐승과 같은 소리가 생명력이 다한 오래된 극장 내부를 가득 채운다는 것만으로도 기이한 경험을 선사한다. 이처럼 이 영화는 시청각적으로 두려운 낯설음의 감각을 제공하여 극장이라는 전통적인 영

---

34. 실제 이것은 비둘기가 내는 소리였다. 바다극장 건물 밖에 비둘기들이 많이 모여 있었고, 그 비둘기들이 내는 소리가 건물 외벽을 뚫고 들어와 객석이 텅 빈 고요한 극장 안에 울려 퍼졌던 것이다.

화 모델의 죽음을 예고한다. 한편, 영화 속에 등장하는 바다극장은 게이들의 문화적 경험이 옛것에서 새것으로 대체되고 있다는 것을 암시하기도 한다. 실제 영화 곳곳에는 바다극장을 포함해서 과거 게이들의 만남이 이루어졌던 건물, 찻집, 화장실 등이 반복해서 등장한다. 그 공간 중 일부는 도시 재개발에 의해 과거의 물질적 흔적을 잃어버렸다. 도시가 하나의 죽음을 통해 다른 하나를 새롭게 태어나게 하는 것처럼 도시의 하위문화에 속하는 특정한 영화적 경험과 문화적 경험 또한 죽음을 통해 다시 태어나고 있었던 것이다.

극장의 장소감이 쇠퇴한 자리를 대체하는 것은 디지털의 가상 세계이다. 〈야광〉은 직접적으로 게이들의 온라인 커뮤니티, 특히 그들이 실제로 쓰고 있는 데이팅 애플리케이션에 대해서 추측할 수 있는 그 어떠한 시각적인 단서도 제공하지 않는다. 대신 디지털 가상공간을 환기하는 시청각적인 자극을 제공한다. 예를 들어, 과거의 크루징 스팟을 보여주면서 외화면의 사운드로 남성 성소수자 미팅 애플리케이션 그라인더Grindr의 알림음을 반복해서 들려준다. 실제 그 데이팅 애플리케이션은 GPS 기반으로 운용되기에 이용자들의 위치 정보를 실시간으로 알려줄 수 있다. 영화에서 반복적으로 등장하는 데이팅 애플리케이션의 알림음은 생기를 잃은 과거의 크루징 스팟의 빈 공간을 채운다. 이는 한편으로는 과거의 크루징 스팟이 장소감을 상실했음을, 다른 한편으로는 데이팅 애플리케이션이 사회적 공간의 구속에서 벗어났다는 것을 의미한다.

극장에서의 대면 만남과 애플리케이션을 통한 가상 만남은 경험적으로 뚜렷하게 다르다. 우선, 극장에서 무언의 눈빛이나 몸짓과 같은 신호를 교환하던 방식은 데이팅 애플리케이션에서 이용자들이 프로필 사진과 짧은 소개 문구 같은 정보를 교환하는 방식으로 바뀌었다. 게이들 간의 친밀감과 낭만적 사랑 사이의 긴장에 대해 문화 인류학적인 관점에서 연구했던 박해민은 데이팅 애플리케이션으로 인해 게이들이 관계를 맺는 방식이 변화하고 있다고 말한다. "온라인 공간이 게이 친밀성을 매개하는 공간으로 점차 확대되어 가면서 몇몇 숫자와 정보로 자신을 표현하고 상대방을 선택해야 하는 상황은 피로감을 낳는다. 확대된 연결 가능성과 축소된 연결감의 간극이 '씁쓸함'으로 이어지기 때문이다."[35]

마지막으로 살펴볼 것은 〈야광〉이 극장 관객과 게이들의 공통된 경험으로 제시하는 가상의 이미지이다. 영화가 중반부를 넘어서면, 영화 초반부에 등장했던 여성들이 녹음실에 있는 모습을 볼 수 있다. 그들은 자신들이 등장하는 촬영 영상을 보면서 특정한 대사를 되뇐다. 한 여성은 "보이지 않는데…"라고 말하며, 다른 여성은 "다른 세계에 다른 영역에서도"라고 말한다.

---

35. 박해민, 『감정과 정동의 게이정치』, 연세대학교 대학원 석사학위논문, 2017, 32쪽.

두 여성의 말을 종합해보면, 영화는 아직 가시화되지 않은 미지의 세계를 보여주는 것이며, 관객은 아직 다 드러나지 않은 이미지의 잠재성을 지각함으로써 현실 저편의 다른 세계를 경험하고 상상한다. 이는 영화 초반부에 등장한 두 여성의 대화를 떠올리게 한다. 그 장면에서 두 여성은 꿈을 꾼다는 것은 미지의 세계로 진입하는 것과 같다는 이야기를 나누었다. 마치 도돌이표가 붙은 악장처럼 〈야광〉은 이미지의 비가시성에 대해서 다시 숙고한다. 달라진 것이 있다면, 이제부터는 디지털이 재생산하는 이미지들에 대해 사유한다는 점이다.

녹음실 장면이 끝나고 이미지가 변조되는 과정이 반복해서 등장한다. 가장 먼저, 한 여성이 어느 숲속에서 눈을 감은 채 서 있는 장면이 나오고, 이어서 그 이미지가 서서히 어둡게 변해 간다. 이것은 데이 포 나이트로 촬영한 이미지를 색 보정 단계에서 어둡게 만드는 과정을 드러낸 것이다. 그다음에 어느 숲길이 등장하는데, 마찬가지로 밝은 화면이 점차 어둡게 변하는 과정을 단계적으로 보여준다. 비슷한 장면이 수차례 더 반복된다. 이를 통해서 우리는 두 가지를 확인할 수 있다. 하나는 디지털 영화 제작 과정에서 카메라가 포착한 전-영화적 현실은 디지털 후반작업을 거치면서 다양한 형태로 변형될 수 있다는 것이며, 두 번째는 디지털 후반작업을 통해서 이미지의 변형이 심화될수록 전-영화적 현실의 이미지는 물질성, 지표성, 기호, 상징, 의미 등을 상실하게 된다는 것이다. 결국, 디지털 영화는 전-영화적 현실로부터 멀어지면서 점점 가상, 추상, 관념 쪽으로 다가간다. 앞서 녹음실에 있던 한 여성이 지시한 "다른 세계 다른 영역"은 관객의 지각과 인식의 범위를 초월한 이미지들로 이루어진 디지털 세계를 지시하는 것일지도 모른다.

바로 다음 장면은 텅 빈 극장에 홀로 앉아 스크린에 영사되고 있는 3D 애니메이션을 바라보는 한 여성의 모습을 비춘다. 그녀가 바라보는 스크린 속에는 컴퓨터 그래픽으로 하늘, 언덕, 숲, 호수를 입체적으로 그린 영상이 재생되고 있다. 객석에 앉은 여성은 미동 없이 스크린을 응시하다가 시간이 지나면서 차츰 눈을 감는다. 혹시 잠이 들어 미지의 세계로 들어간 것일까? 그런 의문이 드는 순간, 영화는 새로운 가상의 이미지를 보여준다. 그것은 과거에 게이들의 크루징 스팟으로 쓰였던 장소를 찍은 장면을 3차원의 이미지로 변환하는 과정에서 중간값으로 획득한 것이다. 각각의 이미지는 형광으로 물들어 있으며, 전-영화적 현실의 질감은 상실되었고, 그것이 담고 있는 대상들의 윤곽만이 드러나 있다. 여기서 임철민 감독은 이미지가 디지털에 의해서 변환되는 과정을 드러내면서 디지털을 매개로 현실을 지각하는 방식에 대해서 질문을 던지고 있다. 디지털은 현실을 기록, 저장, 압축, 확산하기만 하는 것이 아니다. 그것은 현실을 증강시키거나AR, augumented reality, 현실 없이 현실감 있는 가상을 만들거나VR, virtual reality, 현실과 가상을 뒤섞는다XR, extended reality. 디지털이 일상이 된 상황에서 우리가 영상을 매개로 지각하는 현실은 더는 물질적 현실에 뿌리를 두지 않는다. 마찬가지로 영화도 자신의 옛 터전을 잃고 유랑할 것이며, 그것을 보는 관객도 방황할 것이다.

〈야광〉은 영화에 대한 오래된 질문으로 시작해 영화에 대한 새로운 질문으로 끝나는 작품이다. 영화의 어둠 속에서 우리는 이미지를 지각할 수 있는가, 극장이 사라진 자리에서 영화의 위치는 어디인가, 디지털 가상 세계에서 우리가 보는 것은 현실인가 꿈인가 등의 의문을 제기한다. 물론, 이 질문에 대해 그어떤 확정적인 대답도 주어지지 않았다. 대신 임철민 감독은 오늘날 영화의 개념이 변화하면서 나타날 수 있는 불안을 그대로 끌어안으려고 한다. 이 영화의 마지막 장면이 객석에서 잠이 들었던 여성이 다시 눈을 뜨는 모습임을 기억할 필요가 있다. 그관객은 잠에 취한 상태로 스크린을 쳐다보고 있다. 우리는 그녀가 무엇을 보는지, 생각하는지, 상상하는지 구체적으로 알 수없다. 그녀의 초점 없는 눈동자와 무표정한 얼굴은 지금 우리가 마주하고 있는 영화의 미래를 그 누구도 확정할 수 없다고 말하는 듯하다. 이런 무기력한 상황 속에서 한 줄기의 희망이 있다면, 그것은 아직 다가오지 않은 영화에 대한 우리의 상상력과 그것에 기초한 영화적 실천일 것이다.

4. 소결

이 장은 임철민 감독의 〈프리즘마〉와 〈야광〉을 분석하면서, 포스트 시네마 시대의 영화 모델들에 대해서 진단해보았다. 포스트시네마라는 용어가 시대 구분의 의미로 쓰일 때는 필름 영화 시대 이후를 지칭한다. 포스트시네마 개념에 대한 이론적 접근 방식들로는 필름과 디지털을 이분법적으로 가르고 그 양자의 차이를 통해서 필름의 죽음을 선언하는 종말론적 접근, 매체 환경의 변화에 따른 영화 모델의 변화를 진단하는 제도적 접근, 예술적 실천이 영화의 생산·유통·소비 양식에 초래하는 변화에 주목하는 대안적 접근 등이 있었다. 이 각각의 접근 방식은 견해 차이가 있음에도 불구하고 영화의 모델을 고정된 것이 아니라 변화 가능한 것으로 바라본다는 공통점이 있다. 결국, 포스트 시네마란 기술적, 매체적, 실천적 맥락에서 다양한 변인들의 영향을 받아 영화의 표준, 모델, 제도가 균열되거나 혁신되는 것을 말한다.

임철민 감독은 아직 당도하지 않은 미래의 영화를 상상하면서 과거의 영화와 새로운 영화 사이의 틈을 탐구한다. 본문에서 살펴본 바에 따르면, 그의 첫 장편 〈프리즘마〉는 실패의 논리를 따라서 전통적인 영화 모델이 붕괴하고, 그 자리를 디지털 시대의 새로운 영화 모델이 대체하는 과정을 그린다. 이러한 그 실패의 논리는 디지털 오류가 자율적인 이미지를 창출한다는 지점으로까지 나아간다. 이제 영화는 전통적 영화 모델을 벗어나서 자유를 얻었다. 그렇다면 그 영화들은 어디로 가는가? 이

질문에 대해서 임철민은 오래된 극장에 대한 두 개의 경험, 즉 영화 관객의 경험과 남성 게이들의 경험 사이의 교집합을 탐구하는 〈야광〉으로 대답한다. 이 영화는 어둠, 공간, 가상을 중심으로 영화의 본성을 탐구한다. 영화는 과거에나 현재에나 어둠을 필요로 하지만, 그 어둠은 이미지의 가시성이 아니라 비가시성을 위해서 존재한다. 관객은 어둠 속에서 어슴푸레하게 드러나는 모호한 이미지들을 지각하면서 미지의 세계를 경험한다. 그리고 그 미지의 세계에 대한 경험은 현실로부터, 원본으로부터 점점 더 멀리 달아나는 디지털 그래픽 이미지의 재생산에 의해서 심화된다. 포스트 시네마 시대에 영화는 흡사 유령처럼 어디에나 있지만, 어디에도 없는 것처럼 지각된다.

임철민 감독이 촉발한 영화적 질문들을 중심으로 국내 포스트 시네마와 관련된 담론의 형성을 위해 몇 가지 제안을 해볼 수 있다. 첫째, 디지털 기술의 발전으로 인해서 가능한 영화적 서사와 양식은 무엇이며 그것은 기존의 전통적인 영화 모델과 어떻게 다를까? 둘째, 전통적인 극장 모델을 벗어나 갤러리와 온라인 플랫폼을 넘나드는 영화·영상 작품들의 생산, 유통, 소비 방식은 과거의 전통적인 영화 모델과 어떻게 다를까? 셋째, 새로운 영화적 모델을 상상하는 동시대 영상 제작 방식이 공유하고 있는 미디어에 대한 감각은 무엇인가? 넷째, 포스트 시네마 시대의 새로운 관객성은 무엇이며 그것은 개인적인 차원을 넘어 집단적인 차원으로 발현될 수 있는가?

이 네 가지 질문에 대한 해답은 이론적 검토 또는 작품 분석을 통해서 이루어질 수 있지만, 둘 중 어느 하나로 편향되어서는 안 될 것이다. 포스트 시네마가 기존의 영화 모델들의 한계를 넘어 제작의 민주화, 유통과 교환의 가속화, 유목민적 관람, 이미지의 자율성을 가능케 하여 삶으로부터 유리되었던 영화를 다시 삶 속으로 돌려놓을 것으로 믿는다면, 그에 부응하는 새로운 영화 모델은 집단적 차원에서 상상 가능하고 실현 가능한 힘을 발휘할 수 있어야 할 것이다. 포스트 시네마 시대에 대한 우리의 상상이 그려낸 세계는 스쳐 지나가는 비장소가 아니라 오래도록 머물 수 있는 장소가 되어야 한다. 이제, 영화에게 새로운 집을 마련해줄 때가 되었다.

7장

이 지루함을
어떻게 견딜 것인가

정재훈 감독과 그의 영화에 관한 말들은 종종 입소문의 형태로 돌고 있지만 정작 그의 영화적 세계를 다루는 글을 찾아보기는 힘들다. 첫 장편인 〈호수길〉로 지금은 사라진 시네마디지털서울에서 블루카멜레온상 특별 언급을 받고 이에 힘입어 비평계의 주목을 받긴 했지만, 〈환호성〉을 시작으로 점점 어두워지고, 투박해지고, 불친절해진 그의 영화에 대해 평단과 관객은 미온적인 반응을 보였다. 특히 212분이라는 긴 러닝타임을 가지고 있는 그의 장편 영화 〈도돌이 언덕에 난기류〉2017에 대한 평가는 미적지근했다. 나는 정재훈의 장편 영화, 특히 그의 신작에 대해서 관객과 평단이 보인 침묵을 마주하던 중 문득 이러한 반응이 그가 이미지를 구성하고 체계화하는 방식과 밀접한 관련이 있는 것은 아닐까 하는 생각을 해보았다.

정재훈의 영화는 바라보기의 지루함과 관련을 맺고 있는 것처럼 보인다. 혹시나 있을지 모를 오해를 방지하고자 상투적인 표현을 먼저 짚어보자. 일반적으로 한 편의 영화를 관람한 후에 지루하다고 말하는 것은 그 작품의 질적 완성도가 낮다는 의미를 포함한다. "그 영화 너무 지루해"라는 말은 그 작품에 영화적 재미와 흥미를 유발하는 요소가 부족하다는 것을 의미한다. 영화역사가들이 지적하듯이 이미 보드빌 시절부터 영화는 관객이 지루함을 극복하고 영화에 몰입할 수 있는 언어, 문법, 형식을 만들기 위해서 고군분투해왔다. 그러나 영화의 지루함에 관한 부정적인 뉘앙스는 맥락에 따라서 긍정적인 뉘앙스

로도 바뀔 수 있다. 이미 영화적 전통이자 규범이 된 서사, 양식, 관객성으로부터 거리두기를 한다는 식으로 말이다. 정재훈의 영화도 지루함이라는 감각형식을 영화 언어에 적용한 경우로 볼 수 있다. 그의 영화는 관객이 지루하다고 느낄 만한 영화적 형식을 추구하며, 현시대가 일상적으로 지루함을 유발하도록 조건 지어져 있다는 사실을 은연중에 일깨운다. 또한 그의 영화는 집중과 몰입을 유발하는 상업영화의 관람방식에서 벗어나 지루함을 대안적인 관람 방식으로 제안한다.

고대로부터 지루함이라는 것은 에세이적 성찰의 소재였고, 근대를 기점으로 하나의 시대적 담론으로 격상되었다. 조너선 크레리는 『지각의 유예 : 주의, 스펙터클, 그리고 근대 문화』에서 인간의 감각 경험의 기반이 흔들리는 19세기를 가리켜 "지각 기관의 혁명화"가 이루어진 때라고 말한 바 있다.[1] 과학과 수학을 앞세워 신의 공백을 합리적 이성으로 채우려는 시도들이 잇달아 일어나고, 기계문명의 발전에 힘입어 시공간의 경험이 급진적으로 바뀌던 그 시대는 인간의 지각 경험의 객관성, 안정성, 확실성이 무너지던 때다. 특히 근대적 의식의 흐름이 몰입에서 분산으로, 주의 집중에서 주의 산만으로 바뀌게 되었다는 것이 크레리가 말하고자 하는 핵심이다. 실제로 게오르그 짐멜, 가브

---

1. Jonathan Crary, *Suspensions of Perception* (MIT Press, Cambridge, MA, 1999), p. 13.

리엘 타르드Gabriel Tarde, 에밀 뒤르켐Émile Durkheim과 같은 당대의 사회학자, 문예 비평가였던 발터 벤야민Walter Benjamin과 지그프리트 크라카우어, 그 외 철학자, 생리학자, 심리학자, 정신 분석학자 등이 정신 분산, 권태, 무기력, 지루함, 우울, 불안, 공포 등에 관해서 고찰했다. 이들에게 지루함이라는 것은 의식적이건 무의식적이건 근대적인 삶의 리듬에 가까운 것이었다. 『지루함의 철학』의 저자인 라르스 스벤젠Lars Svendsen은 지루함을 근대적 산물이라고 주장하면서 그것을 불면의 상태에 빗대기도 했다. "깊디깊은 지루함이란 현상학에서 보자면 불면의 상태와 닮았다고 할 수 있다. 끝이 없어 보이는 공허에 사로잡힌 채, 자아가 어둠 속에서 제 정체성을 잃고 마는 그런 불면의 상태."[2]

정재훈의 영화 또한 지루함과 그것의 비유적 상태인 불면을 그 자신의 구성 원리로 취한다. 그의 전작인 〈호수길〉은 낮과 밤의 변증법으로 이루어져 있다. 서울시 은평구 응암2동의 재개발 과정에 에세이적으로 접근한 이 영화의 전반부는 재개발이 본격화되기 직전 생기 넘치는 동네의 낮 풍경을 보여준다. 중후반부로 넘어가면 영화는 카메라를 든 산책자의 시선으로 폐허가 되어가고 있는 마을의 밤 풍경을 보여준다. 낮이 살아 있는 것들을 위한 시간이라면 밤은 죽어가는 것들을 위한 시간이다. 이 대립적 설정의 변증법은 밤의 논리가 낮의 논리 안으

---

2. 라르스 스벤젠, 『지루함의 철학』, 도복선 옮김, 서해문집, 2005, 24쪽.

로 침투하는 영화의 마지막 장면에서 종합의 상태에 이른다. 5분여에 달하는 롱테이크로 담아낸 한 집이 포크레인에 의해 철거되는 과정 속에는 도시 재개발의 야수적 본성이 적나라하게 드러나는 순간이 있다. 이때 카메라는 단 한 번의 느릿한 패닝을 제외하고는 부동의 자세를 유지한다. 카메라는 눈앞의 참혹함에 놀라거나 당황하지 않는다. 오랜 시간 재개발이 진행된 한 마을의 변화를 기록했던 그 카메라에게는 어제의 풍경과 오늘의 풍경은 단절이 아니라 지속이었을 테다. 그렇게 폐허가 되어가는 과정을 냉정하게 지각하는 자세는 사실상 이 영화가 시종일관 보여주었던 오후의 나른함에 대응하는 태도와 크게 다르지 않다. 한낮의 나른함과 야반의 적막함이 뫼비우스의 띠처럼 한자리에서 만나는 그 상태는 시간의 지속에 붙들려 있는 지루함의 연속이라고 볼 수 있다. 그것은 감독의 주관적인 경험도 객관적인 인식도 아닌, 그렇다고 안으로부터 오는 것도 밖으로부터 오는 것도 아닌, 단지 재개발이라는 그 특수한 실존적 상황 속에서 경험되는 것이다.

일상의 나른함과 지루함 등에 관한 고찰은 〈환호성〉으로 이어진다. 달라진 점이 있다면 이번에는 도시 공동체가 아니라 노동하는 신체에 초점을 맞추고 있다는 것이다. 정재훈 감독은 자신의 두 번째 작품을 통해 노동을 중심으로 돌아가는 삶의 단조로움이 인간의 신체를 좀먹고 있다고 말한다. 비록 인과적이고 극적인 전개를 배격한다고는 해도, 이 영화의 이야기는 크게 두 가지 방식으로 그 얼개를 그려볼 수 있다. 첫째, 이 영화는 SF의 변종으로 "한국이라는 외계 공간에 불시착한 외계인이 펼치는 이야기"로 볼 수 있다.[3] 영화 속 외계인은 한국에 거주하고 있는 한 청년으로 변장해 동시대에 동화된 삶을 살아간다. 그는 낮에는 부지런히 일하고 그 외의 시간에는 밥을 먹고, 잠을 자고, 그래도 시간이 남는다면 가볍게 산책을 한다. 그는 여름에는 당구장에서 그리고 겨울에는 세차장에서 아르바이트를 하면서 여느 지구인들이 그러하듯이 생계유지를 위해 고군분투한다. 둘째, 이 영화는 다큐멘터리적인 접근법을 따르는 작품이다. 영화는 20대 청년이 노동 환경 속에서 살아가는 방식 그리고 그가 자신의 신체를 관리하고 규율하면서 노동을 재생산하는 방식을 다룬다. 카메라는 관찰자적인 시선 속에서 한 청년의 삶의 주기가 잠자기, 일어나기, 밥 먹기, 출근하기, 일하기, 그리고 약간의 휴식의 순환으로 이루어져 있음을 포착한다. 이 청년의 규칙적이고 반복적인 삶은 노동의 체계라고 불릴 수 있는, 즉 노동을 위한 에너지의 투입과 산출의 피드백 루프에 갇혀 있는 것처럼 그려지고 있다.

〈환호성〉에서 삶을 위한 노동과 노동을 위한 삶은 그 경계가 모호하다. 노동의 흐름이 삶의 흐름과 평형과 안정을 이룬다면 더할 나위 없겠지만, 오늘날처럼 노동 그 자체가 목적이

---

3. 강덕구, 「모험, 산, 환상방황, 개, 소음, 빛」, 『오큘로』, 5호, 2017, 36쪽.

되어버린 삶에서 일상의 모든 행위 – 노동, 휴식, 여가, 수면, 식사 등 – 는 노동을 위한 수단으로 전락한다. 영화는 잠들어 있는 청년의 신체를 반복적으로 보여준다. 그가 밤 시간 동안 깊은 잠에 빠진 상태에서 숨소리를 내고, 코를 골고, 몸을 떠는 모습은 그가 낮 시간 동안 노동을 위해서 기계적으로 움직이던 모습과 겹친다. 여기서 노동하는 인간의 신체는 노동의 생산과 노동의 재생산이 교대로 발생하는 장소다. 이는 인간의 신체가 단순히 생물학적 유기체가 아니라 노동의 생산과 재생산의 순환이 이루어지는 어떤 체계의 수단이자 그것의 압축판임을 시사한다. 노동에 예속되어 버린 삶 혹은 노동 그 자체를 목적으로 삼는 삶은 무미건조할 수밖에 없다. 영화 후반부, 청년과 외계인이 하나의 몸을 매개로 울분을 토하듯이 몸부림치는 모습에서 자본에 예속된 인체의 절규를 볼 수 있다. 그것은 노동자가 노동에 대한 소명을 가지고 있지만 자본에 속박되어 노동하는 기계가 되어야만 하는, 오늘날의 노동의 조건과 삶의 실존에 대한 정재훈 감독의 비판적 표현이라고 볼 수 있다. 그는 노동의 영겁회귀가 이루어지고 있는 현실의 단조롭고, 지루하고, 피곤한 삶의 리듬 속에서 죽음의 리듬을 읽어내고 있다.

지루함은 시간을 죽이는 것이다. 그것은 목적이 분명한 일들로부터 떨어져 나와 같은 자리를 서성이거나 하염없이 시간이 흘러가고 있다는 사실을 인식하는 순간과 관련이 있다. 버스를 기다리거나, 강의를 듣거나, 하릴없이 텔레비전이나 영화를 보는 동안 우리는 습관적으로 시계를 쳐다보면서 시간이 더디게 가고 있음을 확인한다. 이 상태에서 물리적으로 객관적인 시간은 경험적으로 주관적인 시간 속에서 뒤틀린다. 이처럼 지루함에 대한 감각이 시간에 대한 주관적 경험과 관련이 있다는 점을 고려하면, 〈호수길〉과 〈환호성〉은 각각 재개발과 노동의 지속·반복·재생산을 통해 삶의 단조로움을 감각적으로 경험하게 하는 영화임이 틀림없다. 이 두 영화의 문제의식은 〈도돌이 언덕에 난기류〉로 이어진다. 이 영화는 삶의 목적과 좌표를 잃은 인간의 경험을 감각적으로 변환해보려는 시도라는 점에서 주목할 만하다. 실제로, 정재훈 감독은 〈도돌이 언덕의 난기류〉가 시간에 대한 낯선 경험 혹은 주관적 경험으로부터 시작된 것임을 우회적으로 밝힌 바 있다. 정재훈 감독은 다음과 같이 말한다. "계속 같은 자리를 돌고 있는 것과 같은 현상을 겪은 적이 있"고 그렇게 "시간은 가는데 제가 자리에 있는 것 같은 괴현상"을 계기로 만들어진 작품이라는 것이다.

〈도돌이 언덕에 난기류〉가 극장이나 미술관에서 상영될 때마다 관객에게는 다음과 같은 관람 시 유의 사항이 전달되었다. 이 영화는 1부, 인터미션, 2부로 이루어져 있으며, 1부와 인터미션 사이에는 입장과 퇴장이 자유롭다. 인터미션은 물리적으로 긴 러닝타임을 견뎌야 하는 관객을 위한 배려다. 이는 이 영화가 지루할 수도 있다는 예고이며, 심지어 그것을 지루하게 관람해도 무방하다는 말과 같다. 여기서 우리는 어떤 것이 정상적이고 표준적인 영화 관람인지를 따져 묻기보다는, 이 영화가 기존의 규범적이고 정상적인 관람 방식을 파열시키고자 한다는 점에 더 주목해보자. 그리고 이 영화가 몰입적 관람, 분산적 관람, 지루한 관람이 모두 가능한 영화적 환경을 조성하는 데 관심을 갖고 있다는 점에 주목해 보자.

이 영화의 1부는 시각적 몰입과 분산에 관한 실험의 장이다. 약 1시간 20분에 달하는 시간 동안 이 영화의 1부가 보여주는 것은 산의 풍경이 전부이다. 물론 컷의 전환이 있다. 그리고 시간이 흐르는 동안 주변 환경의 영향을 받아 산의 형태가 변한다. 이러한 영화적 이미지의 지속과 변화로 인해서 관객은 회화 작품에 빠져들듯이 영화의 이미지에 관조적으로 침잠할 수 있다. 이 영화의 1부는 사운드가 완전히 배제되어 있고, 극적인 사건이나 인물이 없는 상태로 진행된다. 관객은 오로지 응시에만 집중해야 하기에 피로감을 느낄 수밖에 없다. 또한, 이 영화의 1부는 풍경영화로 분류할 수 있는 요소를 가지고 있다. 흥미로운 것은 이 영화가 풍경영화를 모방하는 것처럼 보이면서도 그것의 관습을 교란하고 있다는 점이다. 이 작품은 최근의 풍경영화들처럼 풍경과 대상을 스펙터클화하지 않으며, 그렇다고 그것을 지질학적·사회학적·문화적·역사적 탐구의 대상으로 삼지도 않는다. 감독은 자신이 보여주는 산이 무엇을 의미하는지에 관한 해답을 제시하기보다는 관객이 그 산을 어떤 영화적 관람 조건 속에서 어떻게 바라볼 것인가에 더 관심을 기울인다.

즉, 이 영화의 1부는 대상과 지역에 대한 풍경영화의 코드화 방식 자체를 부정하면서, 오로지 카메라가 기록한 '지금', '여기'의 상태만을 전달하려고 한다. 따라서 주의력을 잃고 한눈을 팔다가, 잠시 졸다가, 화장실에 다녀왔다가, 핸드폰을 바라보다가 다시 스크린을 보더라도 그곳에는 텅 빈 기표로 제시되는 산이 있을 뿐이다.

정재훈이 보여주는 산에는 이름이 없으며, 그에게는 이름이 중요하지 않다. 감독은 어떤 무명의 산이 독립된 개체들과 어우러져 하나의 유기체적 환경을 이루고 있다는 드러난 사실만을 중시한다. 이 영화가 보여주는 산의 내부와 외부 환경은 관객에게 다양한 지각 정보를 제공한다. 그 산은 빛·구름·바람에 의한 역학적·화학적·광학적 에너지의 흐름과 변화 속에 있다. 관객은 영화가 제시하는 시각 정보를 선별적으로 수용하여 영화 속 산에 대한 감각상태와 지각을 형성한다. 이 작품이 제시하는 이미지에 대한 관객의 지각은 관객의 작품 관람 양식에 따라 달라진다. 어떤 작품 또는 작품이 보여주는 어떤 이미지의 의미는 관객이 작품 속에서 선별적으로 획득하는 정보가 무엇인지, 그리고 작품을 보는 동안 얼마만큼 집중하는지에 따라서 달라진다. 이런 이유로 이 영화 속에서 산은 고정적이고 불변적인 실체라기보다는 주변 환경에 의해서 그리고 관람자의 지각에 따라서 유동적이고 가변적인 실체로 거듭나는 성격을 띤다. 산은 그저 산에 불과하지만, 다른 한편에서 언제나 변화와 생성을 겪고 있는 것이다.

2부 또한 바라보는 것의 고단함에 대해 탐구한다. 그러나 2부는 사운드를 포함하고 있다는 점에서 1부의 시각적 지각에 대한 실험을 시청각적 지각에 대한 실험으로 확장한다고 볼 수 있다. 2부는 세 개의 에피소드로 구분된다. 사냥꾼과 사냥개의 산행, 조선소의 풍경, 그리고 정재훈 감독과 함께 살고 있는 강아지의 이야기이다. 그중에서 사냥꾼과 사냥개들의 산행의 일부를 살펴보자. 여기서도 정재훈의 카메라는 어떤 행위의 목적성보다는 그 행위가 일어나는 과정과 그것을 둘러싼 환경에 주의를 기울이고 있다. 사냥꾼은 산의 초입에 도착해서 사냥개들을 풀어 놓는다. 우리에서 나온 사냥개들은 신이 난 듯이 주변을 뛰어다니거나 사방의 냄새를 맡는다. 그 순간 개들은 좁은 우리에 갇혀 있을 때는 경험하지 못했던 시각, 청각, 후각, 촉각 등의 감각의 해방을 만끽한다. 그렇게 시작된 산행은 이내 목적을 잃고, 사람과 개는 방황하기 시작한다. 감독은 사냥꾼과 사냥개들이 무엇을 쫓고 있는지에 관심을 두지 않는다. 그는 종종 사냥개들의 상태를 관찰하는데, 이 과정에서 하나의 에피소드가 개입해 들어온다. 산행이 처음인 한 사냥개가 주인에게 꾸지람을 듣고 뒤처지는 일이 생긴 것이다. 이미 산행이 익숙한 사냥개들은 사냥감을 쫓기 위해 온 신경을 쏟을 수 있었던 반면, 산행이 처음인 사냥개는 훈련된 감각을 결여한 상태에서 방황하고 있었던 것이다. 그 사냥개는 온갖 자극과 정보가 넘쳐나는 산에서 사냥에 집중하지 못하고 의기소침한 상태, 더 정확히 말해 감각이 무뎌진 상태에 빠지고 만다. 이처럼 사냥개들에게 산은 새로운 감각을 획득하는 곳이기도 하지만 동시에 예측할 수 없는 다양한 자극으로 인해서 감각의 상실을 겪는 곳이기도 하다.

비슷한 관점에서 2부에 등장하는 조선소 풍경에 관해 생각해볼 수 있다. 이 부분은 감독이 실제로 3개월 동안 어느 조선소에서 일하면서 핸드폰으로 촬영한 영상으로 이루어져 있다. 촬영 기기의 열악함으로 인해서 화면의 해상도가 낮고 종종 데이터가 상실된 장면들이 나오기도 한다. 이 흐릿하고 일그러진 화면은 조선소 풍경을 추상화한다. 하지만 이러한 시각적 불안정성에도 불구하고 우리는 그곳이 조선소라는 사실을 의심하지 않는다. 왜냐하면 육중한 몸집을 자랑하는 선박들과 그 선박의 내부에 들어가서 작업하는 인부들의 모습, 조선소를 감싸고 있는 빛·열기·소음이 모두 어우러져 그것이 조선소임을 지각 가능한 형태로 전달하고 있기 때문이다. 정재훈이 보여주는 조선소는 신호, 정보, 에너지가 과잉된 상태이다. 조선소를 구성하는 각각의 단위와 개체가 다양한 자극을 산출한다. 그리고 이곳에서 인간의 지각은 과잉된 자극으로 인해서 무뎌지게 된다. 조선소의 인부들이 불꽃이 튀고 소음이 난무하는 작업장에서도 정신을 잃지 않고 자기 일의 전문성을 유지할 수 있는 것은 그들이 장기간의 숙련 기간을 거치면서 조선소에 최적화된 습관을 체득하게 되었기 때문이다. 반면, 조선소가 낯선 관객은 조선소의 자극과 정보를 적절하게 수용하지 못한다. 왜냐하면, 조선소의 초과적인 자극과 정보가 관객의 지각 체계를 교란하기 때문이다. 이로 인해 조선소는 그것의 실체와 존재 자체를 명확하게 규정할 수 없는 무정형의 상태로 보이게 된다. 비유적으로 말해 보자면, 그 조선소는 주변 환경을 집어삼키면서 다른 모든 가능한 형태로 변화해나갈 수 있는 마그마와 같은 무정형적인 것으로 변환된다.

이처럼 정재훈의 〈도돌이 언덕에 난기류〉는 작품을 구성하는 자극, 정보, 신호, 에너지가 관객에게 무차별적으로 쏟아지는 과정에서, 관객이 경험하는 불안정한 지각 상태를 탐구해보려는 시도로 볼 수 있다. 이제 인터미션을 살펴보자. 감독은 2부를 먼저 만들었고, 이어서 1부, 인터미션의 순서로 작업을 했다. 이 영화에서 인터미션은 1부와 2부 사이의 휴지기이기만 한 것이 아니다. 1부와 2부라는 두 개의 독립된 세계가 갖고 있는 주제 의식을 이어주는 일종의 관문이기도 하다. 인터미션은 인터넷 가상공간의 정보 흐름을 시청각적으로 형상화한 컴퓨터 그래픽 이미지로 이루어져 있다. 감독은 일기예보와 주식투자 프로그램처럼 주변에서 쉽게 접하고 또 찾을 수 있는 사운드와 영상을 활용했다. 일기예보와 주식투자 모두 우연적인 현상에 대한 통계적 확률을 산출하는 작업이다. 그러나 이 과학적이고, 수학적이고, 통계학적인 사고들은 번번이 안정과 불안정을 오가는 정보와 자극의 흐름 앞에 무릎을 꿇는다. 우연은 길들일 수 있지만 종종 예측과 기대를 빗나간다. 물론, 정재훈 감독은 그 우연적인 내기의 승패에는 개의치 않는다. 대신 그는 인간의 본성과 그들의 실존이 주변의 무수한 자극과 정보에 포위된 상태에 있음을 강조한다. 그것도 무기력이 극에 달해 자신이 지루함에 빠져 있는지도 모르는 그러한 상태 말이다.

지루함을 극복하는 방법에는 여러 가지가 있다. 신과의 관계를 회복하거나, 쾌락과 오락으로 기분전환을 하거나, 목가적인 환경 속에서 한가함을 찾거나, 예술을 통해 심미적인 위안을 얻거나, 그도 아니면 단순노동을 반복하면서 지루함 그 자체를 견뎌내는 것 등의 방법이 있을 것이다. 그러나 정재훈 감독은 지루함에 맞서려고 하지 않는다. 그는 지루함을 해소하려는 모든 노력이 임시방편에 지나지 않는다는 것을 알고 있다. 그는 간혹 지루함을 벗어나기 위해 밀렵꾼의 자세로 새로운 감각이 있을 법한 공터, 폐허, 일터, 놀이터 등을 전전하지만 그러한 곳에서도 지루함이 그림자처럼 매달려 있다는 사실을 깨닫고 이내 마음의 평온을 되찾는다. 지루함은 벗어날 수 있는 것도 극복될 수 있는 것도 아닌 삶의 일부라는 것이 그의 입장이다. 따라서 정재훈의 장편영화는 지루함과 더불어 살아간다는 것에 대한 실존적인 동시에 영화적인 고찰이라고 불러야 마땅할 것이다.

사유하는 영화,
에세이영화

에세이 영화에 관한 연구는 1990년대 이후 본격화되어 지금까지도 활발히 이어지고 있다. 최근 몇 년 사이 이 분야의 새로운 연구들이 동시적으로 발간되었음에 주목할 필요가 있다. 그 최신의 연구 목록[1]에는 에세이영화에 관한 고전적인 텍스트

1. 2016년 이후 현재까지 영미권을 중심으로 발간된 주요 에세이영화 연구서로는 다음과 같은 것들이 있다. Elizabeth Papazian & Caroline Eades, *The Essay Film* (Wallflower Press, London ; New York, 2016) ; Laura Rascaroli, *How the Essay Film Thinks* (Oxford University Press, New York, 2017) ; Nora M. Alter & Timothy Corrigan, *Essays on the Essay Film* ; Nora M. Alter, *The Essay Film After Fact and Fiction* (Columbia University Press, New York, 2018). 한편, 2010년 이후 국내에서도 에세이영화에 대한 연구가 지속적으로 이루어졌다. 박진희는 에세이영화의 특징을 인과적인 내러티브를 거부하고, 일인칭의 주관적 시점에 입각한 사유를 표출하는 것이라고 설명했으며, 안현신과 오준호는 기존의 문학적 비평을 대체하면서 등장한 오디오비주얼 에세이에 주목했다. 이러한 이론적 접근과 더불어 작품에 대한 비평적 분석을 중심으로 에세이영화의 주요 특징을 점검한 연구들이 있다. 이자혜는 에세이영화의 특징이 사유의 과정이자 사유의 형상화에 있다고 주장하면서 크리스 마커(Chris Marker)의 〈미래의 기억〉(Remembrance of Things to Come, 2001)에서 과거의 이미지들 안에 은밀하게 감추어진 미래가 '기억'으로 드러난다고 보았다. 유지수는 동시대 한국 독립 다큐멘터리 진영에서 자기 반영적인 연출 방식과 시적인 이미지의 활용이 두드러진 작품으로 〈철의 꿈〉(박경근, 2014)을 꼽으면서, 이 작품이 시청각 매체로 만들어진 에세이의 주요 특징을 갖고 있다고 주장한다. 끝으로 이선주는 홍상수의 〈누구의 딸도 아닌 해원〉(2012)이 에세이적인 요소를 끌어와 영화에 관한 비평적인 사유를 반영적으로 드러낸다고 주장한다. 박진희, 『에세이영화의 조건과 경계에 관한 고찰』, 중앙대학교 첨단영상대학원 석사학위논문, 2011 ; 안현신·오준호, 「확장된 비평 형식으로서의 오디오비주얼 에세이 연구」, 『문학과영상』, 17권 1호, 2016 ; 이자혜, 「에세이 영화의 사유의 형식화 방식」, 『커뮤니케이션 디자인학연구』, 60권, 2017 ; 유지수, 「영화 〈철의 꿈〉의 분석을 통한 에세이 영화의 정체성 고찰」, 『한국영상학회』, 13권, 5호, 2015 ; 이선주, 「"죽어가는 자의 고독"을 넘어서」, 『현대영화연구』, 17권, 2014.

모음집, 에세이영화에 관한 비평집, 그리고 에세이영화의 역사를 다룬 책 등이 있다. 그간의 누적된 연구 성과물로 인해 에세이영화의 이론적 토대는 이미 비옥한 영토를 구축한 것처럼 보인다.

그러나 에세이영화에 대한 학문적 정의는 아직 불완전하다. 과거 필립 로페이트가 확신에 찬 어조로 "위대한 에세이영화는 아직 만들어지지 않았다고"[2] 했던 말을 상기해볼 필요가 있다. 그는 에세이영화에 대한 이론적, 개념적, 방법론적 논의가 무르익지 않았기에 이 장르에 최적화된 작품이 있다고 말하는 것은 시기상조에 가깝다고 꼬집었다. 그의 예언적 진단이 적중했는지 몰라도, 가장 최근의 연구 성과라고 할 수 있는 노라 M. 알터의 책조차도 에세이영화에 관한 종합적 정의를 명쾌하게 제시하지 않았다. 알터는 1920년대 무성영화에서부터 동시대 멀티채널 영상 작품까지 에세이영화의 전방위적인 역사를 아우르는 자신의 책의 도입부에서 "에세이영화의 오랜 역사와 다양한 변형을 추적하고 그것의 현재적 분기를 설명하는"[3] 것이 목표라고 명시한다. 그러나 결론을 향해 갈수록 에세이영화의 경계가 모호하다는 암시를 남긴다. 그는 에세이영화에 대한 명쾌한 정의를 기대했을 독자들을 염두에 둔 듯 책의 끝부분에 이르러

2. Phillip Lopate, "In Search of the Centaur", *Essays on the Essay Film*, p. 133.
3. Nora M. Alter, *The Essay Film After Fact and Fiction*, p. 4.

"에세이영화가 시대에 따라 계속해서 변한다는 것이 현재 가능한 유일한 답변이다"[4]라는 열린 해석을 내놓았다.

에세이영화에 관한 명쾌한 설명의 부재는 이 장르가 필연적으로 정의 불가능한 것이 아니냐는 불길한 질문을 낳는다. 본래 에세이가 문학 전통 내에서 이단적인 장르로 출현했음을 고려해본다면, 영화이론과 영화사 안에서 에세이영화 또한 변종적인 장르로 위치한다고 평가할 수 있다. 에세이영화에 관한 논의에 그림자처럼 따라다니는 것은 이 장르의 정의를 둘러싼 논쟁이다. 2007년 비엔나영화제와 오스트리아필름뮤지엄이 공동 기획한 〈개미의 길: 영화에 있어서의 에세이, 1909~2004〉라는 상영전을 프로그래밍한 장-피에르 고랭Jean-Pierre Gorin도 에세이영화에 관한 논의에서 논쟁은 불가피하다고 인정한다. 오히려 그는 그러한 논쟁을 통해서 에세이영화의 실체가 더 명확하게 드러날 것으로 기대한다. 그는 에세이영화가 픽션과 다큐멘터리의 경계를 유희적으로 넘나들고, 연출자의 주관성과 욕망을 강하게 드러내는 것이라고 정의한다. 그리고 에세이영화가 어떤 명확한 경계가 있는 영토가 아니라 에너지라고 주장하면서 다음과 같이 말한다. "결국 우리는 영화 에세이란 하나의 영토가 아니며 영화가 그 사이에서 작동하는 대립물들의 픽션적이고 다큐멘터리적인 형태 같은 것이라는 사실을 받아들여야

---

4. 같은 책, p. 321.

할지도 모르겠다. 장르라기보다는 일종의 에너지다."[5] 그의 말처럼, 에세이영화는 영화를 규정해왔던 모든 억압적 힘을 뚫고 부지불식간에 분출되는 실체 없는 에너지와 같다. 에세이영화의 에너지가 무의식처럼 손에 잡히지 않고 실체화할 수 없다면, 이 장르는 일련의 공인된 원칙에 입각한 체계적인 질서가 없는 것인지도 모른다.

에세이영화에 관한 누적된 논의에도 불구하고 그 정의가 아직 불완전하다는 진단 아래 이 장은 에세이영화를 둘러싼 담론의 지형을 세부적으로 분석하고 종합할 것이다. 우선 에세이영화의 이론적 토대로 간주되는 문학적 에세이에 관한 게오르크 루카치, 테오도르 아도르노Theodor Wiesengrund Adorno, 막스 벤제Max Bense의 논의를 중심으로 이 장르가 고유의 형식을 정립해 나가면서 사유의 형상화를 지향했음에 주목한다. 이어서 1940~1950년대 에세이영화에 관한 담론을 주도한 한스 리히터, 알렉상드르 아스트뤽Alexandre Astruc, 앙드레 바쟁의 글을 중심으로 이 장르의 출현 조건을 그 당시의 기술적, 산업적, 제도적 변화와 관련지어 살펴본다. 끝으로, 비교적 최근에 이야기되고 있는 에세이영화의 장르적 특징에 대한 논의를 살펴보면서 이 장르가 다큐멘터리·극영화·아방가르드의 경계를 횡단하고, 연

---

5. 장-피에르 고랭, 「논쟁을 위한 제언」, 업로드 일자 미상, 『오큘로』 온라인 홈페이지, 2018년 4월 1일 접속, http://www.okulo.kr/2016/10/critique-001.html.

출자의 주관적 사유를 직접 표현하며, 공적인 이슈나 현안에 개입하는 태도를 보이고 있음을 확인한다. 에세이영화를 둘러싼 담론의 지형을 그리면서 아직 학제적으로나 비평적으로나 정의가 모호한 에세이영화를 위한 이론적 토대를 구축하는 것이 이 장의 목표이다.

1. 문학적 에세이의 특징

에세이영화에 관한 이론적 고찰은 문학적 에세이란 무엇인가에 대한 성찰로부터 시작한다. 오늘날 에세이영화의 이론적 지평을 구축한 주요 이론가·비평가·감독들은 모두 에세이라는 문학 장르의 고유한 예술적 형식과 그것이 궁극적으로 성취하고자 하는 사유의 형상화에 주목한다. 그리고 그러한 에세이적인 특징들이 움직이는 이미지를 만들어내는 영화에서 어떻게 구현될 것인가를 다시 숙고한다. 이러한 논의는 에세이가 사유를 전개하는 방식, 과정, 지향점 등이 기존의 그 어떠한 문학 장르에도 귀속되지 않고 탈장르적 성격을 띤다는 점, 그리고 그 사유가 저자의 지극히 주관적인 경험을 반영하면서도 정치, 경제, 사회, 문화, 예술 등과 같은 공적인 차원에 적극적으로 개입할 여지를 남긴다는 것을 강조한다. 이처럼 에세이영화의 이론적 토대가 문학적 에세이의 논의에 뿌리를 두고 있다는 점을 상기하면서, 이 장은 문학적 에세이의 주요 특징을 먼저 살펴보고자 한다.

에세이는 그전까지의 문학적 전통 안에서 유례를 찾기 힘든 변종적인 장르이다. 대표적인 에세이스트로는 몽테뉴Michel De Montaigne가 자주 거론된다. 그의 대표작 『수상록』Essais은 에세이라는 용어를 표제로 썼으며, 저자 자신의 표현에 따르면 다소 "경박"하더라도 저자를 "책의 재료"[6]로 활용한 글쓰기 모델을 제시했다. 그의 글은 에세이라는 문학 장르가 체계적인 방식으로 지식을 구성하기보다는 저자의 일상적 경험에 기초한 관찰, 직관, 숙고, 사유를 직접적으로 표출하는 데 지향점을 두고 있음을 보여주었다. 그러나 에세이는 기존의 문학 형식 혹은 양식에 기초해서 정의될 수 있는 것이 아니다. 에세이에 대한 정의가 힘든 것은 이 장르가 기존의 학문적, 문학적, 예술적 글쓰기와 부분적으로 닮았으면서도 그것들과 구분되는 고유의 형식

---

6. 몽테뉴는 자신의 『수상록』을 여는 글에서 이 책의 소재와 주제를 다음과 같이 제시한다. "이 책을 읽는 이여, 여기 이 책은 성실한 마음으로 썼음을 밝힌다. 이 작품은 처음부터 내 집안일이나 개인적인 일을 말해 보는 것밖에는 다른 어떤 목적도 있지 않았음을 말해둔다. 이것은 추후도 나의 선대를 위해서나 내 영광을 생각해서 한 일은 아니다. 그것은 내 힘에 겨운 일이다. 다만 나의 집안이나 나의 친구들의 편의를 도모하기 위한 것으로, 내가 세상을 떠난 뒤에 (오래잖아 그렇게 되겠지만) 그들이 내 어떤 모습이나 기분의 몇 가지 특징을 이 책에서 찾아보며, 나에 대해 알고 있는 지식을 더 온전하고 생생하게 간직하도록 하려는 것이다. … 그러니 이 책을 읽는 이여, 여기서는 나 자신이 바로 내 책의 재료이다. 이렇게도 경박하고 헛된 일이니, 그대가 한가한 시간을 허비할 거리도 못 될 것이다. 그러면 안녕." 몽테뉴, 『몽테뉴 수상록 I』, 손우성 옮김, 동서문화사, 2016, 3쪽.

을 갖고 있기 때문이다.

게오르그 루카치에 따르면, 에세이는 형식적으로 무질서하지 않고 고유의 예술형식을 가지고 있다. 에세이에 관한 그의 관심은 에세이의 고유한 형식, 에세이와 학문의 관계, 에세이와 예술의 관계와 관련이 있다. 그에 따르면 학문은 실증적으로 현상들의 상관관계를 다루지만, 예술은 운명과 영혼을 다룬다. 과거 학문과 예술은 모두 종교·윤리·정치와 밀접한 연관이 있었기에 학문의 독자적 성격이 약했지만, 시간이 흐르면서 학문은 예술로부터 분리된다. 그렇다고 에세이가 실증적인 학문과 거리가 멀고 예술에 더 가깝다고 단언하기 힘들다. 루카치는 에세이가 예술형식이라고 일단 규정한 다음, 학문과 예술의 차이, 에세이와 예술의 유사성에 대해서 논한다. 그는 에세이가 문학의 예술형식을 필요로 하지 않으면서도 삶 그 자체를 드러낼 수 있는 고유의 예술형식이 있는 것으로 본다. 즉, 에세이는 학문도 아니고 그렇다고 기존의 문학과 같은 예술도 아닌, 독자적인 예술형식을 가지고 있는 무엇이다. 그 어디에도 귀속되지 않는 글쓰기를 지향한 대표적인 에세이스트의 글로는 플라톤의 대화, 신비주의자의 글, 몽테뉴의 에세이, 키르케고르의 상상력 가득한 일기가 있다고 한다.

에세이의 대표적인 특징 중 하나는 그것이 인간의 직접적인 체험을 다룬다는 데 있다. 루카치에 따르면, 문학은 운명을 주로 다루면서 작품 속에서 인간, 운명, 세계의 상관관계에 통일성을 부여한다. 그리고 문학은 현실이나 사물을 순수한 상태가 아닌 굴절된 형태로 표현한다. 문학이 운명을 말하기 위해 현실을 이미지로 표현하거나 현실을 의미로 대상화하는 것은 흡사 프리즘이 태양광선을 굴절시키듯이 현실을 추상화하는 것과 같다. 반면, 에세이의 목표는 세계를 구성하는 요소들을 질서정연하게 배열하는 것이 아니라 굴절되지 않은 현실, 즉 우리 눈에 보이지 않는 자외선과 같은, 현실의 비가시적인 영역을 직접 드러내는 것이다. 이러한 예술적 충동, 즉 루카치가 자외선이라는 표현을 빌려 비유적으로 말한, 에세이가 다루고자 하는 눈에 보이지 않는 현실의 의미는 다음과 같다.

감상적 체험, 직접적인 현실, 그리고 자연발생적인 현존재 원칙으로서의 지성의 개념성이다. 그것은 또한 영혼적 사건 및 삶의 원동력으로서의 적나라하고 순수한 성격을 띤 세계관이다. 바꾸어 말하면 그것은 삶이란 무엇이고, 인간이란 무엇이며 운명이란 무엇인가 하는 등의 직접적인 물음이다. 그러나 이러한 물음은 어디까지나 물음으로서만 존재하는데, 왜냐하면 대답은 여기에서 아무런 해결점을 제시해 주지 못하기 때문이다.[7]

에세이스트는 의미와 질서가 부여되기 이전의 직접적이고,

---

7. 게오르그 루카치, 『靈魂과 形式』, 반성완 옮김, 쿰雪堂, 1988, 15쪽.

투명하고, 순수한 현실 그 자체와의 무매개적인 만남을 지향한다. 에세이가 영혼으로 표상되는 플라톤적인 형이상학의 세계에 대해 질문을 던진다고 해서 추상적인 것, 사변적인 것, 진지한 것을 목표로 하는 것은 아니다. 에세이는 아이러니한 형식을 가지고 있다. 왜냐하면, 그것은 현실과의 무매개적인 만남, 즉 현실의 비가시적인 부분과의 만남 속에서 삶의 본질에 관해 질문을 던지기 때문이다. 에세이는 삶 속에서 사소하기에 주목받지 못하는 어떤 것을 그것이 있는 그대로 투명하게 드러내고 진지하게 다룬다는 점에서 아이러니하다. 몽테뉴가 지나친 겸양의 자세로 자신의 에세이가 하찮은 것을 다루고 있다고 자평한 것은 일종의 유머이다. 그는 일상의 신변잡기를 다루면서도 그러한 사소한 것에서 정치적, 경제적, 사회적, 법적, 문학적, 예술적인 것에 대한 질문을 끌어냈기 때문이다. 또 다른 고전적인 에세이스트 중 한 명인 플라톤의 글 또한 아이러니하다. 루카치에 따르면, 플라톤은 "삶을 살아가면서 글을 쓰고 또 바로 자기 앞에서 전개되는 삶으로부터 모든 것을 끌어냄으로써 그 어떠한 매개적 수단도 필요로 하지 않았던"[8] 그야말로 위대한 에세이스트이다. 에세이는 삶과 직접 대면하고, 그 대면이 의문을 낳고, 그 의문이 더 큰 의문으로 이어지는 것, 즉 끝나지 않은 질문의 연쇄를 통해 삶의 본질과 대면하는 작업이다. 이런 점에서

---

8. 같은 책, 25쪽.

에세이는 부단한 과정으로서의 "심판"[9]이라고 할 수 있다.

하지만 에세이의 예술형식에 관한 루카치의 설명만으로는 이 장르가 문학과 형식적으로 어떤 차이가 있는지를 명확히 이해하기 힘들다. 루카치는 에세이를 문학이나 예술과 다른 것으로 설명하는 과정에서 에세이를 기존의 글쓰기 양식과 비교하거나 대조하지 않았다. 그의 논의를 중심으로 에세이를 설명할 경우 이 장르를 기원적으로 문학으로부터 분리된 것이거나 문학과 대립적인 위치에 있는 것으로 여기게 될 수 있다. 루카치 또한 과거 학문적 글쓰기와 예술적 글쓰기는 미분화된 상태에 있었다고 지적했음을 염두에 둔다면, 문학적 글쓰기를 포함한 모든 글쓰기 내에서 에세이의 위치와 성격에 대한 논의가 선결되어야 한다.

막스 벤제는 에세이를 기존의 문학 장르인 시와 산문과의 관계 속에서 탐구한다. 그에 따르면 에세이는 시와 산문 사이에 위치하면서 시와 산문 사이의 간극을 드러낸다. 시는 존재의 본질을 확장하는 것으로 주로 창작과 관련이 있지만, 산문은 교육, 설득, 지성을 표출하는 것과 관련이 있다. 시는 창작이나 미학과 관련이 있는 반면, 산문은 설득이나 윤리와 관련이 있다는 것이다. 그러나 이러한 이분법적 대립 구도에서 벗어나는 예외적인 글들이 있다. 레싱, 헤르더, 키르케고르, 니체의 글이

---

9. 같은 책, 33쪽.

그러하다. 이들의 글은 표면적으로는 설득적인 양식을 따르면서도 창작과 관련된 양식을 동시에 추구한다. 벤제는 일부 "작가들의 사유는 설득이 아니라 사유의 표현"[10]을 가지고 있으며, 그들의 산문은 고유의 형식을 산출한다고 주장한다. 다시 말해, 일부 산문의 경우에는 설득이 아니라 창작을 그 자신의 목적으로 삼으며, 그러한 글들은 이성의 통제를 받지 않고 형식이 이성을 반쯤 가린다. 여기서 벤제는 하나의 잠정적인 결론을 도출한다. 그것은 에세이가 시와 산문 사이에, 즉 창작의 미학적 범위와 설득의 윤리적 범위 사이에 있는 경계 지대에 위치한다는 것이다.

벤제는 에세이가 시와 산문을 가로지르는 장르적 실험이라고 보았다. 그는 분석적이고 연역적인 방식으로 자연의 원리를 탐구하는 이론 물리학과 자연의 현상에 대해 질문을 던지는 실험 물리학을 비교하면서, 에세이를 후자에 가까운 것으로 묘사한다. 에세이는 무언가를 기존의 관점과는 다르게 바라보면서, 그 무언가에 대해 질문을 던지고 탐구하는 실험이다. 예를 들어, 일부 에세이는 기존의 산문에서 기대할 수 없었던 문장들로 예리한 사유를 담는다. 대표적으로 금언적인 문장이 그러하다. 이처럼 산문의 형식 속에 시적인 문장을 가지고 있는 에세이는

---

10. Max Bense, "On the Essay and Its Prose" in Nora M. Alter and Timothy Corrigan (eds.), *Essays on the Essay Film* (Columbia University Press, New York, 2017), p. 51.

형식적으로나 내용적으로나 다양한 글쓰기를 포괄한다. 벤제는 에세이를 비평과 동일시하기를 거부하고 확장된 의미에서의 비평들 또한 에세이의 범주에 포함한다. 이 경우 풍자, 아이러니, 냉소, 회의, 추론에 기초한 글과 함께 과학적인 글쓰기도 에세이에 속한다. 중요한 것은 그러한 글이 특정한 주제를 다루기 위해 기존의 시나 산문과는 다른 접근 방식을 활용한다는 점이다. 에세이스트는 에세이의 주제를 규정하고, 그 주제를 뒷받침할 수 있는 모든 것을 결합하여 새로운 배열configuration을 만들어낸다. 이런 점에서 에세이스트는 "결합하는 자, 특정 대상에 관한 배열을 부단히 창조하는 자"[11]이다. 즉, 에세이는 새로운 사유를 끊임없이 창조하는 글쓰기이다.

　에세이가 기존의 학문적 글쓰기, 문학적 글쓰기와는 다른 관점과 사유를 제시한다는 주장을 뒷받침하기 위해 에세이가 사유를 창출하는 과정과 방법을 살펴볼 필요가 있다. 앞선 논의를 환기하는 차원에서 말하자면, 루카치는 에세이를 하나의 예술형식으로 간주하면서 그것이 질문의 연쇄로 이루어진 하나의 심판이라고 지적했으며, 벤제는 에세이가 개념들의 결합을 통해 사유를 부단히 창출한다고 주장했다. 그러나 두 사람 모두 에세이에서 사유가 출현하는 과정과 그러한 사유의 독창성이 무엇인지를 구체적으로 설명하지 않았다. 에세이를 정의

---

11. 같은 글, p. 57.

하기 위해 그것이 영혼을 탐구하는 작업이라거나 물리학의 실험과 같다는 비유만으로는 충분하지 않다. 이러한 한계를 돌파하기 위해 아도르노는 실증적인 학문과 에세이를 엄격하게 구분하면서, 에세이를 동일성으로 환원되지 않는 사유를 창출하는 작업이라고 평가한다. 그에 따르면, 실증적인 학문은 특정 대상이나 주제에 대한 논의를 연역적이거나 귀납적인 방식을 통해 하나의 원칙·개념·정의 등으로 환원하지만, 에세이는 기존의 개념적인 질서와 지식의 체계 자체를 거부하면서 자신이 다루는 대상 그 자체에 집중한다. 대상 그 자체에 대한 집중, 그것은 에세이의 책무이다. 따라서 에세이는 기존의 학문적 글쓰기에 대한 "저항"이자, "지적인 자유"라는 아도르노의 평가는 타당하다.[12]

더 나아가 아도르노는 사유를 형성하는 에세이만의 독특한 방법이 배열에 있음에 주목한다. 이는 벤제가 에세이스트를 특정 주제나 대상을 구성하는 실존적 요소들의 '결합자'에 빗댄 것과 일맥상통한다. 아도르노에 따르면, 에세이는 기본적으로 경험주의에 입각한 글쓰기를 추구하기 때문에 실증적인 학문처럼 구성된 과학과 이론, 그리고 역사적으로 만들어진 개념과 정의를 거부한다. 에세이가 추구하는 것은 영속적인 개념이

---

12. Theodor W. Adorno, "The Essay as Form" in Nora M. Alter & Timothy Corrigan (eds.), *Essays on the Essay Film* (Columbia University Press, New York, 2017), p. 61.

아니라 일시적인 경험이다. 이는 에세이가 대상을 동일성의 원리로 환원하지 않으며, 오히려 대상의 비동일성을 인정하고 옹호한다는 말과 같다. 특히 에세이스트들은 지성은 여러 개념을 하나의 연속체로 파악한 결과가 아니라 이질적이고 다양한 개념들의 상호작용한 결과라고 본다. 에세이에서 "사유는 단일한 방향으로 진행되지 않는다. 대신, 그 순간들은 카펫처럼 짜인다."13 이처럼 에세이는 여러 사유가 하나의 거대한 직물처럼 촘촘히 짜여 있는 복합물이라고 할 수 있다.

에세이는 다른 것과 대립하는 개별적인 요소들의 어울림을 통해 판독 가능한 맥락을 형성한다. 에세이는 비계와 구조 없이 세워진다. 하지만 그 요소들은 자신들의 움직임을 통해 하나의 배열로 결정화된다. 에세이의 시선을 통해서 모든 지적인 구조가 필연적으로 힘의 장force field으로 바뀌는 것과 같은, 그런 성좌는 하나의 힘의 장이다.14

에세이는 체계적인 지식으로 포섭되기를 거부하는 혹은 그러한 질서로부터 빠져나가는 것들을 위한 사유의 형상화이다. 에세이는 아직 구조화되지 않은 것들에 대한 사유를 형상화한

---

13. 같은 글, p. 70.
14. 같은 글, p. 71.

다. 그것은 이성과 합리성의 원칙을 따르는 학문이 지향하는 개념·정의·이론이 만들어내는 동일성의 원리를 지양하는 대신 찰나적이고, 파편적이고, 인상적인 순간들의 경험이 만들어내는 비동일성의 원리를 지향한다. 그리고 그러한 요소들을 지적인 혹은 예술적인 탐구의 정신을 통해서 표현하는 것이 이 장르가 나아가고자 하는 방향이다. 에세이는 새로운 사유를 표현하고 형성하는 글쓰기를 지향하면서 오랜 시간 동안 독자적인 영역을 구축해왔다. 이처럼 주관적인 경험, 고유한 예술형식, 장르적 실험, 사유의 형상화 등으로 정리될 수 있는 문학적 에세이의 특징은 훗날 영상 언어로서의 에세이영화의 주요 형식적 그리고 내용적 특징의 근간을 이룬다.

2. 1940년대 이후 에세이영화의 출현을 둘러싼 논의

1940년을 기점으로 일부 영화인들은 에세이영화의 장르적인 혼성성에 주목하면서 이러한 새로운 흐름의 영화들이 출현하는 시대적 배경과 조건들에 대해 탐구했다. 에세이영화를 영화사 내에 정초시키려고 했던 대표적인 논자로는 독일 아방가르드 영화감독 한스 리히터, 프랑스 비평가 알렉상드르 아스트뤽과 앙드레 바쟁이 있다. 이들은 영화의 장르적·기술적 발전, 당대 매체 환경의 변화를 검토하면서 에세이영화의 출현 배경과 그것의 궁극적인 지향점을 규명하고자 했다.

한 가지 오해를 피하기 위해 먼저 밝혀 두어야 할 것은, 에세이영화에 관한 비평적 담론이 전개되는 시기와 실제 작품 제작이 본격화되는 시기 사이에 어느 정도의 시차가 존재한다는 점이다. 오늘날 에세이영화의 정전이나 주요 작품이 다수 출현한 시기로 거론되는 것은 네오리얼리즘[15], 누벨바그, 시네마베리테와 같은 새로운 흐름이 출현한 1940년대 후반에서부터 1960년대까지이다. 특히 크리스 마커, 알랭 레네, 알렉산더 클루게, 장-뤽 고다르, 샹탈 아커만Chantal Anne Akerman, 장 루슈Jean Rouch 등의 감독이 주관성과 반영성을 드러낸 작품을 만들었던 시기가 대체로 1960년대 전후임을 고려하면, 에세이영화의 제작이 본격화된 것도 같은 시기라고 보아도 크게 무리가 없다. 하지만 에세이영화 제작이 본격화되기에 앞서, 일부 비평가와 감독은 인과적인 내러티브 방식에서 벗어나 관념과 사유를 다루는 영화, 즉 에세이영화의 중요성을 언급했다. 이 절은 1940년대 이후에 나타난 에세이영화에 관한 비평적 담론에 주목하면서 그것

---

15. 자크 리베트(Jacques Rivette)는 1955년에 발표한 「로셀리니에게 보내는 편지」라는 글에서 로베르토 로셀리니(Roberto Rossellini)의 〈이탈리아 여행〉(Viaggio in Italia, 1953)을 포함하여 그의 영화가 다큐멘터리적인 요소와 에피소드적인 구성을 가지고 있다는 점에서 모던한 형태의 새로운 리얼리즘을 제시하고 있으며, 또 생방송 텔레비전의 그것처럼 이미지의 현전성을 강조하고, 소설적인 내러티브 구조에 기대지 않고 문학의 에세이적인 구성 방식을 따르고 있다고 평가한 바 있다. 다음 글을 참고하라. Jacques Rivette, "Letter on Rossellini" in Jim Hillier (ed.), *Cahiers du Cinéma* (Harvard University Press, Cambridge, Mass, 1985), pp. 192~204.

이 훗날 에세이영화에 관한 이론적 쟁점들을 예비했음을 주장하고자 한다.

한스 리히터는 이론과 실천 모두에서 에세이영화를 추구했다. 그는 1940년에 발표한 글에서 에세이영화가 기존의 다큐멘터리에서 발전한 것이며 이러한 새로운 영화의 목적은 "스크린에 사유를 시각화하는"[16] 데 있다고 주장했다. 그에 따르면, 과거의 전통적인 다큐멘터리는 우편엽서에 실린 그림처럼 이국적이고 아름다운 풍경을 담아냈지만, 이 당시의 새로운 다큐멘터리는 정부·기관·기업·개인의 후원에 힘입어 다양한 소재와 주제를 다룰 수 있었다. 리히터는 다큐멘터리의 전통적인 역사, 개념, 이해와 관련하여 수정주의적인 관점을 제안하면서 이 장르가 본래 지적인 내용을 다루는 것이었다고 주장한다. 자신의 주장을 뒷받침하기 위해 그가 제시한 근거는 크게 두 가지다. 하나는 전통적인 다큐멘터리의 정의를 수정할 수 있는 관점과 관련이 있다. 리히터는 1920년대 다큐멘터리 논의의 출발점에 있었던 로버트 플래허티Robert Flaherty의 작품[17] 〈북극의 나

---

16. Hans Richter, "The Film Essay" in Nora M. Alter & Timothy Corrigan (eds.), *Essays on the Essay Film* (Columbia University Press, New York, 2017), p. 91.

17. 영화사에서 '다큐멘터리'라는 용어가 처음 사용된 것은, 1926년 존 그리어슨이 쓴 로버트 플래허티의 〈모아나〉(Moana)에 대한 리뷰에서이다. 이 글에서 그리어슨은 "폴리네시안 청년들과 가족의 일상에서 벌어지는 사건들을 시각적으로 설명하고 있는 〈모아나〉는 다큐멘터리의 가치를 가지고 있다"고 썼다. John Grierson, "Flaherty's Poetic Moana" in Lewis Jacobs (ed.), *The*

누크〉와 〈아란의 사람들〉Man of Aran, 1934이 이미 지적인 내용을 다루었으며, 그러한 전통이 1940년에 이르러 더 뚜렷해졌다고 평가한다. 리히터가 제시한 두 번째 근거는 지적인 내용을 다루는 다큐멘터리가 궁극적으로 지향하는 바와 관련이 있다. 리히터는 증권 거래소에 관한 다큐멘터리를 만드는 경우를 가정한다. 만약 증권 거래소의 기능이 시장과 유사하다는 주장을 하는 영화를 만든다면, 증권 거래소를 세심하게 관찰하는 것만으로는 목적을 달성할 수 없다. 왜냐하면 증권 거래소는 그것을 둘러싼 경제, 공중의 욕구, 시장의 법칙, 수요와 공급과 같은 다

Documentary Tradition (W. W. Norton & Company, New York, London, 1979), p. 25. 이후 그리어슨은 1930년을 전후로 다큐멘터리라는 용어를 본격적으로 사용하면서, 로버트 플래허티의 작품에서 두드러지게 나타난 특징을 바탕으로 다큐멘터리의 기본 원칙을 정립하는 글을 여럿 발표했다. 그중 한 편에서 그리어슨은 로버트 플래허티의 작품들이 단순히 여행영화처럼 이국적인 풍경을 기록하거나 강연 영화(lecture film)처럼 교육적인 메시지를 전달하는 데 목적을 두고 있는 것이 아니라 삶에서 획득한 자연적인 요소를 배열하거나 재배열하여 창의적인 형태를 만들어내는 것을 지향한다고 말한다. 나아가 그는 다큐멘터리는 그것의 원재료를 자연으로부터 획득한다는 점에서 스튜디오 제작 영화와 미학적 형식이 상당히 다르다는 것을 강조한다. 그리어슨은 다큐멘터리의 기본 원칙은 삶 그 자체를 관찰하고, 선별하고, 고유의 (혹은 토착적인) 배우나 장면을 통해 근대 세계를 해석할 여지를 제공하고, 작품의 원재료를 보다 더 실제에 가깝게 정제하는 것이라고 설명한다. "다큐멘터리에 대한 나의 주장은 그것이 생생한 뉴스를 활용하고, 창의적인 작업을 수행할 기회를 제공한다는 것이다. 그리고 나는 픽션 대신에 시를 선택하는 것처럼 다큐멘터리를 선택한다는 것 또한 엄격한 구분이 필요한 일이라고 말하고 싶다." John Grierson, "First Principles of Documentary" in Forsyth Hardy (ed.), *Grierson on Documentary* (Praeger Publishers, New York, Washington, 1971), p. 147.

른 요소들과의 관계 속에서 이해될 수 있기 때문이다. 이러한 논의를 바탕으로 리히터는 지적인 내용을 다루는 영화감독은 "정직한 다큐멘터리의 경우와 마찬가지로 단순히 대상을 찍는 것에만 의존할 수 없으며, 대신 ― 어떤 수단을 동원해서라도 ― 대상의 관념을 재현하는 시도를 해야 한다"[18]고 주장한다. 그가 말하는 에세이영화의 궁극적인 목표는 대상에 관한 상상, 사유, 관념의 비가시성을 가시화하는 데 있었다.

리히터가 말하는 에세이 영화, 즉 사유를 형상화하는 영화가 출현하기 시작한 것은 다큐멘터리가 하나의 독립된 장르로 공인받은 1920년대 이후부터이다. 1920년대의 다큐멘터리는 두 개의 뚜렷이 구별되는 계열로 분리될 조짐을 보였다. 하나는 오늘날 다큐멘터리의 기원과 전통으로 간주되고 있는 로버트 플래허티의 계열이며, 다른 하나는 프랑스 인상주의, 순수주의, 독일 절대주의, 소비에트 공화국의 몽타주 영화로 대표되는 아방가르드 영화의 계열이다.[19] 이 두 계열 모두 극영화 중심주의에

---

18. Hans Richter, "The Film Essay", p. 90.
19. 1920년대 다큐멘터리의 계열을 로버트 플래허티와 아방가르드로 구분하는 방식에 대해서 수정주의적인 관점이 제시되기도 했다. 대표적으로 빌 니콜스는 로버트 플래허티의 작품을 중심으로 다큐멘터리의 원칙을 정립한 존 그리어슨을 비판하면서, 다큐멘터리의 새로운 원칙으로 사진적 리얼리즘, 내러티브 구조, 모더니즘적 실천, 수사적 전략을 내세운다. 그는 이 네 가지 다큐멘터리 원칙 중에서 모더니즘적 실천이 1920년대에 도시 교향곡 영화를 포함한 아방가르드 영화를 중심으로 발흥한 것으로 보고 있으며, 그 작품들이 일상적인 이미지의 잠재성을 탐구함으로써 다큐멘터리의 기원과 발전에 유의미한 영향력을 미쳤다고 평가한다. 다음 글을 참고할 것. Bill Nichols, "Docu-

서 벗어나려고 한다는 공통점이 있다. 특히 발터 루트만, 지가 베르토프, 요리스 이벤스Joris Ivens, 알베르토 카발칸티Alberto Cavalcanti 같은 아방가르드 영화감독은 다큐멘터리적인 접근 방법과 아방가르드적인 충동을 절충하는 방식으로 근대 대도시의 일상적인 리듬을 형상화했다. 이들의 작품은 대상의 표면적 현상을 기록하는 수준에 머물지 않고 그것을 관념적으로 표현했다는 점에서 에세이영화의 기원으로 평가받을 수 있다. 에세이영화의 역사에 관해 연구한 노라 M. 알터 또한 1920년대에 출현한 에세이영화는 "단순히 극영화에 대한 반응만이 아니라 논픽션 다큐멘터리 필름과 아방가르드 영화에 대한 반응으로 출현"[20]한 혼합적인 장르라고 정리한다.

리히터의 작품 활동을 추적해보면 다큐멘터리와 아방가르드 영화의 만남이 이루어지는 과정을 볼 수 있다. 1920년대 당시 리히터는 발터 루트만, 바이겔 에겔링Viking Eggeling과 함께 직선, 곡선, 대각선, 직사각형, 원뿔 등의 기하학적인 선과 면을 활용해 영화 이미지의 동역학적 움직임을 강조한 절대영화 absolute film를 만들었다. 이 분야의 대표작으로는 리히터의 〈리듬 21-23〉Rhytmus 21-23, 1921-1923, 에겔링의 〈대각선 교향곡〉Symphonie Diagonale, 1924, 루트만의 〈작품 1-4〉Opuis I-IV 등이 있다. 이

---

mentary Film and the Modernist Avant-garde", *Critical Inquiry*, vol. 27, no. 4(2001), pp. 580~610.

20. Nora M. Alter, *The Essay Film After Fact and Fiction*, p. 42.

후 절대영화는 영화의 조형성과 운동성을 시각화하는 것에서 벗어나 차츰 일상적인 대상에서 상상적이고 관념적인 요소를 추출하는 방향으로 나아간다. 예를 들어, 리히터는 〈인플레이션〉Inflation, 1927, 〈레이스 교향곡〉Rennsymphonie, 1929, 〈일상〉Everyday, 1929을 만들면서, 카메라가 기록한 현실의 이미지를 조화, 융합, 분열시키는 방식으로 사물의 표면에서는 감지할 수 없는 사회적 역동성에 대한 사유를 제공했다. 리히터와 함께 활동했던 루트만 또한 아방가르드 영화와 다큐멘터리의 절충적 결합을 시도했던 감독이다. 그는 〈베를린 : 대도시의 교향곡〉1927을 만든 배경에 대해 다음과 같이 밝힌 바 있다. "나는 수년간 추상적인 수단들로 움직이는 이미지를 구성하는 동안 도시라는 유기체 내에 존재하는 무수한 동역학적 에너지로부터 한 편의 영화 교향곡을 만들고 싶은 열망, 생명력 있는 재료들과 작업하고 싶다는 그 열망으로부터 한시도 자유로운 적이 없었다."21 이러한 루트만의 발언에서도 알 수 있듯이, 1920년대를 기점으로 다큐멘터리와 아방가르드 영화를 장르적으로 절충하려는 시도가 있었다. 그러나 이런 단편적인 사실만으로 에세이영화가 1920년대 전후로 활발하게 제작되었다고 단정하기에는 무리가 있다. 왜냐하면, 1930년대 이후로 모더니즘 영화 운동이 쇠퇴하

---

21. Walter Ruttmann, "How I Made My Berlin Film" in Anton Kaes and Nicholas Baer & Michael Cowan, *The Promise of Cinema* (University of California Press, Berkeley, 2016), p. 463.

고, 사회 참여적인 다큐멘터리가 증가하고, 사운드의 도래와 같은 변화를 경험하는 과정에서[22] 다큐멘터리와 아방가르드 영화 모두 독자적인 노선을 확립하지 못한 상태로 과도기적인 단계를 지났기 때문이다. 따라서 1920년대 전후에 만들어진 일련의 실험적인 작품들에 에세이영화의 가능성이 있었다고 평가할 수는 있겠지만, 그 가능성이 보다 정제된 형태가 되기까지는 좀 더 긴 시간이 필요했다.

다큐멘터리의 장르적 발전에서 분화된 에세이영화와 그것의 과도기적 흐름은 1940년대 후반까지 이어진다. 당시만 해도 에세이영화는 도래하지 않은 미래의 영화에 가까웠다. 다만, 그 미래의 영화는 불가능한 것이 아니라 조만간 실현 가능한 것으로 이해되었다. 일부 영화감독과 영화비평가는 영화 기술의 발전과 동시대 매체 환경의 변화로 인해서 사유를 위한 영화, 즉 에세이영화가 출현할 수 있는 토대와 환경이 갖추어졌다고 생각했다. 그들은 16mm 소형 카메라의 발명, 텔레비전의 등장, 동시 녹음 기술의 향상 등으로 영화가 관객의 말초적인 감각을 자극하는 오락에서 벗어나 관객의 지적인 호기심을 충족시킬 수 있는 사유로 나아갈 것으로 기대했다. 대표적으로 프랑스 영화 비평가 알렉상드르 아스트뤽은 새로운 영화의 출현을 예언

---

22. A. L. 리스, 『실험영화와 비디오의 역사』, 성준기 옮김, 커뮤니케이션북스, 2013, 111~117쪽 참고.

적으로 진단했다. 그가 1948년에 발표한 두 편의 글 「영화의 미래」, 「새로운 아방가르드의 탄생 : 카메라 만년필」은 영화가 인간의 사유를 표현하는 도구가 될 수 있느냐는 단순한 질문에서부터 시작해 감독의 주체성을 작가, 화가, 철학자에 빗대면서 영화와 사유의 근접성에 대해 논의한다. 한동안 아스트뤽이 쓴 두 편의 글은 프랑스 작가주의에 이론적 기초를 제공한 것으로 평가받았다. 그러나 레이몽 벨루에 따르면, 이 두 글의 중심 사상은 "영화와 사유, 즉 한 편의 영화를 단순히 최상의 표현 형식과 같은 것으로 여기지 않고, 언젠가 그런 영화들이 이상적인 종합을 통해 도달하는 유토피아를 정당화하는 것"[23]에 있다. 아스트뤽이 예언적으로 진단한 새로운 영화는 사유를 위한 영화이자 사유에 의한 영화이며, 영화의 유토피아라고 부를 수 있는 것에 대한 급진적인 비전을 가지고 있었다. 흥미롭게도 그의 이러한 생각은 16mm 카메라와 텔레비전의 등장이라는 매체 환경의 변화와 같은 당대 영화사적 맥락을 반영한 것으로, 그는 새로운 영화는 사유에 관한 영화가 될 것이라면서 다음과 같이 말한다. "오늘날의 데카르트는 16mm 카메라와 텔레비전과 함께 자신의 침실에서 세상과 담을 쌓은 채, 영화로 자신의 철학을 쓸 것이다."[24] 이는 과거 인쇄 혁명이 문맹을 퇴치하고

---

23. Raymond Bellour, "The Cinema and the Essay as a Way of Thinking" in Nora M. Alter & Timothy Corrigan (eds.), *Essays on the Essay Film* (Columbia University Press, New York, 2017), p. 230.

지식의 민주화를 이루는 데 기여했던 것처럼, 앞으로 영화가 지식과 교양을 생산하고, 학습하고, 전파하는 매개가 될 것이라는 예언적인 주장에 가깝다. 그것은 영화의 개념이 지식과 사유와 관련된 것으로 바뀐다는 말과 같다.

지금까지 영화는 쇼에 불과한 것이었음을 이해해야만 한다. 이는 모든 영화cinema가 극장에서 상영된다는 기본적인 사실 때문이다. 그러나 16mm와 텔레비전의 발전으로, 모든 사람이 영사기를 소유하고, 지역 서점으로 달려가 문학비평과 소설에서부터 수학, 역사, 일반 과학에 이르는 모든 주제와 형식을 다룬 영화film를 빌려 볼 날이 머지않았다. 그 순간부터 영화cinema에 관해 말하는 것은 더는 가능하지 않다. 오늘날 여러 문학이 있듯이 여러 영화가 있겠지만, 영화는 문학처럼 특정한 예술이라기보다는 모든 사유를 표현하는 하나의 언어이다.[25]

아스트뤽은 영화적 경험, 즉 영화를 만들고, 영화를 보고, 영화에 관해 생각하는 그 일련의 경험들 자체가 특정 주제나 대상에 관한 사유와 관련이 있다고 보았다. 그는 기술적으로

---

24. Alexandre Astruc, "The Birth of a New Avant-Garde" in Ginette Vincendeau & Peter Graham (eds.), *The French New Wave* (New York: Palgrave Macmillan, 2009, p. 33.
25. 같은 글.

16mm 카메라가 등장하고 텔레비전이라는 새로운 커뮤니케이션 채널이 등장하면서, 영상의 제작과 소비에 대한 접근성이 상대적으로 높아졌다는 점에 주목했다. 그가 생각하기에 누구나 쉽게 영화를 제작하고 소비할 수 있게 되었고, 그로 인해 과거에 책이 그러했던 것처럼 영화는 지식의 생산, 유통, 소비의 촉매제가 될 것이었다. 아스트뤽의 이러한 논지는 다소 급진적으로 들린다. 왜냐하면, 그의 논의는 옛 영화의 죽음과 미래의 영화의 도래를 동시에 선언하고 있기 때문이다. 아스트뤽의 논의는 아날로그 필름이 디지털 시네마로 대체되는 과정에서 영화라는 매체의 본성·기능·경험에 대한 인식론적 전환이 일어난 포스트 시네마 시대의 담론을 예비하고 있는 것처럼 보인다.

앙드레 바쟁은 에세이영화라는 용어를 분류학적인 목적으로 쓰지 않았다. 하지만 그는 1958년 발표한 한 글에서 크리스 마커의 〈시베리아에서 온 편지〉Lettre De Siberie, 1957의 형식적 새로움을 에세이의 특징을 빌려 이야기한 바 있다. 바쟁은 이 작품이 다큐멘터리의 기본 원칙에 충실한 작품이 아니라 "필름 보고서의 형식으로 시베리아의 과거와 현재의 현실을 전달하는 한 편의 에세이"라고 쓴다. 여기서 바쟁은 '필름 보고서'film report라는 용어를 반복해서 사용하면서, 크리스 마커의 작품이 시베리아 여행담을 글로 쓴 것이 아니라 필름으로 찍은 것이라는 점을 강조한다. 나아가 바쟁은 정치적 목적으로 만들어진 기존의 다큐멘터리와 크리스 마커의 작품을 비교한다. 정치적 경향의 작품은 이미지를 핵심적인 재료로 활용하는 반면, 크리스 마커의 작품은 언어를 즉각적인 표현 수단으로 갖는 지성intelligence을 주요 재료로 활용한다. 쉽게 말해, 기존의 다큐멘터리가 이미지의 몽타주라면, 크리스 마커의 필름 보고서는 이미지와 발화된 텍스트의 "수평적인"horizontal 몽타주에 가깝다. 이 수평적인 몽타주의 "기본 요소는 말해지고 보이는 것의 아름다움에 있으며, 지성은 청각적인 요소에서 시각적인 요소로 흐른다."[26] 여기서 주목할 지점은 앙드레 바쟁이 에세이영화의 지향점이 지성에 있으며, 그것을 영화적으로 구현하는 방식이 사운드와 이미지의 몽타주에 있다고 지적했다는 것이다. 특히 에세이영화를 사운드와 이미지의 관계 속에서 바라보았다는 점에서, 크리스 마커에 대한 바쟁의 비평은 훗날 에세이영화의 형식과 문법을 공식화하는 데 있어서 주요한 이론적 지침이 될 수 있었다. 후술하겠지만, 바쟁은 이미 훗날 에세이영화의 주요 특징으로 거론될 간자막, 자막, 보이스오버 내레이션의 중요성을 지적했다. 그리고 그는 그런 요소들이 지성을 창출하는 데 쓰인다는 것을 선구적으로 파악했다.

그렇다면 앙드레 바쟁이 지적했던 에세이영화의 '지성'이란 구체적으로 어떤 것인가? 이러한 의문점을 해소하기 위해 바쟁

---

26. André Bazin, "Bazin on Marker" in Nora M. Alter & Timothy Corrigan (eds.), *Essays on the Essay Film* (Columbia University Press, New York, 2017), p. 103.

이 1950년대 후반 텔레비전에 관해 썼던 여러 글을 참고해볼 수 있다. 앙드레 바쟁은 영화의 지위를 위협하는 텔레비전의 등장과 그것의 대대적인 보급에 주목하면서, 텔레비전의 매체적·사회적·심리적 기능을 분석했다. 그에 따르면, 당시 텔레비전은 대부분 생방송으로 제작되었기 때문에 시청자에게 이미지가 생생하게 현존하고 있는 것 같은 인상을 심어주었다. 이는 이미지의 제작과 상영 사이에 시간적 간극이 있는 영화와는 현격히 구분되는 텔레비전만의 고유한 미학적 형식이기도 했다. 한편, 텔레비전은 출연자와 시청자 사이에 친밀성을 형성한다. 시청자들은 뉴스 아나운서, 기상 캐스터, 쇼 프로그램 진행자와 주기적으로 만나면서 그들과 정서적인 친밀감을 형성하는데, 때때로 이러한 친밀감은 에로티시즘의 형태로 나타나기도 한다. 끝으로, 텔레비전은 과학, 수학, 역사, 농업 등과 같은 다양한 분야의 소박한 지식을 전달해주는 역할을 한다. 이러한 지적인 프로그램의 주인공은 전문가는 물론 아마추어까지도 포함한다. 바쟁은 "영화는 결코 내 집의 관리인이나 식료품 주인의 일대기를 찍지 않겠지만, 나의 텔레비전 수상기는 그럴 수도 있다는 것에 감탄하고 놀라게 된다. 우리가 죽음 앞에서 평등하듯이 모든 인간은 텔레비전 앞에서 평등하다"[27]고 적었다. 바쟁이 말했던

---

27. André Bazin, Dudely Andrew (trans.), *André Bazin's New Media* (University of California Press, Oakland, California, 2014), p. 46.

텔레비전의 지성은 전문화된 지식에만 국한되는 것이 아니라 일상의 경험적 지식을 포괄하고 있었다. 텔레비전의 지성은 수직적인 차원에서 위계화된 것이 아니라 수평적인 차원에서 각기 독립된 지위를 갖고 있는 것이다.

바쟁이 말한 에세이영화의 지성은 다음과 같은 맥락 속에서 이해할 수 있다. 우선, 에세이영화가 등장하던 시기에 이미 텔레비전은 시청자들에게 전문적인 지식과 경험적인 지식을 전달하는 커뮤니케이션 수단으로 기능하고 있었다. 바쟁은 에세이영화, 즉 지성을 다루는 영화가 텔레비전의 등장과 발전에서 영향을 받은 것으로 보고 있다. 앞서 살펴본 것처럼, 바쟁은 크리스 마키의 〈시베리아에서 온 편지〉가 지성의 생산과 확산에 기여하고 있다는 점에 주목했다. 이 작품은 한 여행객이 편지의 형식으로 시베리아 여행담을 전달하는 이야기 구조 속에서 시베리아의 지리적·정치적·경제적·사회적·문화적·역사적 정보와 사유를 다양한 방식으로 전달한다. 그와 동시에 이 영화는 사운드와 이미지의 관계를 지속해서 탐구한다. 알터의 논의를 빌리자면, 〈시베리아에서 온 편지〉는 수평적 몽타주를 비롯한 다양한 장르적 관습과 형식을 사용하고 있으며, 다큐멘터리라는 장르적 관습 내에서 해설이나 재연이 새롭게 쓰일 수 있는 방법에 대해서 고찰한다.[28] 따라서 우리는 크리스 마커의 〈시베리아

28. Nora M. Alter, *Chris Marker* (University of Illinois Press, Urbana, 2006),

에서 온 편지〉에 대한 바쟁의 비평을 중심으로, 에세이영화와 지성의 관계를 다음과 같이 정리해볼 수 있다. 에세이영화의 사유는 정치, 경제, 사회, 문화, 역사 등에 대한 지적인 내용과 함께 영화 그 자체에 대한 사유를 포함한다. 에세이영화는 영화를 포함해 모든 대상과 주제에 관한 사유의 실험인 것이다.

3. 에세이영화를 둘러싼 오늘날의 쟁점들

1990년대 이후 에세이영화의 정의에 관한 비평과 연구가 본격적으로 등장했다. 일군의 영화 비평가와 연구자는 문학적 에세이의 특징에 기초해 에세이영화의 역사, 양식, 형식 등에 관한 견해를 제시하거나 에세이영화라는 프리즘으로 영화사를 새롭게 서술하려고 했다. 이 과정에서 에세이영화는 크게 다음의 세 가지 특징을 띠는 것으로 정리되었다. 첫째, 에세이영화는 다큐멘터리, 극영화, 아방가르드 영화를 횡단하는 장르적 실험이다. 둘째, 에세이영화는 연출자의 주관적인 사유를 관객과 공유한다. 셋째, 대체로 에세이영화는 동시대의 정치적, 경제적, 문화적, 사회적 이슈와 관련이 있는 공적 사유를 지향한다. 이 세 가지 특징을 종합하여 티머시 코리건은 에세이영화에 관한 다음과 같은 정식을 확립한다. "(1) 공적 영역에서의 경험적인 마주침

p. 37.

을 통해, (2) 표출적인 주관성을 시험하면서, (3) 그 결과물이 영화적 발화와 관객의 반응으로써 생각 혹은 사유의 형상이 되는 것."[29]

그러나 에세이영화의 정의는 문학적 에세이와 차별화되는 에세이영화 고유의 형식적 특징이 무엇이냐는 질문과 마주할 때 다시 모호해진다. 에세이영화의 형식을 둘러싼 질문이 유발하는 일련의 논쟁은 이 장르가 개방적인지 폐쇄적인지에 대한 견해차에 따라서 대립 구도를 형성한다. 전자는 에세이영화를 열린 장르, 형식, 문법을 갖고 있는 것으로 이해한다. 이들은 에세이영화가 기존의 다큐멘터리·극영화·아방가르드 영화와 다르다는 점, 그리고 이 장르가 여행 영화·일기 영화·노트 영화·자전적인 영화·파운드 푸티지 영화의 특징을 부분적으로 공유한다는 점을 강조한다. 반면, 후자는 에세이영화의 형식을 도식화 가능한 것으로 간주한다. 이들은 에세이영화가 사운드와 이미지를 배열하는 방식이 몽타주에 기초하고 있으며, 이질적인 이미지와 텍스트를 단일한 목소리single voice로 통합하는 형식을 지향한다고 주장한다. 이처럼 열린 장르와 닫힌 장르라는 양자택일적인 구도가 유지되는 가운데 에세이영화와 관련된 담론은 몇 가지 중요한 쟁점을 낳았다.

29. Timothy Corrigan, *The Essay Film* (Oxford University Press, New York, 2011), p. 30.

첫 번째 쟁점은 에세이영화의 모호한 장르적 위치와 관련이 있다. 에세이영화에 대한 장르적 규정은 그것이 기존의 다큐멘터리, 극영화, 아방가르드 실험영화와 다르다는 것을 전제한다. 폴 아서Paul Arthur는 에세이영화가 다큐멘터리, 극영화, 아방가르드를 횡단하고자 하는 예술적인 충동을 가지고 있으며, 그것은 지적인 혁신과 예술적인 혁신에 필요한 논픽션의 형식적 발전을 선도했다면서 다음과 같이 말한다. "(에세이영화는) 구체적인 현실과 추상적인 관념, 일반적인 사례와 인간 경험의 특수한 기호를 독특하게 혼합할 수 있는 정치적으로 급진적인 시야를 제공한다."[30] 나아가 아서는 영화가 이미지, 발화, 제목, 음악 같은 다양한 담론의 층위를 동시에 작동시키기 때문에 에세이적인 글쓰기의 형식을 영화적인 형식으로 옮기는 것은 본질적으로 다른 문제라고 지적한다. 문학 에세이가 저자의 고유한 시선과 목소리를 따르는 것과는 달리, 영화는 몽타주, 카메라 움직임, 보이스오버 내레이션 등을 통해서 연출자의 시선과 목소리를 변화시키거나 다른 이의 것으로 바꿀 수 있기 때문이다. 따라서 에세이영화는 모종의 "긴장"tension[31]을 갖는다. 그 긴장은 이미지와 사운드의 대립과 조화 속에서, 영화 속 시선이나 목소리의 변화 속에서 나타난다. 여기서 아서가 말하는 에세

---

30. Paul Arthur, "Essay Questions", *Film Comment*, vol. 39(2003), p. 58.
31. 같은 글, p. 60.

이영화 특유의 긴장은 영화적인 양식, 분위기, 발화에서 나타날 뿐만 아니라 존 그리어슨을 중심으로 한 1930년대 사회 참여적인 다큐멘터리, 그리고 1960년대 시네마 베리테처럼 다큐멘터리적인 실천의 전통을 파열시키고자 하는 장르적 충동에서도 나타난다.

토마스 엘세서Thomas Elsaesser 또한 기존 장르와의 비교를 통해 에세이영화의 특징을 주관성, 연상 논리, 이질성, 반영성으로 정리한다. 그는 에세이영화를 다큐멘터리, 극영화, 파운드 푸티지와 비교한다. 에세이영화는 다큐멘터리적인 증거와 관계를 맺는 방식에 있어서 비교적 느슨하고, 사색적이고, 암시적인 편에 속한다. 그리고 그것은 내러티브에 의존하는 극영화와는 달리 플롯을 연출자의 사색과 숙고로 대체한다. 한편, 에세이영화는 이질적인 재료와 분위기의 조화를 추구한다는 점에서 파운드 푸티지 영화 혹은 컴필레이션 영화와 유사하지만, 이 장르는 모든 이질성을 관장하고 다스릴 수 있는 단일한 목소리를 가지고 있다는 결정적인 차이가 있다. 결과적으로 엘세서는 에세이영화가 다큐멘터리, 극영화, 파운드 푸티지와 장르적으로 유사한 것이 아니라, 오히려 그러한 공인된 장르의 권위에 대한 짜증·좌절·불만에서 출발한 것이라고 주장한다.32 여기서 우리

---

32. Thomas Elsaesser, "The Essay Film" in Nora M. Alter & Timothy Corrigan (eds.), *Essays on the Essay Film* (Columbia University Press, New York, 2017), pp. 246~247.

는 엘세서와 아서가 에세이영화를 바라보는 관점이 유사하다는 것을 알 수 있다. 이들 모두 에세이영화가 다큐멘터리 혹은 논픽션 계열의 전통을 부정하거나 교란하면서 분기된 장르라고 본다. 이러한 관점은 비단 아서와 엘세서만이 아니라 에세이영화에 주목한 다수의 평자가 공유하는 바이기도 하다.[33]

에세이영화의 장르적 위치를 극영화보다는 다큐멘터리나 아방가르드 영화에 더 가까운 것으로 보는 시선이 우세하기 때문에 실제로 이 분야의 논의에서 극영화는 은연중 배제되는 경우가 종종 있다. 데이비드 보드웰의 경우, 장-뤽 고다르가 1960년대 전후에 만들었던 극영화를 에세이영화로 분류한 일부 논자들의 비평적 순진함을 비판한 바 있다. 그에 따르면, 고다르의 극영화는 기존 텍스트를 인용, 모방, 변형하거나 역사적 인물과 사건을 참고하지만, 모두 허구적인 인물에 관한 이야기이기 때문에 에세이와는 무관하다. 그는 고다르의 영화가 자아의 불확실성, 인물의 주관성, 시선의 불일치 등을 내러티브의 전략으로 활용하고 있다는 것을 인정하면서도, 그러한 특징들조차도 할리우드의 장르적 관습을 부분적으로 활용한 수준을 벗어나지 않는다고 단언한다. "내가 보건대 고다르 작품에서 '에세이'라는 개념은 평범치 않은 내레이션 전략을 위한, 영화의 역사에서 조

---

33. 대표적으로 노엘 버치의 다음 글을 참고하라. 노엘 버치, 「논픽션의 주제」, 『영화의 실천』, 이윤영 옮김, 아카넷, 2013.

건화된 알리바이일 뿐이다."[34]

여기서 유의해야 할 점은, 보드웰의 에세이에 대한 이해가 이 글에서 앞서 검토한 루카치, 벤제, 아도르노의 논의와 다소 다르다는 것이다. "에세이는 장르이면서 동시에 다소 느슨한 형식이다. 에세이는 증거나 사례를 둘러싸고 반성을 조직하며, 논리적이거나 정서적인 질서 속에서 결론을 향해 나아간다"[35]는 그의 주장은 에세이가 실증적인 관점에서 사건이나 대상을 논리적으로 객관화하는 것을 지양하고 부단한 질문의 연쇄 속에서 새로운 사유를 형상화하는 작업이라고 정리했던 루카치, 벤제, 아도르노의 주장과 충돌한다. 보드웰은 에세이의 과정보다는 결과에 더 주목함으로써, 사유의 과정 또는 시도로서의 에세이의 고유한 특징을 간과했다. 또한 보드웰은 고다르의 영화가 할리우드 극영화의 장르적 관습을 의도적으로 차용하고 있다는 점에 주목한 나머지 그의 영화가 극영화와 다큐멘터리의 장르적 경계를 횡단하고 있다는 사실을 과소평가한다. 그는 〈그녀에 대해 알고 있는 두세 가지 것들〉2 or 3 Things I Know About Her, 1967은 에세이영화가 아니라고 주장하지만, 이 영화에서 고다르가 1960년대에 유행했던 시네마 베리테의 방식으로 영화 속 인물들의 즉흥적인 발화를 반복해서 삽입해 다큐멘터리와

---

34. 데이비드 보드웰, 『영화의 내레이션 II』, 오영숙·유지희 옮김, 시각과 언어, 2007, 438쪽.
35. 같은 책, 438쪽.

극영화의 장르적 도식을 와해시키는 것은 사실이다. 말하자면, 보드웰이 보기에는 내러티브 영화에 불과했던 고다르의 작품은 픽션과 논픽션의 경계를 탐색하기 위한 시도였던 것이다.

그러나 보드웰의 논의 자체가 무익한 것은 아니다. 고다르의 영화에 대한 기존의 비평적 접근과 그의 작품에 대한 분류학적 접근 모두를 문제 삼는 보드웰의 논의는 우리로 하여금 극영화적인 전통 속에서 에세이영화의 출현을 재검토해볼 기회를 제공한다. 이를테면, 고다르와 마찬가지로 픽션과 논픽션의 경계를 횡단하면서, 실존 인물을 등장시키고, 역사적 사건을 참조해 만든 지아장커Zhang Ke Jia, 차이밍량, 아피찻퐁 위라세타쿤, 압바스 키아로스타미Abbas Kiarostami, 페드로 코스타Pedro Costa 등의 작품 또한 극영화적인 에세이영화가 될 수 있느냐는 질문을 해볼 수 있다. 만약 이들의 작품이 장르적 경계를 횡단하고, 연출자의 사유를 직간접적으로 표출하며, 공적인 영역에 개입한다는 조건을 충족시킨다면 우리는 그 작품을 에세이영화로 분류할 수 있을 것이다.

두 번째 쟁점은 에세이영화에서 연출자의 사유를 표출하는 영화적 방식과 관련이 있다. 에세이영화가 사유를 형상화하기 위한 방식으로 자주 활용하는 것은 몽타주, 보이스오버 내레이션, 자막 등이다. 이는 연출자의 불연속적, 파편적, 단속적 사유의 흐름을 형상화하는 에세이영화의 특유의 영화적 기법이다. 이 중 몽타주는 이미지와 이미지의 결합은 물론 이미지와 사운드의 결합까지도 포함하는데, 이와 같은 다양한 몽타주 방식은 에세이영화의 정의를 모호하게 만드는 원인 가운데 하나이기도 하다. 에세이영화에서 몽타주를 연출자의 사유의 표현과 결부 지어 생각한 대표적인 논자로는 필립 로페이트가 있다. 그는 문학적 전통에 따라서 에세이를 연출자의 사유를 탐색하는 것으로 정의하면서, 에세이영화가 선행적으로 갖추어야 할 조건을 다음과 같이 제시한다. 에세이영화는 발화되거나, 자막이 달리거나, 제목이 달리는 식으로 텍스트 형식의 말word을 가지고 있어야 한다. 그리고 그 텍스트는 단일한 목소리를 재현하고, 한 가지 문제에 관한 논리적으로 정돈된 담화를 구축해야 하며, 단순 정보 전달이 아니라 개인적인 관점을 강력하게 전달해야 한다. 마지막으로 그 텍스트는 가능하면 설득력 있고 흥미롭게 잘 쓰인 것이어야 한다. 거칠게 요약하자면, 로페이트가 말하는 에세이영화의 시작과 끝에는 항상 텍스트가 있다. 그는 에세이영화로 정의할 수 있는 여러 작품 중에서 진정한 에세이영화를 텍스트를 중심에 놓고 선별할 것을 제안한다. 예를 들어, 그는 이미지와 이미지의 몽타주, 즉 침묵하는 이미지로 이루어진 무성영화 시절의 실험영화, 연출자의 자아를 사회적으로 구성된 것에 그리고 그 개인성을 부르주아적인 환상에 가두는 일부 사적 영화personal cinema, 연출자의 사유를 적극적으로 드러내지 않고 이미지와 사운드의 불협화음을 조장하는 일부 파운드 푸티지 영화를 에세이영화의 범위 밖으로 몰아낸다.

로페이트는 영화라는 매체에서 가장 훌륭한 에세이스트는 〈시베리아에서 온 편지〉, 〈쿠미코의 신비〉The Koumiko Mystery, 1967, 〈태양 없이〉Sunless, 1982를 포함해 인터뷰 중심적인 〈아름다운 5월〉The Lovely Month of May, 1963 등을 만든 크리스 마커라면서, "그는 에세이스트의 금언적인aphoristic 재능을 가지고 있다. 그것은 그로 하여금 일인칭 단수형이 중단되었을 때에도 집단적인 역사적 인물, 복수의 일인칭을 내세울 수 있게 만든다. 그리하여 마커는 진실을 말할 수 있는 에세이스트의 충동을 갖는다."[36] 고 쓴다.

로페이트는 에세이영화의 형식적 특징을 명쾌하게 정리하지만, 그의 논의에서 에세이영화의 가능성은 닫힌다. 에세이영화의 텍스트성은 사운드가 발명된 이후 이미지와 사운드의 배열을 강조했던 모던 영화를 중심으로 나타난 것이다. 그렇기 때문에 로페이트의 논의에서 에세이영화는 한시적인 장르로 전락한다. 또한, 그는 저자의 주관성이 반영된 텍스트를 에세이영화의 중요한 원칙으로 삼고 있기에 저자의 사유를 영화 속의 특정 주제, 사건, 인물, 대상의 이미지에 투영한 영화들도 에세이영화의 범주에서 벗어나는 것으로 이해한다. 이처럼 로페이트가 제시한 단순하지만 까다로운 텍스트성이라는 선행조건은 에세이영화의 하위 장르로 분류되어온 작품들에 대한 재검토를 요청

---

36. Phillip Lopate, "In Search of the Centaur", p. 115.

한다. 그는 에세이영화에 어떤 순수성이 있을 것이라 가정했고 그 이상적인 모델에 따라 에세이영화의 모범적인 사례를 찾으려고 했던 것이다.

에세이영화에서 텍스트가 중요하다는 점을 인정하면서도, 그것만이 에세이영화에서 주관적이고 반영적인 사유를 표출하는 유일한 방식은 아니라는 반론이 제기될 수 있을 것이다. 영화는 시청각적인 이미지를 다루기 때문에 연출자의 주관성과 반영성은 이미지, 텍스트, 사운드의 관계 속에서 드러난다. 이러한 관점에서 로라 라스카롤리는 에세이영화가 연출자의 사유를 구조화하기 위해 질문의 형식을 주로 활용한다고 지적한다. 에세이영화에 대한 그의 논의의 독창성은 다음과 같은 점에 있다. 그는 에세이의 형식이 텍스트 생산자로서의 '나'와 텍스트 수용자로서의 '당신' 간의 대화에서 나타나는 것으로 본다. 그에 따르면, 에세이영화에는 특정 주제에 관해서 말하는 발화자가 있으며, 이 발화자는 보이스오버 내레이션이나 자막과 같은 텍스트를 통해 물질적으로 현존한다. 그 발화자는 영화 내에서 질문의 연쇄를 통해 관객과 소통을 시도하며, 관객은 영화가 제시하는 질문을 점차 체화한다. 특히 에세이영화는 관객에게 질문을 강요하는 것이 아니라 그 질문이 제기하는 문제를 함께 숙고하자고 제안한다. 요약하자면, 에세이영화는 발화자와 관객 사이의 대화적 관계를 형성하는 것을 지향한다. "익명의 관객이나 집단적인 관객이 아닌 개별 관객은 발화자와의 대화적인 관계에 참여해달라는 요청을 받는다. 그러면서 그들은 능동적으로 변하여 지적으로나 감정적으로나 텍스트와 상호작용한다."[37]

에세이영화가 발화자로서의 연출자와 수용자로서의 관객 사이의 대화를 촉진하는 방식은 다양하다. 로페이트가 인정했던 구술 혹은 문자 텍스트뿐만 아니라 그가 부정했던 침묵하는 이미지들도 활용된다. 다시 라스카롤리의 말을 인용하자면, "만약 이 대화가 순전히 시각적인 수단을 거쳐 달성될 수 있다면, 달리 말해 만약 발화자가 논평을 수반하지 않는 이미지를 통해 논점을 제시하고 관객과 대화를 할 수 있다면, 우리는 그것을 에세이영화라고 부를 수 있다."[38] 이러한 관점에서 에세이 영화는 텍스트와 이미지를 통해서 질문을 제기하고 관객에게 대화를 요청하는 여러 하위 장르를 포함한다. 에세이영화는 이국적인 풍경, 아카이브 이미지, 연출자의 주관성을 반영하는 인물이나 사건, 그리고 편지·일기·노트·보고서 형식의 텍스트 등의 다양한 방식을 통해 관객에게 생각할 거리를 제시한다. 더 나아가 이 다양한 이미지, 사운드, 텍스트 혹은 그것들의 관계 맺음은 바쟁이 제안했던 수평적 몽타주, 즉 시각적이고 청각적인 것의 결합을 통해서 부단히 연속되는 사유의 흐름을 만들

37. Laura Rascaroli, *The Personal Camera* (Wallflower Press, London ; New York, 2009), p. 35.
38. 같은 책, p. 37.

어낼 수도 있다. 이처럼 에세이영화는 단 하나의 절대적인 방법론이 아니라 다양한 방법론을 지향하는데, 왜냐하면 이 장르는 특정한 사건, 경험, 대상에 대한 연출자의 주관적인 사유를 드러낼 수 있는 영화적 형식을 모색하는 자유로운 연출 방식을 따르기 때문이다.

끝으로 세 번째 쟁점은 에세이영화의 공적인 개입과 관련이 있다. 에세이영화가 연출자의 주관적인 사유를 표출하는 것이라고 정의할 때, 그 사유가 무엇인가에 관한 새로운 질문이 뒤따른다. 이와 관련해서 티머시 코리건은 에세이영화의 사유는 공적인 것이라고 주장한다. 그는 에세이영화에 관한 자신의 연구 목적을 다음과 같이 설명한다. "에세이영화는 다큐멘터리 혹은 실험영화의 모델과 분리되어야만 하며, 그것의 특이한 지각과 상호작용을 정당화할 수 있는 좀 더 정제된 역사적 장소에 위치되어야만 한다."[39] 이 맥락에서 코리건이 에세이영화를 정당화할 수 있는 위치로 간주하는 곳은 문학적 에세이와 영화적 에세이 사이에서 전개된 역사적 변화이다. 그는 몽테뉴를 예시로 들면서 전통적으로 문학적 에세이는 저자의 개인적인 관점을 공적인 경험으로서 드러내는 것이라고 말한다. 이러한 문학적 전통은 시각 매체의 발전에 힘입어 말에 의한 것과 시각에 의한 것을 결합한 포토 에세이로 이어진다. 대표적으로, 19세

---

39. Timothy Corrigan, *The Essay Film*, p. 5.

기 뉴욕 빈민가의 실상을 경험적으로 탐구했던 제이컵 A. 리스 Jacob A. Riss의 작업이 그러하다. 그는 자신이 직접 찍은 뉴욕 빈민가의 사진과 함께 그 지역의 비극적인 생활을 상세하게 묘사한 에세이를 수록한 『세상의 절반은 어떻게 사는가』를 출간했다.[40] 이 책은 텍스트로 된 말과 이미지로 된 사진을 함께 수록해 뉴욕 빈민가에 대한 공적인 사유를 형상화한다. 이러한 포토 에세이 이후에 등장한 영화는 1940년대 전후의 실험적인 영화들을 중심으로 사적인 표현, 공적인 경험, 사유의 과정을 중시하는 에세이적인 작업을 내놓는다. 코리건은 문학 에세이, 포토 에세이, 그리고 영화로 이어지는 에세이적 전통의 교집합이 "자아와 가시적인 세계 사이의 공적인 대화"[41]에 있다고 결론 내린다.

에세이영화는 공적인 영역에서의 일상적인 마주침, 즉 공적인 경험 자체를 작품의 소재로 활용한다. 이 장르의 영화들은 공적인 경험으로부터 사유로 나아간다. 비록 최초의 질문으로부터 벗어나거나 다른 주제에 대한 생각으로 발전할 수도 있지만, 그런 사유의 흐름은 늘 공적인 것과 연관되어 있다. 이처럼 에세이영화는 단순히 사적인 질문을 제기하고 단상을 전개하는 것에 머물지 않는다. 그것은 정치적, 경제적, 문화적, 사회

---

40. 다음 책을 참고할 것. 제이컵 A. 리스, 『세상의 절반은 어떻게 사는가』, 정탄 옮김, 교유서가, 2017.
41. Timothy Corrigan, *The Essay Film*, p. 18.

적, 예술적 사안에 대해서 문제를 제기하고 그것을 중심으로
관객과 공적인 대화를 조성하려는 실천적 의지를 갖고 있다. 비
슷한 관점에서, 노라 M. 알터는 공적인 문제를 다루었던 영화
적 전통을 중심으로 에세이영화의 역사적 계보를 그린다. 그는
1920~1930년대 로버트 플래허티, 도시 교향곡 영화, 존 그리어
슨의 다큐멘터리적 실천, 그리고 1940년대 이후 프랑스와 독일
을 중심으로 전쟁·파시즘·홀로코스트를 다룬 모더니스트 영
화감독들의 작품, 이외에도 1970년대 이후부터 현재까지 베트
남 전쟁·식민지·테러·난민·인종주의 등을 에세이적으로 성찰
한 영화감독 혹은 컨템포러리 예술가의 작품을 거론한다. 이처
럼 에세이영화가 공적인 영역에 대한 영화적 실천이라는 주장
은 세 가지 시사점을 남긴다. 첫째, 에세이영화는 그저 장르적
실험이나 영화 언어의 혁신에 국한된 것이 아니라 영화가 현실
에 개입할 수 있는 새롭고, 창의적이고, 혁신적인 방식을 모색하
는 사회적 실천이다. 둘째, 에세이영화는 연출자의 주관적 세계
와 현실이라는 객관적 세계의 조화와 불화를 동시에 다루기 때
문에 필연적으로 자아와 세계, 주관과 객관, 픽션과 논픽션 사
이의 긴장·갈등·충돌·분열을 일으킬 수 있다. 셋째, 이러한 긴
장 속에서 자아의 위치는 끊임없이 흔들리기 때문에 결과적으
로 에세이영화의 주체는 단일한 자아가 아니라 복수의 자아가
되거나 끊임없이 분열되면서 소멸할 수도 있다. 에세이영화의
사유는 자아에 대한 탐구이면서 동시에 세계에 대한 탐구이다.

이처럼 에세이영화의 형식적 층위와 내용적 층위는 항상 내재적으로 긴장, 불안, 분열을 내포한다. 에세이영화는 장르적으로 다큐멘터리, 극영화, 아방가르드를 횡단하는 형식적 실험 속에서 영화사의 전통과 장르적 양식의 공고한 체계에 균열을 내고 그것을 붕괴시킨다. 이러한 에세이영화는 주관적 사유와 공적인 경험 사이의 긴장 속에서 끊임없이 분열되는 자아의 모습을 통해서 현실을 비판적으로 사유할 기회를 제공할 수 있다. 에세이영화는 경화된 영화적 세계와 현실의 세계를 횡단하면서 두 세계를 비판적으로 분열시키는 영화적 실천이다.

4. 소결

지금까지 이 장은 에세이영화를 둘러싼 이론적 논의를 크게 세 단계로 나누어서 살펴보았다. 에세이영화의 기원은 문학적 전통에 뿌리를 내리고 있다. 루카치, 아도르노, 벤제는 실증적인 학문의 전통에 반기를 들면서 저자의 사유를 형상화하는 특유의 글쓰기 작업이 에세이라고 설명했다. 영화의 경우를 살펴보면, 문학적 에세이의 전통을 개념적으로 활용하면서 관념과 사유를 드러내는 작품들이 논픽션 계열의 영화를 중심으로 1940년대 이후부터 출현하기 시작했다. 이 시기는 16mm 카메라와 텔레비전의 등장 같은 매체 환경의 변화로 인해서 연출자의 주관성과 반영성을 드러내는 영화들이 출현할 수 있었다. 끝으로 1990년대 이후로 에세이영화의 형식적 특징을 정리하려는 시도들이 본격화되었다. 이러한 논의에서 쟁점이 되었던 것은 에세이영화의 주요 특징으로 거론되는 장르적 실험, 주관적 사유의 표출, 공적인 영역에의 개입 등과 관련이 있었다. 이처럼 문학적 에세이의 개념에 의존했던 에세이영화에 관한 논의는 차츰 새로운 영화적 형식과 사유에 관한 고민으로 이어지고 있다.

에세이영화에 관한 발전된 논의를 위해서는 이론과 개념의 제시만으로는 불충분하며 그 이론을 정당화할 수 있는 비평적 접근과 분석이 뒷받침되어야 한다. 아쉽게도 이 장은 에세이영화에 대한 이론적 지형을 그리는 와중에 개별 작품에 대한 분석을 소홀히했다. 특히 이 장은 개별 작품을 사례 분석하여 에세이영화의 특이성과 보편성을 점검하는 데 목적을 두지 않았기에, 에세이영화의 구체적인 형식적 특징을 제시하는 데는 이르지 못했다. 따라서 이 장을 마무리하며 앞으로 국내 에세이영화 담론의 발전을 위해 후속 과제로 수행되어야 할 작업을 구체적인 작가, 작품, 동향을 중심으로 제언하고자 한다.

우선, 에세이영화의 장르적 경계에 대한 고찰을 영화라는 매체 특수성을 넘어 영화가 인접 예술과 상호작용하는 동시대적인 방식과 관련해서 고찰해보아야 할 것이다. 자크 오몽Jacques Aumont이 말한 것처럼, 이미 1970년대 이후로 일군의 영화감독이 극장을 벗어나 미술관에서 영화를 상영하기 시작했다.[42] 이것은 영화가 극장이라는 단일 포맷을 중심으로 제작되고 수용되었던 방식에서 벗어나려고 했던 시도로 볼 수 있다. 과거 샹탈 아커만, 크리스 마커, 장-뤽 고다르, 압바스 키아로스타미, 그리고 비교적 최근에는 차이밍량, 아피찻퐁 위라세타쿤, 페드로 코스타 등이 극장 외에도 미술관에서 자신들의 작품을 상영하거나, 애초에 극장 상영보다는 미술관 전시/상영을 염두에 두고 작업을 하기도 했다. 최근에는 컨템포러리 아트 작가들이 에세이영화적인 영상을 싱글 채널 혹은 다채널 영상으로 공개했다. 이러한 작업을 통해서 에세이영화 고유의 주관적이고 반영적인 사유가 파편적이고, 분절적이고, 일탈적인 형태로 구현되기도 한다. 미술과 영화를 가로지르는 에세이영화의 경향은 최근 국내 작가들의 작품에서도 나타나고 있다. 대표적으로 임흥순, 임철민, 김응수, 오민욱, 백종관, 김숙현, 이원우 등의 감독들이 그러한 예에 속한다.

다음으로, 에세이영화가 공적 영역에서의 마주침을 주관적인 사유의 형태로 표출한다는 점을 참작해 이 분야에 대한 이후의 논의는 필연적으로 동시대의 정치적, 사회적, 경제적, 문화적 이슈들과의 긴밀한 관련 속에서 진행되어야 한다. 에세이영화의 주요 제재를 크게 로컬한 것과 글로벌한 것으로 나누어서 살펴볼 수 있다. 로컬한 수준에서는 지역에서 벌어지는 정치적 분쟁과 사회적 갈등이 다양한 행위자와 사건을 중심으로 다루

---

42. 자크 오몽, 『영화와 모더니티』, 이정하 옮김, 열화당, 2010, 70~89쪽.

어진다. 그리고 글로벌한 수준에서는 신자유주의, 금융경제, 글로벌 이주와 난민, 테러리즘, 인종차별, 환경오염 등 인류의 평화를 위협하는 구조적이고 근본적인 문제가 다루어진다. 이러한 국내외의 사안들의 긴급성이 심화될수록 에세이적인 사유와 실천에 대한 필요도 계속 이어질 것이다.

끝으로, 에세이영화에서 사유를 표출하는 방식은 새로운 테크놀로지의 발달 혹은 동시대 매체 환경의 변화로부터 직간접적인 영향을 받는다. 일찍이 1940년대 아스트뤽이 16mm 카메라와 텔레비전의 등장에서 영화의 지적인 발전을 예견했던 것을 본보기로 삼아, 필름 시대의 종언 이후 포스트 시네마 시대로 접어든 오늘날의 영화적 환경에서 에세이영화의 제작, 유통, 소비의 조건이 어떠한지를 검토할 필요가 있다. 디지털 기술과 인터넷 환경의 급속한 변화와 발전으로 누구나 쉽게 영화를 만드는 것은 물론 언제, 어디서나, 누구나 쉽게 영화를 볼 수 있게 되었다. 디지털 촬영 장비의 발달, 편집 소프트웨어의 보급, 그리고 유튜브YouTube, 비메오Vimeo를 비롯한 온라인 스트리밍/다운로드 플랫폼의 증가는 영화를 조건 짓는 전통적인 장치와 개념의 변화를 야기하고 있다. 이러한 변화는 오늘날의 에세이영화가 유례없는 방식으로 사유를 전개하고 확산할 기회를 얻었음을 시사한다. 히토 슈타이얼은 자본주의 생산양식이 포디즘에서 포스트포디즘으로 바뀐 작금의 시대에 에세이영화는 다양한 곳에서 생산된 자료의 시각적 유대를 통해서 제작되고,

그러한 영상들은 다시 다양한 채널과 플랫폼을 거쳐 유연하게 유통된다고 말하면서, "에세이영화는 디지털 무인지대no-man's land의 여행자"[43]라고 쓴 바 있다. 그의 말처럼, 에세이영화는 어디에나 있고 어디서나 만날 수 있는 해방적인 사유가 되었다. 과거 영화가 지성의 보고이자 매개가 될 것이라는 아스트뤽의 예언은 이제 불가능한 것도 먼 미래의 것도 아닌 가까운 현재로 우리 곁에 성큼 다가와 있다.

---

43. Hito Steyerl, "The Essay as Coformism?" in Nora M. Alter & Timothy Corrigan (eds.), *Essays on the Essay Film* (Columbia University Press, New York, 2017), p. 284.

: : 참고문헌

국내 단행본

A. L. 리스, 『실험영화와 비디오의 역사 : 정통 아방가르드부터 현대 영국 예술의 실천까지』, 성준기 옮김, 커뮤니케이션북스, 2013.

강성률, 맹수진 외, 『한국 독립다큐의 대부 : 김동원 展』, 서해문집, 2010.

강현수, 『도시에 대한 권리 : 도시의 주인은 누구인가』, 책세상, 2019.

강현수·황진태 엮음, 『도시와 권리』, 라움, 2012.

김지훈, 「정재훈, 임철민, 디지털 실험 다큐멘터리」, 『아시아영화연구』 12권 3호, 2019.

남인영, 『한국 독립 다큐멘터리 영화의 재현양식 연구』, 중앙대학교 첨단영상대학원 박사학위논문, 2004.

네그로폰테, 니콜라스, 『디지털이다』, 백욱인 옮김, 커뮤니케이션북스, 2010.

니콜스, 빌, 『다큐멘터리 입문』, 이선화 옮김, 한울 아카데미, 2005.

디디 위베르만, 조르주, 『반딧불의 잔존 : 이미지의 정치학』, 김홍기 옮김, 도서출판 길, 2016.

랑시에르, 자크, 『정치적인 것의 가장자리에서』, 양창렬 옮김, 길, 2008.

로도윅, 데이비드 노먼, 『디지털 영화 미학』, 정헌 옮김, 커뮤니케이션북스, 2012.

로자, 하르트무트, 『소외와 가속』, 김태희 옮김, 앨피, 2020.

루카치, 게오르그, 『靈魂과 形式』, 반성완 옮김, 류雪堂, 1988.

르페브르, 앙리, 『공간의 생산』, 양영란 옮김, 에코리브르, 2011.

_____, 『리듬분석 : 공간, 시간, 그리고 도시의 일상생활』, 정기헌 옮김, 갈무리, 2013.

리스, 제이컵 A., 『세상의 절반은 어떻게 사는가 : 포토저널리즘의 선구자 제이컵 리스, 130년 전 뉴욕을 바꾸다』, 정탄 옮김, 교유서가, 2017.

리쾨르, 폴, 『시간과 이야기 3』, 김한식 옮김, 문학과 지성사, 2004.

마노비치, 레프, 『뉴미디어의 언어』, 서정신 옮김, 커뮤니케이션북스, 2014.

매클루언, 마셜, 『미디어의 이해 : 인간의 확장』, 김상호 옮김, 커뮤니케이션북스, 2011.

맹수진, 『한국 독립 다큐멘터리의 대항기억 재현에 관한 연구』, 동국대학교 대학원 연극영화학과 박사학위 논문, 2009.

메이로위츠, 조슈아, 『장소감의 상실 I : 전자 미디어가 사회적 행동에 미치는 영향』, 김병선 옮김, 커뮤니케이션북스, 2018.

몽테뉴, 『몽테뉴 수상록 I』, 손우성 옮김, 동서문화사, 2016.

바디우, 알랭 외, 『인민이란 무엇인가 : 인민에 대한 철학적 사유들』, 서용순 외 옮김, 현실문화, 2014.

바르트, 롤랑, 『이미지와 글쓰기 : 롤랑 바르트와 이미지론』, 김인식 편역, 세계사, 1993.

바쟁, 앙드레, 박상규 옮김, 『영화란 무엇인가?』, 사문난적, 2013.

박래군, 「'용산 참사'로부터 생각하는 인권」, 『실천문학』 94호, 2009.

박아녜스, 『"각자도생의 시대"를 살다 : 2016년 독립제작영화 현황 분석』, 영화진흥위원회, 2017.

박채은, 『독립예술영화 유통·배급 체계 구축 전략 : '임팩트플러스 시네마네트워크' 사업을 중심으로』, 영화진흥위원회, 2019.

박해민, 『감정과 정동의 게이정치 : 게이 친밀성·사랑 경험을 중심으로』, 연세대학교 대학원 석사학위논문, 2017.

벡, 울리히, 『위험사회 : 새로운 근대(성)를 향하여』, 홍성태 옮김, 새물결, 2006.

벤야민, 발터, 『발터 벤야민 선집 6』, 최성만 옮김, 도서출판 길, 2008.

보드웰, 데이비드, 『영화의 내레이션 II』, 오영숙·유지희 옮김, 시각과 언어, 2007.

보드웰, 데이비드·크리스틴 톰슨, 『세계 영화사 : 영화의 발명과 무성영화시대까지 : 1880s~1929』, 주진숙 외 옮김, 시각과 언어, 2000.

서울독립영화제 편저, 『다시 만난 독립영화 : 독립영화 구술사 프로젝트 VOL. 1』, 서울독립영화제, 2018.

서울독립영화제 편저, 『다시 만난 독립영화 : 독립영화 아카이브 구술사 프로젝트 VOL.2』, 서울독립영화제, 2019.

서원태, 『한국 실험영화의 제도화 과정 연구』, 한양대학교 연극영화학과 박사학위논문, 2013.

슈타이얼, 히토, 『스크린의 추방자들』, 김실비 옮김, 워크룸 프레스, 2018.

____, 『진실의 색 : 미술 분야의 다큐멘터리즘』, 안규철 옮김, 워크룸 프레스, 2019.

쉬벨부쉬, 볼프강, 『철도여행의 역사 : 철도는 시간과 공간을 어떻게 변화시켰는가』, 박진희 옮김, 궁리, 2010.

스벤젠, 라르스, 『지루함의 철학』, 도복선 옮김, 서해문집, 2005,

어리, 존, 『모빌리티』, 강현수·이희상 옮김, 아카넷, 2014.

오몽, 자크, 『영화와 모더니티』, 이정하 옮김, 열화당, 2010.

워드, 폴, 『다큐멘터리 : 리얼리티의 가장자리』, 조혜영 옮김, 커뮤니케이션북스, 2011.

이남희, 『민중 만들기 : 한국의 민주화운동과 재현의 정치학』, 후마니타스, 2017.

이도훈, 『거리영화의 발전과 분화 : 근대적 형성 과정과 장르적 특성을 중심으로』, 연세대학교 커뮤니케이션대학원 박사학위논문, 2018.

이승민, 『영화와 공간 : 동시대 한국 다큐멘터리 영화의 미학적 실천』, 갈무리, 2017.

이원보, 『한국노동운동사 100년의 기록』, 한국노동사회연구소, 2013.

이진희 외, 『도시경제기반형 젠트리피케이션 지표개발 및 활용방안 연구』, 국토연구원, 2019.

이형관, 『다큐멘터리를 통해 본 도시 장소 상실과 기억의 재생산』, 서울대학교 대학원 석사학위논문, 2017.

인디다큐페스티발, 『인디다큐페스티발2011』, 인디다큐페스티발, 2011.

____, 『인디다큐페스티발2018』, 인디다큐페스티발, 2018.

인디포럼 작가회의 엮음, 『인디포럼 20년, 기억들과의 대화』, 인디포럼 20주년 자료집,

2015.

진태원, 『을의 민주주의 : 새로운 혁명을 위하여』, 그린비, 2017.

차민철, 『다큐멘터리』, 커뮤니케이션북스, 2014.

최인기, 『가난의 시대 : 대한민국 도시빈민은 어떻게 살았는가?』, 동녘, 2012

최종한, 『초기(1919~1979) 한국 실험영화의 특성 : 퍼포먼스와의 매체 혼종을 중심으로』, 서강대학교 신문방송학과 박사학위논문, 2019.

크라카우어, 지그프리트, 『역사 : 끝에서 두번째 세계』, 김정아 옮김, 문학동네, 2012.

크레리, 조너선, 『24/7 잠의 종말』, 김성호 옮김, 문학동네, 2014.

하비, 데이비드, 『반란의 도시』, 한상연 옮김, 에이도스, 2014.

하위징아, 요한, 『호모 루덴스 : 놀이하는 인간』, 이종인 옮김, 연암서가, 2010.

화이트, 헤이든, 『메타 역사 I』, 천형균 옮김, 지식을만드는지식, 2011.

국내 논문 및 기사

ACC 시네마테크 온라인 특별 기획전 〈여럿 그리고 하나 : 얄라성에서 서울영화집단까지〉 홈페이지, 2021년 4월 12일 접속, http://www.yalashung-sfc.com/

강덕구, 「모험, 산, 환상방황, 개, 소음, 빛 : 정재훈 감독과의 대화」, 『오큘로』, 5호, 2017.

강영훈, 「38년 전 실종자, 나이 변환 몽타주로 찾았다」, 『연합뉴스』, 2016년 6월 21일 입력, https://www.yna.co.kr/view/AKR20160621191200061?input=1195m

고랭, 장-피에르, 「논생을 위한 제언」, 업로드 일자 미상, 『오큘로』 온라인 홈페이지, 2018년 4월 1일 접속, http://www.okulo.kr/2016/10/critique-001.html

공영민, 「붕괴」, 제19회 부산국제영화제 프로그램 노트, 부산국제영화제 온라인 홈페이지, 2018년 7월 1일 접속, http://www.biff.kr/kor/html/archive/arc_history_tsearch.asp?mode=view&idx=14347&piff_code=2014

김명준, 「1980년대 이후 진보적 영화운동의 전개과정 : 상승, 퇴각, 재편 : 본원적 축적, 정체를 거쳐 나선형적 발전으로」, 진보적 미디어운동 연구센터 프리즘 엮음, 『영화운동의 역사 : 구경거리에서 해방의 무기로』, 서울출판미디어, 2002.

김미정, 「SeMa Green 김구림 : 잘 알지도 못하면서 01」, 『더아트로』, 2021년 4월 6일 접속, http://www.koreanart21.com/review/antiques/view?id=3377

김선아, 「'나의 작품은 초점을 잃고 새로운 방향을 찾아가야 했다' : 한국 독립 다큐멘터리의 정체성, 역사, 기억을 중심으로」, 『영상예술연구』, 12호, 2008.

____, 「포스트 고전 다큐멘터리의 기억과 정치학」, 『독립영화』, 통권, 11호, 2001.

김성천·이은주, 「장기실종아동부모의 시계열적 실종아동찾기 변화에 관한 질적 연구」, 『한국지역사회복지학』, 36호, 2011.

김소희, 「자기 기록의 가치는 어디에서 비롯되는가? : 오늘날 사적 다큐멘터리에 관한 짧은 생각」, 『영상문화』, 23호, 2017.

김얼터, 「보지 않고 보기 : 정여름의 〈그라이아이 : 주둔하는 신〉」, 『마테리알』, 2021sus 3월 22일 접속, https://ma-te-ri-al.online/20274627

김은경·허철, 「역사다큐멘터리의 미적 가능성과 중층 텍스트(thick text) : 〈청계천 메들리)의 영상미학적 특징을 중심으로」, 『역사연구』, 27호, 2014.

김정민·송낙원, 「1980년대 한국 독립영화사 연구」, 『디지털영상학술지』, 12권, 2015.

김종갑, 『90년대 이후 한국독립영화 연구 : 비디오 액티비즘과 미디어 액티비즘을 중심으로』, 동의대학교 영상정보대학원 석사학위논문, 2008.

김종곤, 「세월호 트라우마와 죽은 자와의 연대」, 『진보평론』, 61호, 2014.

김주현, 「역사와 마주선 독립다큐멘터리의 대항 역사 쓰기 : 사실-왜곡을 넘나드는 〈천안함 프로젝트〉와 〈다이빙벨〉을 중심으로」, 『드라마 연구』, 48권, 2016.

김지현, 『한국 참여 영상 문화의 형성과 특징 : 영상미디어운동을 중심으로』, 중앙대학교 첨단영상대학원 석사학위논문, 2013.

김지훈, 「2010년대 한국 다큐멘터리의 '아카이브적 전환'과 벤야민적 역사쓰기 : 〈논픽션 다이어리〉, 〈88/18〉, 〈순환하는 밤〉」, 『문학과영상』, 19권, 3호, 2018.

남인영, 「정치적 리얼리즘 : 한국 독립 다큐멘터리에서 리얼리티 구축 방식」, 독립 다큐멘터리 모임, 『한국 독립 다큐멘터리 : 역사와 진실, 그 어제와 오늘의 기록』, 예담, 2003.

도상희, 「포럼 현장기록 : 사적다큐 : 개념의 재전유와 현재의 흐름」, DMZ국제다큐영화제 홈페이지, 2018년 7월 1일 접속, http://dmzdocs.com/archives/15968

루카치, 게오르그, 「에세이의 본질과 형식 : 레오 포퍼에게 보내는 편지」, 반성완 옮김, 『靈魂 形式』, 尋雪堂, 1988.

맹수진, 「한국 독립 다큐멘터리의 주제 및 양식적 다양화에 대한 고찰」, 『씨네포럼』, 18호, 2014.

문원립, 「애니메이션 다큐멘터리에 대한 고찰」, 『영화연구』, 57호, 2013.

박기웅·채희숙, 「사적인 것과 공적인 것의 식별불가능한 지대를 탐색하는 다큐멘터리 현장 : 〈호수길〉, 〈자, 이제 댄스타임〉, 〈거미의 땅〉을 중심으로」, 『영화연구』, 65호, 2015.

박래군, 「세월호 참사의 현재적 의미와 사회운동의 과제」, 『의료와 사회』, 4호, 2016.

박세혁, 「애니메이션 다큐멘터리 리얼리티의 현상학적 체계」, 『만화애니메이션연구』, 54호, 2019.

박주희, 「노사갈등 KEC '제2쌍용차' 우려」, 『한겨레』, 2010년 10월 24일 입력, http://www.hani.co.kr/arti/society/labor/445303.html

박진, 「날 좀 보소, 날 좀 보소, 날 좀 보소 : 할매들, 할배들의 밀양아리랑」, 『문화/과학』, 77호, 문화과학사, 2014년 봄호.

발솜, 에리카, 「현실-기반 공동체」, 『Docking』, 김지훈 옮김, 2019년 9월 23일 입력, http://dockingmagazine.com/contents/16/113/?bk=main&fbclid=IwAR3MZJqwQjgrelJzsjTTfnGPhFNAft-OWXlbD-ZAbt6ncoD2mgMPam7rhnw

배주연, 「디지털 이미지와 여성의 장소 기억 : 〈개의 역사〉를 중심으로」, 『비교문학』, 78호, 한국비교문학회, 2019.

버치, 노엘, 「논픽션의 주제」, 『영화의 실천』, 이윤영 옮김, 아카넷, 2013.

버틀러, 주디스, 「우리, 인민 — 집회의 자유에 관한 생각들」, 알랭 바디우 외 지음, 서용순, 임옥희, 주형일 옮김, 『인민이란 무엇인가』, 현실문화, 2014.

변성찬, 「붕괴」, 제15회 인디다큐페스티발 프로그램 노트, 인디다큐페스티발 온라인 홈페이지, 2018년 7월 1일 접속, 〈http://www.sidof.org/program/movie_view.php?mv_idx=1314&cate_idx=&pro_idx=&sch_div=mv_kor_title&sch_dt_idx=&size=10〉

서종환, 「비디오를 통한 대안 혹은 대항의 역사 : 1960년대 후반~1970년대 초반, 미국의 비디오 액티비즘을 중심으로」, 진보적 미디어운동 연구센터 프리즘 엮음, 『영화운동의 역사 : 구경거리에서 해방의 무기로』, 서울출판미디어, 2002.

서현석, 「스스로를 향해 카메라를 든 사람들 : 자전적 다큐멘터리에 나타나는 주체와 사실에 관하여」, 『한국언론학보』, 50권, 6호, 2006.

송다금, 「'위안부' 재현과 담론을 통해 본 피해자성 고찰 : 〈레드 마리아〉 연작과 〈귀향〉에 주목하여」, 『동아시아문화연구』, 70권, 2017.

신은실, 「호수길 : 풍경 속 기억이 지핀 불꽃」, 『독립영화』, 통권 39호, 2009.

신현준, 「오래된 서울에서 진정한 도시 동네(authentic village) 만들기의 곤란」, 『도시연구 역사·사회·문화』, 14호, 2015.

신현준, 「'청년'과 '동포' 사이의 도시재생과 문화예술 구로의 산업적 젠트리피케이션/전치와 그 배후의 장소만들기」, 『공간과 사회』, 57권, 2016.

_____, 「한남동의 창의계급들과 경합하는 장소들의 생산 : 세 가지 길의 상이한 행위자들과 젠트리피케이션의 상이한 유형들」, 『한국경제지리학회』, 19권 1호, 2016.

심진호, 「찰스 실러와 폴 스트랜드의 『맨하타』(Manhatta)에 나타난 월트 휘트먼의 매나하타(Mannahatta) 비전」, 『새한영어영문학』, 54권, 4호, 2012.

안현신·오준호, 「확장된 비평 형식으로서의 오디오비주얼 에세이 연구」, 『문학과영상』, 17권 1호, 2016.

에를리히, 네아, 「또 다른 행성 : 혼합현실 속 애니메이션과 다큐멘터리의 미학」, 『Docking』, 김은아 옮김, 2021년 3월 22일 입력, http://dockingmagazine.com/contents/22/191/?bk=menu&cc=&ci=&stype=&stext=+%EC%95%A0%EB%8B%88%EB%A9%94%EC%9D%B4%EC%85%98+%EB%8B%A4%ED%81%90%EB%A9%98%ED%84%B0%EB%A6%AC&npg=1

오준호, 「이색적인 문화영화 : 유현목과 시네포엠(1964~66)의 실험영화 개념에 관한 제안」, 『영화연구』, 71호, 2017.

_____, 「종합적 이미지의 예술과 영상주의 : 최일수와 유현목의 시네포엠」, 『영화연구』, 76호, 2018.

우지안, 「미투, 살아남은 자리에서 말하기」, 『문화과학』, 95호, 2018.

유운성, 「부재의 구조화와 '분리'의 전략」, 『플랫폼』 35호, 2012.

유지수, 「영화 〈철의 꿈〉의 분석을 통한 에세이 영화의 정체성 고찰」, 『한국영상학회』, 13권, 5호, 2015.

이나영, 「여성혐오와 페미사이드」, 김민정 외 지음, 『누가 여성을 죽이는가 : 여성혐오와 페미니즘의 격발』, 돌베개, 2019.

이도훈·채희숙, 「한국 독립다큐멘터리의 목소리 : 인터뷰와 함께 쓰는 역사」, 『독립영화』, 통권 49호, 2020.

이도훈, 「사유하는 영화, 에세이영화 : 에세이영화의 이론적 접근을 위한 시론」, 『현대영화

연구』, 31호, 2018.

＿＿, 「아마추어리즘과 웰메이드 영화」, 한국영상자료원 엮음, 『21세기 한국영화 : 웰메이드 영화에서 K-시네마로』, 앨피, 2020.

＿＿, 「이 지루함을 어떻게 견딜 것인가 : 정재훈의 〈호수길〉, 〈환호성〉, 〈도돌이 언덕에 난 기류〉에 관하여」, 『오큘로』 웹사이트, 2017년 11월 입력, http://www.okulo.kr/2017/11/critique-001.html

＿＿, 「이름의 부재와 경험의 빈곤」, 『독립영화』, 통권 49호, 2020.

＿＿, 「한국 독립영화의 '공간적 선회' : 2008년 이후 한국 독립영화의 공간성 연구」, 『문학과 영상』, 14권 4호, 2013.

＿＿, 「공간 재생산과 정서상실 : 한국 독립 다큐멘터리가 동시대의 공간 재생산을 기록하는 방식」, 『영상예술연구』, 24권, 2014.

이선주, 「"죽어가는 자의 고독"을 넘어서 : 〈누구의 딸도 아닌 해원〉의 에세이영화적 특징들에 대하여」, 『현대영화연구』, 17권, 2014.

이선필, 「CGV로 달려가고 … " 안타까운 현실에 대한 쓴소리"」, 『오마이스타』, 2019년 10월 29일 입력, http://star.ohmynews.com/NWS_Web/OhmyStar/at_pg.aspx?CNTN_CD=A0002578924&CMPT_CD=P0010&utm_source=naver&utm_medium=newsearch&utm_campaign=naver_news

이승민, 「동시대 액티비즘 다큐멘터리 영화」, 『독립영화』, 통권 47호, 2018.

이원우・문정현・이승민, 「붕괴」, 『2015 독립영화 쇼케이스』, 한국독립영화협회, 2015.

이자혜, 「에세이 영화의 사유의 형식화 방식 : 크리스 마커의 〈미래의 기억〉을 중심으로」, 『커뮤니케이션 디자인학 연구』, 60권, 2017.

이주희, 「한국의 단체교섭 구조」, 『산업관계연구』 19권 1호, 2009.

이지영, 「모바일 네트워크 플랫폼 사회의 디지털 시네마에 대한 연구」, 『시대와 철학』, 25권 1호, 2014.

임범, 「독립영화 〈송환〉 19일 전국 5개관 동시개봉」, 『씨네21』, 2004년 3월 5일 입력, http://www.cine21.com/news/view/?mag_id=23338

임철민, 변성찬, 「임철민 감독 작품선 : 〈Secret Garden〉, 〈Golden Light〉, 〈프리즈마〉」, 한국독립영화협회 엮음, 『2013 독립영화 쇼케이스』, 2014.

저자 미상, 「전통과 젊음의 한마당 … 여의도 대축제 국풍81 개막」, 『경향신문』, 1981년 5월 28일 기사, 2021년 4월 13일 접속, https://newslibrary.naver.com/viewer/index.nhn?articleId=1981052800329201004&editNo=2&printCount=1&publishDate=1981-05-28&officeId=00032&pageNo=1&printNo=10971&publishType=00020

전우형, 「한국 노동 다큐멘터리 영화의 역사적 기원 연구」, 『민족문학사연구』, 64권, 2017.

정민아, 「일본군 '위안부' 소재 다큐멘터리의 기억 기록과 담론 전개 방식 : 〈낮은 목소리〉 3부작, 〈나의 마음은 지지 않았다〉, 〈레드마리아2〉를 중심으로」, 『영화연구』 68호, 2016.

＿＿, 「한국 다큐멘터리의 양식적 진화」, 『인문사회21』, 45호, 2021.

조혜영, 「역사는 세 번 반복한다 : 〈만신〉과 〈거미의 땅〉의 다큐멘터리 재연 미학을 중심으로」, 『영화연구』 69호, 2016.

지만원, 「기자회견 보도자료(광수 얼굴 공개)」, 『지만원의 시스템클럽』, 2015년 5월 20일 입력, http://www.systemclub.co.kr/bbs/board.php?bo_table=12&wr_id=10031&sfl=wr_subject&stx=%EA%B4%91%EC%88%98&sop=and&page=9&keyword=%EA%B4%91%EC%88%98

지주형, 「세월호 참사의 정치사회학: 신자유주의의 환상과 현실」, 『경제와 사회』, 104호, 2014.

짐멜, 게오르그, 「이방인」, 『짐멜의 모더니티 읽기』, 김덕영 옮김, 새물결, 2005.

최규열, 「구미 KEC 노사, 올해 임단협 체결」, 『대구신문』, 2015년 6월 8일, https://www.idaegu.co.kr/news/articleView.html?idxno=166420

프로이트, 지그문트, 「두려운 낯설음」, 『프로이트 전집: 예술, 문학, 정신분석』, 정장진 옮김, 열린책들, 2009.

한양명, 「축제 정치의 두 풍경: 국풍81과 대학대동제」, 『비교민속학』, 26권, 2004.

함충범, 「1920년대 '도시교향곡 영화'에 나타난 테크놀로지의 유토피아적 표상」, 『사회과학연구』, 26권, 1호, 2018.

형대조, 「애니메이션은 어떻게 다큐멘터리가 되는가?」, 『영화연구』, 58호, 2013.

홍석만, 「용산참사의 정치경제학」, 『마르크스주의 연구』 14호, 2009.

홍철기, 「꿈처럼 흐르는 '프리즈마': 〈프리즈마〉(2013)이 임철민 감독 인터뷰」, 『인문예술잡지 F』, 11호, 2013.

황미요조, 「공/사 관계를 해체하기: 한국 여성 다큐멘터리와 '개인적인 것'」, 서울독립영화제 엮음, 『21세기의 독립영화』, 한국독립영화협회, 2014.

국외 단행본

Aguayo, Angela J., *Documentary Resistance: Social Change and Participatory Media*, New York: Oxford University Press, 2019.

Alter, Nora M. & Timothy Corrigan, *Essays on the Essay Film*, New York: Columbia University Press, 2017.

Alter, Nora M., *Chris Marker*, Urbana: University of Illinois Press, 2006.

_____, *The Essay Film After Fact and Fiction*, New York: Columbia University Press, 2018.

Balsom, Erika, *After Uniqueness: A History of Film and Video Art in Circulation*, New York: Columbia University Press, 2017.

_____, *Exhibiting Cinema in Contemporary Art*, Amsterda: Amsterdam University Press, 2013.

Baron, Jaimie, *Reuse, Misuse, Abuse: The Ethics of Audiovisual Appropriation in the Digital Era*, New Brunswick, N.J.: Rutgers University Press, 2020.

_____, *The Archive Effect: Found Footage and the Audiovisual Experience of History*, New York: Routledge, 2014.

Bazin, André, *André Bazin's New Media*, Dudely Andrew (ed.), Oakland, California: University of California Press, 2014.

Boltanski, Luc, *Distant Suffering: Morality, Media, and Politics*, Cambridge, UK ; New York, NY : Cambridge University Press, 1999.

Bruzzi, Stella, *Approximation: Documentary, History and the Staging of Reality*, New York : Routledge, 2020.

Casetti, Francesco, *The Lumiére Galaxy: Seven Key Words for the Cinema to Come*, New York : Columbia University Press, 2015.

Corrigan, Timothy, *The Essay Film: From Montaigne, After Marker*, New York : Oxford University Press, 2011.

Crary, Jonathan, *Suspensions of Perception: Attention, Spectacle, and Modern Culture*, Cambridge, MA : MIT Press, 1999.

Donald, Scott Mac, *Avant-Doc: Intersections of Documentary and Avant-Garde Cinema*, New York : Oxford University Press, 2014.

Elcott, Noam M., *Artificial Darkness: An Obscure History of Modern Art and Media*, Chicago and London : The University of Chicago Press, 2016.

Fallon, Kris, *Where Truth Lies: Digital Culture and Documentary Media after 9/11*, Berkeley : University of California Press, 2019.

Francesco, Casetti, *The Lumière Galaxy: Seven Key Words for the Cinema to Come*, New York : Columbia University Press, 2015.

Gaudreault, André & Philippe Marion, *The End of Cinema?: A Medium in Crisis in the Digital Age*, Timothy Barnard (trans.), New York : Columbia University Press, 2015.

Gilloch, Graeme, *Siegfried Kracauer*, Cambridge : Polity Press, 2015.

Grierson, John, *Grierson on Documentary*, Forsyth Hardy (ed.), New York, Washington : Praeger Publishers, 1971.

Hansen, Miriam, *Cinema and Experience: Siegfried Kracauer, Walter Benjamin, and Theodor W. Adorno*, Berkeley : University of California Press, 2012.

Hilderbrand, Lucas, *Inherent Vice: Bootleg Histories of Videotape and Copyright*, Durham [N.C.] : Duke University Press, 2009.

Jenkins, Henry, Sam Ford & Josua Green, *Spreadable Media: Creating Value and Meaning in a Networked Culture*, New York, London : New York University, 2013.

Kracauer, Siegfried, *The Salaried Masses: Duty and Distraction in Weimar Germany*, Quintin Hoare (trans.), London : Verso, 1998.

_____, *Theory of Film: The Redemption of Physical Reality*, Princeton, NJ : Princeton University Press, 1997.

Lane, Jim, *The Autobiographical Documentary in America*, London : University of Wisconsin Press, 2002.

Lefebvre, Henri, *Writings on Cities*, Eleonore Kofman & Elizabeth Lebaspp (eds.), Cambridge, Mass : Blackwell, 1996.

_____, *The Urban Revolution*, Neil Smith (trans.), London : University of Minnesota Press, 2003.

Less, Loretta, Hyun Bang Shin & Ernesto López-Morales, *Planetary Gentrification*, Cambridge : Polity Press, 2016.

Loretta Lees, Tom Slater & Elvin Wyly, *The Gentrification*, New York : Routledge, 2008.

Maskovsky, Jeff & Judith Goode, (eds.), *The New Poverty Studies : The Ethnography of Power, Politics and Impoverished People in the United States*, New York :NYU Press, 2002.

Moran, James M., *There's No Place Like Home Video*, Minneapolis : University of Minnesota Press, 2002.

Nichols, Bill, *Representing Reality : Issue and Concepts in Documentary*, Bloomington : Indiana University Press, 1991.

_____, *Blurred Boundaries : Questions of Meaning in Contemporary Culture*, Bloomington : Indiana University Press, 1994.

Papazian, Elizabeth & Caroline Eades, *The Essay Film : Dialogue, Politics, Utopia*, London ; New York : Wallflower Press, 2016.

Park, Young-a, *Unexpected Alliances : Independent Filmmakers, the State, and the Film Industry in Postauthoritarian South Korea*, Stanford : Stanford University Press, 2014.

Rascaroli, Laura, *How the Essay Film Thinks*, New York : Oxford University Press, 2017.

_____, *The Personal Camera : Subjective Cinema and the Essay Film*, London ; New York : Wallflower Press, 2009.

Rodowick, D. N., *What Philosophy Wants from Images*, Chicago and London : The Univesity of Chicago Press, 2017.

Russell, Catherine, *Archiveology : Walter Benjamin and Archival Film Practices*, Durham : Duke University Press, 2018.

Shaviro, Steven, *Post Cinematic Affect*, Alresford ; Hants : Zero Books, 2010.

Smith, Neil, *The New Urban Frontier : Gentrification and the Revanchist City*, New York : Routledge.

Usai, Paolo Cherchi, *The Death of Cinema : History, Cultural Memory and the Digital Dark Age*, London : British Film Institute, 2001.

Wees, William C., *Recycled Images : The Art and Politics of Found Footage Films*, New York : Anthology Film Archives, 1993.

Wilinsky, Barbara, *Sure Seaters : The Emergence of Art House Cinema*, Minneapolis : University of Minnesota Press, Minneapolis, 2001.

Zimmermann, Patricai R., *Documentary Across Platforms : Reverse Engineering Media, Place, and Politics*, New York : Berghahn Books, 2019.

_____, *Reel Families : A Social History of Amateur Film*, Bloomington : Indiana University Press, 1995.

Zukin, Sharon, *Loft Living : Culture and Capital in Urban Change*, New Jersey and London : Rutgers University Press, 1989.

국외 논문 및 기사

Adorno, Theodor W., "The Essay as Form" in Nora M. Alter & Timothy Corrigan (eds.), *Essays on the Essay Film*, New York : Columbia University Press, 2017.

Arthur, Paul, "Essay Questions : From Alain Resnais to Michael Moore" in *Film Comment*, vol. 39, 2003.

Astruc, Alexandre, "The Birth of a New Avant-Garde : La Caméra-Stylo" in Ginette Vincendeau & Peter Graham (eds.), *The French New Wave : Critical Landmark*, New York : Palgrave Macmillan, 2009.

Balsom, Erika & Hila Peleg, "Introduction : The Documentary Attitude" in Erika Balsom & Hila Peleg (eds.), *Documentary Across Disciplines*, Cambridge, MA : The Mit Press, 2016.

Bazin, André, "Bazin on Marker" in Nora M. Alter & Timothy Corrigan (eds.), *Essays on the Essay Film*, New York : Columbia University Press, 2017.

Bellour, Raymond, "The Cinema and the Essay as a Way of Thinking" in Nora M. Alter & Timothy Corrigan (eds.), *Essays on the Essay Film*, New York : Columbia University Press, 2017.

Belton, John, "Digital Cinema : A False Revolution" in Marc Furstenau (ed.), *The Film Theory Reader : Debate and Arguments*, London, New York : Routledge, 2010.

Bense, Max, "On the Essay and Its Prose" in Nora M. Alter & Timothy Corrigan (eds.), *Essays on the Essay Film*, New York : Columbia University Press, 2017.

Blümlinger, Christa, "Minor Paris City Symphonies" in Steven Jacobs et al. (eds.), *The City Symphony Phenomenon : Cinema, Art, and Urban Modernity Between the Wars*, New York : Routledge, 2018.

____, "Reading Betweenthe Images" in Erika Balsom & Hila Peleg (eds.), *Documentary Across Disciplines*, Cambridge, MA : The Mit Press, 2016.

Denson, Shane, "Speculation Transition and the Passing of Post-cinema" *Cinéma&Cie*, Vol. XVI, No. 26/27, 2016.

Elsaesser, Thomas, "The Essay Film : From Film Festival Favorite to Flexible Commodity Form?" in Nora M. Alter & Timothy Corrigan (eds.), *Essays on the Essay Film*, New York : Columbia University Press, 2017.

Glass, Ruth, "London : Aspects of Change" in *The Gentrification Reader*, Loretta Lees, Tom Slater & Elvin Wyly (eds.), New York : Routledge, 2008.

Graf, Alexander, "Paris-Berlin-Moscow : On the Montage Aesthetic in the City Symphony Films of the 1920s", *Avant Garde Critical Studies*, 2007.

Grierson, John, "First Principles of Documentary" in Forsyth Hardy (ed.), *Grierson on*

Documentary, New York, Washington : Praeger Publishers, 1971.

———, "Flaherty's Poetic Moana" in Lewis Jacobs (ed.), *The Documentary Tradition*, New York, London : W. W. Norton & Company, 1979.

Jacobs, Steven, Eva Hielscher & Anthony Kinik, "Introduction : The City Symphony Phenomenon 1920~40", in Steven Jacobs et al.(eds), *The City Symphony Phenomenon : Cinema, Art, and Urban Modernity Between the Wars*, New York : Routledge, 2018.

Kracauer, Siegfried, "Photography" in *The Mass Ornament*, Thomas Y. Levin (ed.), Cambridge : Harvard University Press, 2005.

Levin, Ori, "The Cinematic Time of the City Symphony Films : Time Management, Experiential Duration and Bodily Pulsation", *Studies in Documentary Film*, vol. 12, no. 3, 2018.

Lopate, Phillip, "In Search of the Centaur : The Essay-Film" in Nora M. Alter & Timothy Corrigan (eds.), *Essays on the Essay Film*, New York : Columbia University Press, 2017.

Nichols, Bill, "Documentary Film and the Modernist Avant-garde" *Critical Inquiry*, vol. 27, no. 4, 2001.

Peverini, Paolo, "Remix Practices and Activism : A Semiotic Analysis of Creative Dissent" in *The Routledge Companion to Remix Studies*, Eduardo Navas, Owen Gallagher & xtine burrough, New York : Routledge, 2014.

Rhodes, John David, "D'errico's Stramilano" in Steven Jacobs et al.(eds), *The City Symphony Phenomenon : Cinema, Art, and Urban Modernity Between the Wars*, New York : Routledge, 2018.

Richter, Hans, "The Film Essay : A New Type of Documentary Film" in Nora M. Alter & Timothy Corrigan (eds.), *Essays on the Essay Film*, New York : Columbia University Press, 2017.

Rivette, Jacques, "Letter on Rossellini" in Jim Hillier (ed.), *Cahiers du Cinéma : The 1950s : Neo-realism, Hollywood, New Wave*, Cambridge, Mass : Harvard University Press, 1985.

Rosa, Miriam De & Vinzenz Hediger, "Post-what? Post-when?" : A Conversation on the 'Posts' of Post-media and Post-cinema", *Cinéma&Cie*, Vol. ⅩⅥ, No. 26/27, 2016.

Rose, Damaris, "Rethinking Gentrification : Beyond the Uneven Development of Marxist Urban Theory" in *Environment and planning D : Society and Space*, vol. 2, no. 1, 1984.

Rosen, Philip, "Document and Documentary : On the Persistence of Historical Concepts" in Michael Renov(ed.), *Theorizing Documentary*, New York, London : Routledge, 1993.

Ruttmann, Walter, "How I Made My Berlin Film" in Anton Kaes et al.(eds), *The Promise of Cinema : German Film Theory, 1907–1933*, Berkeley : University of California Press, 2016.

Steyerl, Hito, "The Essay as Coformism? : Some Note on Global Image Economies" in Nora M. Alter & Timothy Corrigan (eds.), *Essays on the Essay Film*, New York : Columbia University Press, 2017.

인터뷰

문정현 감독 인터뷰, 2018년 5월 25일.
이원우 감독 인터뷰, 2018년 6월 18일.

참고영화 (국내)

1/24초의 의미, 김구림, 1969
10년의 셀프 초상, 유지숙, 2001
1991년 1학년, 김환태, 2001
416 프로젝트 '공동의 기억 : 트라우마', 416연대 미디어위원회, 2018
416 프로젝트 '망각과 기억', 416연대 미디어위원회, 2017
May · JEJU · Day, 강희진, 2021
The Future of Futures 1, 박유정, 2021
가면놀이, 문정현, 2012
감정의 시대 : 서비스 노동의 관계미학, 김숙현 · 조혜정, 2014
강정 인터뷰 프로젝트, 김성균 외, 2012
개의 역사, 김보람, 2017
거대 생명체들의 도시, 박군제, 2018
거울과 시계, 이원우, 2009
겨울의 문턱, 김동빈 · 문원립, 1979
경계, 문정현, 2014
공동정범, 김일란 · 이혁상, 2018
공원에서 만나요, 최미혜, 2017
과거는 낯선 나라다, 김웅수, 2007
구멍, 한옥희, 1974
국풍, 얄라성, 1981
그날, 바다, 김지영, 2018
그라이아이 : 주둔하는 신, 정여름, 2020
기프실, 문창현, 2018
김군, 강상우, 2018
김진아의 비디오 일기, 김진아, 2002
깃발, 창공, 파티, 장윤미, 2019
꽃피는 편지, 강희진, 2016
꿈나라 ― 묘지이야기1, 이원우, 2007
나와 승자, 김아영, 2020

나의 아버지, 김희철, 2001
난시청, 이원우, 2008
〈노동자뉴스〉 시리즈, 노동자뉴스제작단, 1989~1992
녹색 발자국, 공미연, 2001
누구의 딸도 아닌 해원, 홍상수, 2012
다비드의 별, 사유진, 2001
다이빙벨, 이상호·안해룡, 2014
달팽이, 김태양, 2020
당산, 김건희, 2017
당신의 사월, 주현숙, 2019
당인리 발전소, 서원태, 2004
도돌이 언덕에 난기류, 정재훈, 2017
동강 NT운동, 1년의 기록:포기할 수 없는 약속, 신동진, 2001
두 개의 문, 김일란·홍지유, 2011
두리반 발전기, 이원우, 2012
들랑날랑 혼삿길, 홍민키, 2021
또 다른 방, 이공희, 1979
또 하나의 세상:행당동 사람들2, 김동원, 1999
로그북, 복진오, 2018
마지막 풍경, 김응수, 2020
막, 이원우, 2013
말해의 사계절, 허철녕, 2017
메기, 이옥섭, 2018
모던한 쥐선생과의 대화, 김숙현, 2007
무제(홈 비디오), 윤지원, 2020
물의 기원, 김응수, 2009
미국의 바람과 불, 김경만, 2011
밀양 아리랑, 박배일, 2014
밀양전, 박배일, 2013
방문, 명소희, 2018
뱃속이 무거워서 꺼내야 했어, 조한나, 2018
벌새, 김보라, 2018
범전, 오민욱, 2015
벼랑에 선 도시 빈민, 김동원, 1990
병사의 제전, 하길종, 1969
보라, 이강현, 2010
부재의 기억, 이승준, 2018
붕괴, 이원우·문정현, 2014

빙빙, 임철민, 2016
뻑큐멘터리:박통-진리교, 최진성, 2001
살 중의 살, 이원우, 2010
상계동 올림픽, 김동원, 1988
색동, 한옥희, 1976
서울 7000, 김홍준·황주호, 1976
선, 유현목, 1964
소공녀, 전고운, 2017
소성리, 박배일, 2018
손, 유현목, 1966
송환, 김동원, 2004
수리세, 홍기선, 1984
순환하는 밤, 백종관, 2016
슬로브핫의 딸들, 문정현, 2005
시국페미, 강유가람, 2017
아들의 시간, 원태웅, 2014
아버지 없는 삶, 김응수, 2012
아침과 저녁사이, 이익태, 1970
야광, 임철민, 2018
어쩌면 더 아름다웠을, 정현정, 2016
언더그라운드, 김정근, 2019
옐로우, 감비아, 2019
오, 사랑, 김응수, 2017
오토바이, 이원우, 2008
옥천 전투, 황철민, 2001
옵티그래프, 이원우, 2017
와이상, 백종관, 2015
용산, 문정현, 2010
우리 학교, 김명준, 2006
우리들, 윤가은, 2016
우리에게 내일은 없다, 노동석, 2007
웃음소리, 황주호, 1977
이빨, 다리, 깃발, 폭탄, 백종관, 2012
이산자, 문정현, 2017
일, 박수현, 2016
잉투기, 엄태화, 2013
작별, 황윤, 2001
주마등, 김이진, 2001

주민등록증을 찢어라, 이마리오, 2001
죽은 개를 찾아서, 김숙현, 2010
증발, 김성민, 2019
지나가는 사람들, 김경만, 2015
짓, 김홍준·황주호, 1976
짚신, 김홍준, 1977
천상고원, 김응수, 2006
철로 위의 사람들 : 첫번째 이야기, 이지영, 2001
철의 꿈, 박경근, 2014
초현실, 김응수, 2017
촌, 타운, 2009
춘몽, 유현목, 1965
출근, 백종관, 2012
춤추는 숲, 강석필, 2012
친구 : 나는 행복하다 2, 류미례, 2001
콘크리트의 불안, 장윤미, 2017
타워 크레인, 서원태, 2006
택시 블루스, 최하동하, 2007
테이크 플레이스, 박용석, 2009
파산의 기술, 이강현, 2006
파티 51, 정용택, 2013
표류인. 백고운, 2016
프리즈마, 임철민, 2013
할망바다, 강희진·한아렴, 2012
행당동 사람들, 1994
호랑이와 소, 김승희, 2019
호수길, 정재훈, 2009
환영의 도시, 정한, 2018
환호성, 정재훈, 2011
흔들리는 카메라, 김응수, 2019

참고영화 (해외)
24달러의 섬, Twenty-four Dollar Island, Robert Flaherty, 1927
구역 : 넝마주이의 땅, The Zone : In the Land of the Rag-Pickers, Georges Lacombe, 1928
그녀에 대해 알고 있는 두세 가지 것들, 2 or 3 Things I Know About Her, Jean-Luc Go-
    dard, 1967
그녀의 삶을 살다, My Life To Live, Jean-Luc Godard, 1960
남성, 여성, Masculin, Feminin, Jean-Luc Godard, 1966

노장, 일요일의 엘도라도, Nogent : Sunday El Dorado, Marcel Carné, 1929
니스에 관하여, A Propos De Nice, Jean Vigo, 1930
다리, The Bridge, Joris Ivens, 1928
대각선 교향곡, Symphonie Diagonale, Viking Eggeling, 1924
레벨 5, Level 5, Chris Marker, 1997
레알, Les Halles, Boris Kaufman & André Glitzine, 1927
레이스 교향곡 Race Symphony, 1929
리듬 21~23, Rhythm 21-23, Hans Richter, 1921~1923
막간, Entr'acte, René Clair, 1924
맨하타, Mannahatta, Charles Sheeler & Paun Strand, 1921
모스크바, Moscow, Mikhail Kaufman & Ilya Kopalin, 1926
미래의 기억, Remembrance of Things to Come, Chris Marker, 2001
바시르와 왈츠를, Waltz With Bashir, Ari Folman, 2008
밤과 안개, Night And Fog, Alain Resnais, 1955
베를린 : 대도시의 교향곡, Berlin : Symphony of a Great City, Walter Ruttmann, 1927
북극의 나누크, Nanook of North, Robert J. Flaherty, 1922
살바토레 줄리아노, Salvatore Giuliano, Francesco Rosi, 1962
스트라밀라노, Stramilano, Corrado D'Errico, 1929
시베리아에서 온 편지, Letter From Siberia, Chris Marker, 1957
아란의 사람들, Man of Aran, Robert J. Flaherty, 1934
아름다운 5월, The Lovely Month of May, Chris Marker, 1963
앵발리드, Hotel des Invalides, Georges Franju, 1952
여기, 저기, Here And Elsewhere, Jean-Luc Godard, 1976
오직 시간만이, Nothing But Time, Alberto Cavalcanti, 1926
이탈리아 여행, Journey To Italy, Roberto Rossellini, 1953
인플레이션, Inflation, Hans Richter, 1927
일상, Everyday, Hans Richter, 1929
일요일의 사람들, People on Sunday, Robert Siodmak & Edgar G. Ulmer, 1930
작품 1-4, Opuis I-IV, Hans Richter, 1921~1925
짐승의 피, The Blood Of The Beasts, Georges Franju, 1949
카메라를 든 사나이, Man With A Movie Camera, Dziga Vertov, 1929
쿠미코의 신비, The Koumiko Mystery, Chris Marker, 1967
태양 없이, Sunless, Chris Marker, 1982
화씨 9/11, Fahrenheit 9/11, Michael Moore, 2004